广州新型智库丛书(第1辑)

枢纽之城

广州迈向全球城市的功能转型与蝶变

张 强 著

SPM 南方出版传媒 广东人民出版社
·广 州·

图书在版编目（CIP）数据

枢纽之城：广州迈向全球城市的功能转型与蝶变/张强著. —广州：广东人民出版社，2021.10

ISBN 978-7-218-15305-6

Ⅰ.①枢⋯　Ⅱ.①张⋯　Ⅲ.①城市发展战略—研究报告—广州　Ⅳ.① F299.276.51

中国版本图书馆 CIP 数据核字（2021）第 204397 号

SHUNIU ZHI CHENG: GUANGZHOU MAIXIANG QUANQIU CHENGSHI DE GONGNENG ZHUANXING YU DIEBIAN
枢 纽 之 城：广 州 迈 向 全 球 城 市 的 功 能 转 型 与 蝶 变
张 强　著　　　　　　　　　　　　　　　　　　　　　版权所有　翻印必究

出 版 人：肖风华

责任编辑：陈志强　王庆芳　范先鋆
责任技编：吴彦斌　周星奎

出版发行：广东人民出版社
地　　址：广州市海珠区新港西路 204 号 2 号楼（邮政编码：510300）
电　　话：（020）85716809（总编室）
传　　真：（020）85716872
网　　址：http://www.gdpph.com
印　　刷：广东鹏腾宇文化创新有限公司
开　　本：787 毫米 ×1092 毫米　1/16
印　　张：16.25　字　　数：298 千字
版　　次：2021 年 10 月第 1 版
印　　次：2021 年 10 月第 1 次印刷
定　　价：78.00 元

如发现印装质量问题，影响阅读，请与出版社（020-85716849）联系调换。
售书热线：020-85716864

广州新型智库丛书（第1辑）
编委会

主　　任：徐咏虹

执行主编：曾伟玉

编　　委：（按姓氏笔画排序）

　　　　　王世福　　杨霖　　张强　　陈万灵　　郭德焱

　　　　　梅声洪　　覃成林　　程焕文

编　　务：（按姓氏笔画排序）

　　　　　左丽　　向宁陵　　吴晴　　潘晓东　　滕昊

总 序
老城活力再迸发　出新出彩开新局

城市是文明的标志，是时代的精华。作为人类经济、政治、文化、社会活动的中心，城市伴随着人类文明进步而不断发展，而城市的发展又汇聚人流、物流、资金流、技术流、信息流，成为推动经济社会发展乃至人类文明进步、人的全面发展的强大驱动力。当今世界，城市化或城镇化已成为公认的衡量现代化水平的重要表征。全球城市化率在进入21世纪后快速提升，2008年已跨越50%的重要节点。自改革开放以来，我国经历了世界历史上规模最大、速度最快的城镇化进程，特别是党的十八大以来我国城镇化率从2012年的52.57%迅速提升到2020年的63.89%，实现从落后到显著反超世界平均城市化水平[1]，创造了世界城市发展史上的中国奇迹，也为当前全球城市化进程贡献了最大动力。

中心城市是区域和国家城市体系中的核心骨干，发挥着引领性和枢纽型的重要功能。中心城市发展关乎国家现代化建设和高质量发展，体现一个国家的国际竞争力。广州，作为具有2200多年建城史的历史文化名城、海上丝绸之路的

---

[1] 联合国人居署2020年10月发布《2020年世界城市报告》，该报告公布的当期世界城市化率为56.2%，并预测世界城市化率将在2030年突破60%，参见 https://unhabitat.org/World Cities Report 2020。

枢纽之城：广州迈向全球城市的功能转型与蝶变

千年枢纽型商都，作为今日之国家中心城市、综合性门户城市、粤港澳大湾区核心城市，作为拥有国际商贸中心、综合交通枢纽和科技教育文化中心功能的超大城市，在全国大局中有着举足轻重的重要地位，是代表中国参与全球合作与竞争的一支重要力量。面向新时代新征程，广州如何才能不负国家重托，肩负起更光荣更艰巨的历史使命？在全球城市的竞合博弈中，广州又该如何脱颖而出，自强不息？

东风好作阳和使，逢草逢花报发生。2018年10月，习近平总书记视察广东，嘱托广州实现老城市新活力，在综合城市功能、城市文化综合实力、现代服务业、现代化国际化营商环境方面出新出彩。这一重要指示，为走过两千余年历史的广州，总结弘扬历史经验，坚定育新机开新局，更好担当时代使命，给出了清晰的努力方向和目标路径。

老，是城市的历史积淀，是城市的发展底蕴，是城市值得世代赓续的"精、气、神"；新，是城市的时代使命，是城市的发展愿景，是城市生命力的新的焕发。新故相推，日生不滞。"老城市"为"新活力"的萌发厚植根基，"新活力"为"老城市"的肌体注入新的能量。实现老城市新活力，本质上就要把习近平总书记提倡的"全生命周期"管理理念，贯穿于城市这个结构丰富、功能强大的有机体的全方位治理，在"老"与"新"的有机统一中，推动城市生命力在继承发展中不断升华。

何谓"出新"？何谓"出彩"？出新，是城市新旧活力的更替和新活力的迸发，是城市创新力的涌流。不论是在城市的营商环境、产业与文化发展、社会与生态环境建设和综合治理等各方面，都必须遵循城市发展规律，因势利导，在理念创新、技术创新、文化创新、治理体制机制创新等方面敢为人先。在当今全球城市竞争发展的百舸争流中，惟创新者进，惟创新者强，惟创新者胜！出彩，是令人喝彩的城市发展、自然风貌和气质神韵等城市特色的打造，是城市让生活更美好的体现，是具有强大吸引力和广泛美誉度的城市魅力的亮丽绽放。在当今世界城市布局如同满天星斗竞相争辉中，惟出彩者优，惟出彩者美，惟出彩者劲！

广州这样的老城市，欲实现高质量发展和现代化治理，必须贯彻习近平总书记的重要指示，既善于"盘活"自身的历史遗产，又善于在城市建设、更新和发展中谋新篇、开新局，如此才能让我们具有雄厚历史积淀的老城市，更好经受时代变迁的考验，更好承担起社会主义现代化强国建设赋予广州新的使命任务。广州要实现老城市新活力，重在深入挖掘广州丰厚的历史底蕴，把"老城市"历久弥新的活力基因挖掘出来，在与时俱进中赋予"新"的特点、"新"的优势，为城市注入"新"的时代内涵。而"四个出新出彩"，恰恰正是广州这个老城市焕发新活力的四个重要抓手：综合城市功能的出新出彩，讲的是发展定位，强调的是城市大要有大的样子、要发挥中心辐射作用，要求广州既要充分发掘特大城市经济规模、创新带动、人才集聚等方面的优势和集中力量办大事的能力，又要在解决特大城市治理体系和治理能力的问题上开拓创新，为全国全省加快构建新发展格局打造重要战略支点；城市文化综合实力的出新出彩，讲的是发展动力，强调的是城市发展要注重文明传承、文化延续，解决好传统文化与现代化的融合问题，要求广州根植悠久厚重的历史文化，创新培育建设具有时代内涵的红色文化、岭南文化、海丝文化、创新文化，交出物质文明和精神文明两份精彩答卷，为城市改革发展注入强大的文化支撑和不竭的精神动力；现代服务业的出新出彩，讲的是发展优势，强调的是厚植"千年商都"传统优势，增创"现代商都"特色优势，要求广州发挥高水平现代服务业对城市发展、区域和国家经济社会发展的服务带动功能，推动构建具有世界竞争力的现代产业体系，跻身具有卓越全球化服务功能的国际大都市行列；现代化国际化营商环境的出新出彩，讲的是发展环境，强调的是对接国际规则标准，对标

枢纽之城：广州迈向全球城市的功能转型与蝶变

对表最优最好，要求广州推动形成全面深化改革、全面扩大开放新格局，持续推进市场化国际化法治化营商环境建设，进一步提升全球资源配置能力，增强粤港澳大湾区世界级城市群的核心引擎功能。

为科学总结广州近年来贯彻落实习近平总书记重要指示的进展和经验，更好引领各项工作全面出新出彩，进一步提升新时代城市发展境界、发展质量，中共广州市委宣传部、广州市社科联立项组织了系列重大研究课题，在深入研讨、多方论证基础上，成功推出了以"老城市新活力"为专题的"广州新型智库丛书"（第1辑）。丛书第1辑共5册，围绕一个主轴——老城市新活力，分别就激活广州这座城市在历史长河中积淀下来的"活力基因"，实现综合城市功能、城市文化综合实力、现代服务业、现代化国际化营商环境方面出新出彩进行深入探究，作出富有学理性和实践性的阐发。丛书第1辑坚持历史与现实相贯通、理论与实践相结合，注重总结广州在实现老城市新活力、"四个出新出彩"方面已有的良好基础和成功经验，深入提炼实现老城市新活力的五大活力基因、四大重要支撑体系，同时分析展示了今后的重点努力方向，提出了继续前行的发展路径和政策建议。而鉴于老城市新活力和出新出彩的时代命题具有普遍的现实意义，期待广州所作的探索和努力以及丛书第1辑的深入研究总结，能够为我国城市特别是众多老城市普遍迸发新活力提供可分享、交流的经验和认知，其中所蕴含的能够激发人们对现代城市建设与治理作深入思考、探讨的相关论述和实施方法，或可供所有研究城市发展、参与城市治理的各界读者以启迪。

新时代赋予新使命，新征程呼唤新作为。走过2200多年历史的广州，既闪耀着不朽的荣光，又有着向史而新、开拓前行的锐气。当习近平总书记在庆祝中国共产党成立100周年大会上向全党全国发出"踏上实现第二个百年奋斗目标新的赶考之路"的时代号令之际，广州在实现老城市新活力、"四个出新出彩"方面，已迎来良好的开局。时代的东风唤醒着花城的蓬勃生机，鼓舞着广州干部群众再振

"闯"的精神、"创"的劲头、"干"的作风，全面焕发老城市新活力，以"四个出新出彩"引领各项工作全面出新出彩，在全面建设社会主义现代化国家新征程中争当排头兵。我们相信，在习近平新时代中国特色社会主义思想指引下，在我们国家实现现代化、中华民族实现伟大复兴的宏图大业中，广州在新的赶考路上，一定能再向世界展示出一系列活力洋溢、不断出新出彩的漂亮答卷！

是为序。

丛书编委会

2021 年 10 月

卷首语

2018年10月,习近平总书记视察广东并发表重要讲话,要求广州实现老城市新活力,在综合城市功能、城市文化综合实力、现代服务业、现代化国际化营商环境方面出新出彩。2019年10月,广东省委深改委即印发"四个出新出彩"的行动方案,全面贯彻落实习近平总书记对广州提出的重大使命与战略任务。可以看到,在总书记提出的"四个出新出彩"重大任务中,推动综合城市功能出新出彩被置于首要的位置,这充分彰显了做好综合城市功能谋划与培育对广州未来由国家中心城市迈向全球城市的发展所具有的特殊重要性。在这一背景和使命下,本书即紧扣综合城市功能出新出彩进行了深度专题研究。经过充分而缜密的论证分析,最后将书名确定为《枢纽之城——广州迈向全球城市的功能转型与蝶变》,其中"枢纽之城"是本书的文眼所在。

首先,功能胜于规模,国际大都市更以综合功能论输赢。大城市要有大城市的样子,而这种大城市的样子,显然不是一味地做大城市规模或单纯地追求"摊大饼"式扩张,而是要发挥"大"优势、实现"大"作为、彰显"大"担当,这三个"大"的背后体现的就是城市功能,大作为、大担当显然都离不开城市功能的有力支撑。因此,大城市要有大格局,要对标最高最好最优,全面增强城市功能,巩固拓展优势。我们欣喜地看到,近些年广州在全球城市体系中的地位节节攀升,目前

枢纽之城：广州迈向全球城市的功能转型与蝶变

已步入世界一线城市行列，正努力成为全球网络中的"大型枢纽"。2020年，白云机场旅客吞吐量达到4376.81万人次，首次登顶全球第一，同年广州港集装箱吞吐量国际排名全球第五、货物吞吐量国际排名全球第四，广州南站旅客吞吐量亚洲第一。至此，广州作为超大城市在国际交通、物流枢纽的建设发展上已成功跻身世界前列，这促使城市能级得到极大提升，也为经济发展作出了重大贡献。但"大城市的样子"不能仅仅表现在国际交通、物流等功能上，更要在国际经济、科技创新等战略性功能上取得更大话语权，在文化、信息、国际交往、综合服务等功能上实现重大突破，真正承担起国家使命，成为支撑国家崛起的重要支点。广州作为超大城市要有大追求，尤其要在贯彻"新发展阶段、新发展理念、新发展格局"要求、推进中国式现代化上先行先试、走在前列，这也是广州义不容辞的使命。

其次，枢纽之城成为广州城市功能的主要标签。作为一座历史悠久的超大城市，广州拥有很多功能性标签，如国际商都、文化名城、法治之城、活力城市、机遇之都、开放之城等，但诚如几年前政府及社会各界所达成的共识那样，中共广州市委、广州市人民政府《关于进一步加强城市规划建设管理工作的实施意见》正式提出建设枢纽型网络城市的新目标、新定位，这是广州谋划未来城市发展愿景的一次重大升级，它标志着广州将通过提升城市能级进一步实现从"区域中心"到"国际枢纽"的战略性跨越，而这个枢纽型网络城市的发展定位就是所谓的"枢纽之城"。因此，可以看到，在随后制定的"十三五"规划纲要中，广州明确提出建设"三中心一体系""三大战略枢纽"，事实上这些也都是围绕着建设"枢纽之城"的目标愿景在谋划和部署，包括后来广州还陆续提出了国际文化枢纽、国际交往枢纽、数字经济枢纽、全球资源配置枢纽等概念。可以说，突出"枢纽之城"的目标定位，不仅体现出广州海陆空铁齐备而通达四海的国际交通门户枢纽的功能特色，更体现出广州综合城市功能的全面转型、升级与蝶变。本书针对广州综合城市所提出的六大主导功能，均在不同程度上体现了广义"枢纽"的功能属性，如全球资源配置中心也可称之为全球资源配置枢纽,其他如国际文化交往中心、现代产业引领等也都具有"枢纽"的属性,这是我们需要强调说明的一点。

最后,广州推动"枢纽之城"综合功能建设既要"出新",更要"出彩"。未来,在城市综合功能建设上,我们既要注意"出新",更要注重"出彩",要在综合功能培育所涉及的新平台、新产业、新模式、新体制上积极"出彩",形成品牌轰动效应和全国示范引领力,如在产业平台的转型探索中,价值创新园区就是广州为适应互联网时代产业组织模式变化而最先总结探索出的一种新型产业园区模式,有望引领全国第四代产业园区发展之潮流,这一"出彩"案例我们在书中做了专门介绍;再如琶洲国际会展区,过去仅仅是一个会展经济区,经过努力现已成功变身为国家人工智能与数字经济试验区;此外,借助抗击新冠病毒肺炎疫情中的杰出表现,广州乘势谋划建设呼吸疾病国家实验室以及国际医疗服务特区、国际医学中心等几个重大战略性研发平台,将极大地强化、提升广州的科技创新策源地功能。这些"出新出彩"之谋划之举措,在本书中不胜枚举,如能对宣传广州、提升广州国际影响力和话语权有所助益,我们也将倍感安慰。

张 强

2021 年 9 月

前　言

功能决定着城市的未来，国际大都市更以综合功能论输赢。国内外关于城市地位与竞争力的权威评价均有力证明了这一点。从国际维度来看，新加坡、法兰克福、波士顿、迪拜、苏黎世等国际城市在规模上都远小于广州，但它们无论在全球化与世界城市研究小组（Globalization and World Cities，简称 GaWC）的评价排名还是在科尔尼全球城市指数的评价排名中始终高于广州。其背后的原因就是城市功能上的显著差距。我们观察到，凡是地处区域中心、高端服务业发达、总部经济突出、交通通达性强、国际机场枢纽等级高、外国机构及使领馆资源丰富、全球知名度高的城市，其全球城市地位排名一般也会更高，而上述诸要素都涉及城市的某些重要战略性功能。

从历史的维度看，那些曾盛极一时的超级城市会因缺乏代表未来的功能和产业而衰落。后工业化时代，曾经一度辉煌的英国曼彻斯特、美国底特律先后衰落了，它们是如何走到今天这种窘况的？显然，这些曾经的工业巨城没能在时代大潮中适时把握产业升级和功能转型的契机，这不能不说是一大主因。鉴于历史的经验，在一个城市发展得好的时候，就要超前谋划它的未来，因为一个城市的未来，不是由

枢纽之城：广州迈向全球城市的功能转型与蝶变

今天的优越区位、基础设施、国家政策倾斜所决定的。它能否保持持续繁荣，最根本的还是要看这个城市到底装载什么样的产业，具备什么样的功能，尤其是其功能塑造能否适应未来新兴产业的发展和市民生活的需求。

一国或区域的中心城市，一般都具有政治、经济、文化、社会、生态、国际交往等多元功能，通过系统梳理国内外权威机构、学者关于世界城市的功能特征与评价标准可以看出，综合性中心城市一般包括经济中心、科技创新、文化融汇、国际交往、交通枢纽、公共服务、生态安全等重要代表性功能，但就各项功能在城市功能体系中的地位和作用看，它们并不是等量齐观的，这其中，经济实力无疑是综合城市功能最核心、最重要的支撑，也就是说，综合城市功能的核心是经济功能，从国内外一些重量级的超大城市的功能定位看，无论是纽约、伦敦、香港等国际大都市最核心的功能标签——国际金融中心，还是国内的经济中心上海过去一直强调的"四个中心"，抑或是广州"十三五"规划提出的"三中心一体系"，事实上都主要指向了经济功能的定位。总之，综合城市讲等级，背后是功能，而核心是经济功能。

纵观世界城市发展的历史轨迹，世界主要大都市在其主导功能变迁中大致遵循了国际航运贸易中心—国际制造业中心—国际金融中心—全球资源配置中心这样一个相对共通的演化逻辑。近年来，随着全球化的退潮和数字技术革命的爆发，世界主要大都市在功能塑造与转型上呈现出一系列新趋势、新变化、新特征。首先，全球联系或连通性成为城市发展的"生命线"，而其中"软联系"的地位明显上升并日益重于"硬联系"。其次，世界城市的"创新"功能地位大幅提升，当今世界城市发展的一个突出变化表现为"金融+科技"型全球城市的高速崛起，极大撼动了原来的世界城市等级体系。再次，世界城市的经济功能趋向高端化、融合化，这里的一个显著变化是，虽然生产性服务功能的提升仍是当今全球城市发展的共同取向，但高端新型制造功能在全球城市中呈现出某种"回归"的趋势。最后，国际金融危机后，世界城市转而追求"更平衡地发展"，即从单纯地追求所谓"繁荣"逐渐回归到卡尔·科特金教授所提出的"安全、繁荣、神圣"，转向"伟大城市"目标牵引下的综合功能塑造，一个显著的例证是，传统的国际经济中心城市正在向综合平衡型全球城市转变。

世界城市化的实证经验表明，当一国城市化率达到60%之后，其城市化增速会明显趋缓，城市化发展重点将实现由数量扩张向质量提升的转变。2019年，中国的城市化率首次跨越了这一历史性节点。与此相适应，作为城市化的龙头引擎，国内各中心城市的发展重点也将由规模扩张为主向功能提升为主转变，城市间竞争日益演变为综合城市功能的竞争。

与此同时，世界正面临百年未有之大变局，中国迎来历史性崛起的机遇，也面临前所未有的挑战。一般而言，城市地位系于国运兴衰，中国加速崛起并重返世界舞台的中央，为我国一批重要中心城市走向世界、建设新型全球城市提供了历史性机遇。同时，城市实力托起国家梦想，中国要实现全球范围内的经济崛起、科技崛起、政治崛起和文化崛起，需要有一批具备强大战略性功能的全球城市作为引领和支撑。随着我国城市化达到一个重要的历史拐点，增强国家级龙头城市的综合功能能级，不仅关乎城市自身发展，而且也会成为中国迈向世界舞台的战略支点。作为国家中心城市，广州应主动负起国家使命，着力推动综合城市功能出新出彩，助力国家全方位崛起。

2018年10月，习近平总书记视察广东，明确提出广州要实现老城市新活力，着重在综合城市功能、城市文化综合实力、现代服务业、现代化国际化营商环境等四个方面出新出彩的指示要求。2019年2月，《粤港澳大湾区发展规划纲要》出台，明确广州应发挥国家中心城市和综合性门户城市引领作用，全面增强国际商贸中心、综合交通枢纽功能，培育提升科技教育文化中心功能，着力建设国际大都市。2019年10月，广东省正式发布《广州市推动综合城市功能出新出彩行动方案》，重点提出广州强化提升经济中心、枢纽门户、科技创新、文化引领、综合服务、社会融合六大功能。可见，对于强化广州综合城市功能，领袖有指示，中央有要求，省委有方案。

改革开放以来，广州经历了多次城市定位的演变，这包括早期所确定的建设

枢纽之城：广州迈向全球城市的功能转型与蝶变

"社会主义现代化城市"，21世纪前后的"现代化中心城市""首善之区""国家中心城市"，近期提出的"枢纽型网络城市""国际大都市"等，其相应的功能定位也各不相同。总体上看，广州城市功能定位的演化经历了从单一功能到综合功能、国内功能到国际功能、硬实力中心到软实力中心的战略性转变，也充分体现了广州单体省会城市—华南中心城市—国家中心城市—国际大都市（全球城市）这样一个总体的历史演变逻辑，客观地说，这种城市定位及其主导功能的变迁与广州城市综合实力跃升和发展阶段的演进是基本相适应的。

近些年，广州在全球城市体系中的地位实现了历史性跨越，根据国际权威评价组织GaWC对世界361个城市的评价结果，2016年广州全球城市排名居第40位，首次进入世界一线城市行列（Alpha级），2018年更进一步升至第27位，稳居世界一线城市之列。广州这些年全球排名的上升，固然与广州在"十三五"期间经济实力的持续增长且增速超过绝大多数国外城市密切相关，但更主要还是得益于其在综合城市功能培育尤其是综合门户枢纽、国际交往中心等战略性功能上的显著进步。"十三五"期间，广州从顶层规划上确定了建设三大国际战略枢纽，不仅海陆空铁方式齐全，科技基础设施大幅改善，而且这些枢纽的联动效应与综合能级也得到显著提升，极大拓展全球流量经济的空间，有效支撑广州迈向全球资源配置中心。在硬实力稳定增长的同时，广州城市软实力也大幅上升，尤其在国际交往上不断发力，以城市形象宣传片《花开广州·盛放世界》全球路演推广为突破口，大力推进城市国际传播力建设，提升城市国际形象；积极策划举办一系列高端国际会议，先后主办《财富》全球论坛、世界航线发展大会、世界港口大会、"读懂中国"广州国际会议，精心打造"广交会""文交会""金交会"等知名会议品牌；全方位开展城市外交，积极扩大城市"朋友圈"，以成功加入世界大都市协会并成为联合主席城市为契机，多形式引进NGO、NPO等国际性组织。近年来，广州在国际形象、国际会议、国际旅游、国际组织上协同发力，不仅增加了国际关系资本，且有效拓展了全球联系度，进而提升了广州的全球城市地位。

通过梳理总结城市发展基础与条件可知，广州在城市功能发展上具有综合门户、综合服务、历史人文、生态环境、营商环境等五大显著优势，同时，也存在创新实力略显不足、战略性资源要素配置能力偏弱、国际交通网络有待完善、文化引领功能总体偏弱、国际交往层次有待提升等问题。从历史和现实看，广州进一步提升综合功能能级该解决五个深层次问题：一是如何进一步克服腹地空间狭小，限制城市资源配置空间广度和服务输出潜力的问题；二是如何进一步增强产业发展实力，特别是做大做强战略性新兴产业和先进制造业，培育更多千亿级龙头企业，形成更加强大的带动力的问题；三是如何进一步科学精准搞好城市定位，确保城市主导功能建设有更好的持续性和稳定性的问题；四是如何进一步加大改革力度，创新体制机制，不断培育壮大战略性功能的问题；五是如何进一步调整优化财税体制和政策，使广州拥有更大的财政实力，来支持城市重大战略性功能建设，特别是支持总部经济与科技创新的问题。

作为粤港澳大湾区的核心引擎之一，广州既是大城市，又是老城市，未来要在综合城市功能上出新出彩，必须对标顶级全球城市，立足广州现实条件与制约，实施科学、合理、有效的总体方略。为此，广州未来综合城市功能培育须重点把握四大战略关键点：一是广州综合城市功能布局应考虑从全球、区域、市域三个维度上协同推进；二是广州未来综合城市功能建设的战略方向要体现国家使命与需求，重点突出"强起来"的战略逻辑，尤其是作为全球城市网络的大型节点，广州既要注重"联结"，更要注重培育、强化"控制"功能；三是广州综合城市功能培育要注重深化区域合作和拓展腹地空间，要在总结现有合作模式基础上，积极探索和推广诸如"广州服务＋周边制造""广州研发＋周边生产""广州总装＋周边配套""广州总部＋周边生产""广州孵化＋周边加速""广州生活＋周边休闲度假"等区域合作模式；四是广州提升某些战略性功能要尽量争取中央、省的有关管理权限和政策的支持，比如，广州打造高端法律服务集聚区和国际医疗特区，就需要争取国家放宽港澳法律适用、建立国际医疗特区、给予特许医疗的相关政策支持。

总之，广州从国家中心城市迈向国际大都市，不仅是城市能级的整体跃升，更是城市综合功能体系的蜕变再造。过去四十年，尽管广州完成了从单一工业生产性

枢纽之城：广州迈向全球城市的功能转型与蝶变

城市到综合服务中心再到枢纽型国际大都市的蝶变，但这主要还停留在完善城市功能体系为主的层次上，广州要建成具有世界影响力和较高话语权的国际大都市，还需要进一步谋划构建"综合+主导"型功能体系，还需要强化、提升全球资源配置、新兴产业引领、科技创新策源、国际交往交流等战略性功能的辐射能级，这些综合城市功能的培育与提升固然有其路径依赖，但广州必须摆脱原有的发展路径，在综合城市功能培育的模式、路径、方式和政策体制上不断创新，真正做到出新出彩。我们应从广州现有发展基础、功能结构和约束条件出发，结合世界百年未有之大变局和我国进入全面建设社会主义现代化国家新征程的新形势以及世界城市功能演化的新趋势，深入探索广州综合城市功能蜕变与转型之路。

本书旨在贯彻落实国家《粤港澳大湾区发展规划纲要》精神和省委行动方案要求，重点围绕如何塑造与提升广州综合城市功能进行了深入研究。全书分为两大板块：第一板块为总论，包括第一、第二章，重点阐释综合城市功能的理论内涵和演化趋势，以及广州综合城市功能的历史演变与未来发展总体思路；第二板块为分论，包括第三至第八章，分别就广州的全球资源配置、现代产业引领、综合门户枢纽、科技创新策源、国际文化交往、社会综合服务等六大战略性功能做了专章分述，重点在塑造与提升六大功能的战略思路、路径和举措上凸显"广州模式"，突出"新"与"彩"。

张 强

2021 年 6 月

目录

第一章
综合城市功能的理论溯源与广州实证 1

第一节　综合城市功能的理论解析 1
第二节　世界城市功能演进规律与趋势变化 10
第三节　国际大都市以综合城市功能论输赢 17
第四节　改革开放以来广州城市功能定位的历史演变 22

第二章
新时代广州提升综合城市功能的战略背景与基本思路 30

第一节　广州提升综合城市功能的战略背景 30
第二节　广州综合城市功能的主要基础优势 36
第三节　基本思路与方略 41

第三章
提升全球资源配置功能，争夺国际经贸合作话语权 45

第一节　全球资源配置中心的概念、特征与运作机理 45

第二节　广州建设全球资源配置中心的基础条件与区域格局
分析　63
第三节　广州建设全球资源配置中心的战略路径　71

第四章
增强现代产业引领功能，铸造国际大都市的内核动力　85

第一节　世界产业发展趋势与全球城市的产业特征　85
第二节　广州产业发展阶段与现状分析　101
第三节　进一步增强广州产业引领功能的战略重点　106

第五章
强化综合门户枢纽功能，构建全球城市网络大型节点　130

第一节　综合门户枢纽的内涵、特征与标准　130
第二节　广州建设综合门户枢纽城市的基础条件与区域格局
分析　135
第三节　广州完善综合门户枢纽功能的战略重点　139

第六章
增强科技创新策源功能，打造全球科技创新顶级枢纽　152

第一节　科技创新策源功能的基本内涵与特征　153
第二节　当代全球科技创新发展的主要趋势　157
第三节　广州在大湾区创新网络中的优势与格局分析　164
第四节　广州强化科技创新策源地功能的战略路径　168

第七章

增强国际文化交往功能，提升国际大都市形象软实力   180

第一节   世界百年大变局下的国际文化交往功能   180
第二节   国际文化交往中心的内涵界定与功能构成   182
第三节   广州建设国际文化交往中心的基础优势分析   184
第四节   广州建设国际文化交往中心的总体构想与对策思考   189

第八章

完善社会综合服务功能，建成国际"美好生活之都"   204

第一节   社会综合服务的内涵与主要功能   204
第二节   广州城市社会综合服务功能的国际比较   207
第三节   广州提升城市社会综合服务功能的战略路径   216

参考文献   231

后　记   237

第一章
综合城市功能的理论溯源与广州实证

世界著名城市评级机构全球化与世界城市研究小组先后发布了十多期《世界城市名册》，评价结果显示，许多规模较小的城市如新加坡、米兰、法兰克福、迪拜、苏黎世等，其城市地位排在全球城市体系前列，高于许多超大城市；而在同等经济水平下，许多经济规模更大的城市排名却低于一些经济规模较小的城市。在全球城市综合实力与地位比拼中，为什么不是那些城市规模或经济规模更大的城市胜出？其答案就在于：综合城市功能。

第一节 综合城市功能的理论解析

一、从城市功能说起：国内外关于城市功能的经典论述

要认识综合城市功能的概念，应该以一般城市的功能认知为逻辑起点，因为，无论是哪一级的城市，都必须具有基本的功能属性。从城市发展的历史溯源看，早期人类建立城市主要是满足军事防御之需，后来逐渐演变为区域行政管理和经济交易活动中心。进入工业化社会后，城市功能进一步趋向多元化、专业化、高级化，许多城市发展为文化娱乐名城（巴黎、香港）、科教名城（波士顿）、旅游名城（巴

枢纽之城：广州迈向全球城市的功能转型与蝶变

塞罗那）、金融中心（伦敦）、会展之都（汉诺威）、时尚之都（威尼斯）等专业性城市，部分城市成为工业布局的重要基地（曼彻斯特、芝加哥），少数高能级城市则演变为全球资源配置中心（如纽约、伦敦、东京）。因此，城市作为人类安全、便利、高效进行生产生活而集聚居住的特定场所，本身就具备多种多样的功能，且其功能构成随着历史条件的变化而不断变化。

国内外学术界对城市功能的探究持续了很多年，并形成了许多富有代表性的经典流派和观点。英国学者奥隆索在1921年将城市功能划分为行政、文化、生产、交通、娱乐、防务等六大职能，由此开启了对城市功能研究之先河。其后，国际建筑协会（C.I.M.）于1933年8月在雅典会议上制定通过的著名的《雅典宪章》，成为最早指导城市规划的纲领性文件，其在文件中提出城市具有居住、工作、游憩、交通四大基本功能，并认为这四大功能是进行城市规划的基本标准。其后不久，《马丘比丘宪章》对《雅典宪章》的观点进行了批判性完善，它认为城市被简单地划分为各种功能分区是错误的，而应以人的需求为出发点推动城市功能结构的综合化和有机性。

二战后，学术界对城市功能的研究有了新的视角和突破，其中，路易斯·芒福德（1961）提出城市具有"容器、磁体与文化"三大重要功能，其最具代表性的观点有二，一是认为城市应具有"母亲般的养育生命的功能"，强调城市的"互助共济"精神和作用，二是认为文化是城市最基本的功能，文化既是城市发生的原始机制，也是城市发展的最后目的和最高追求，这为后来的城市规划向满足人的需求方向发展提供了理论支撑。与此同时，美国著名学者简·雅各布斯（1961）则高度认同城市功能多样性的思想，并明确将城市功能划分为基本功能和辅助功能，基本功能主要指城市的核心或主导功能，而辅助功能则是指所有城市都必需的保障性功能，如交通、安全、生态环保等功能。作为全球城市史的重要代表性人物，乔尔·科特金（2005）在其名著《全球城市史》中特别指出，城市扮演三大功能：一是构建神圣空间，二是提供安全保障，三是拥有繁荣市场，此外他还特别强调，城市应塑造和具有精神层面的凝聚力。

进入20世纪八九十年代，卡斯特尔、蔡来兴等学者进一步从"中心城市"的角度阐释了城市功能。其中，美国著名学者卡斯特尔（1989）创造性提出了中心城市的基本功能——集散功能，首次用"流动"阐释了城市的集散功能，他在长期观察的基础上提出了那句非常经典的论断："城市不是依靠它所拥有的东西而是通过流经它的东西来获得知识，积累财富、控制和权力。"我国的蔡来兴（1993）成为最早关注中心城市研究的学者，其在《上海：创建新的国际经济中心城市》一书中系统论述了中心城市的五大功能，即集散、生产、创新、服务、管理等功能。

与此同时，弗里德曼、沙森和彼德·霍尔等学者则在"世界城市"的尺度上探讨并定义了城市功能。其中，最具代表性的是弗里德曼（1986）在《世界城市假说》中的有关论述，他明确指出，世界城市是全球经济系统的中枢和组织节点，是国际资本汇集的中心，集中控制和指挥世界经济活动，并提出了世界城市的七大特征和标准：国际金融中心、跨国公司总部、国际组织所在地、商务服务高度发达、重要的制造中心、主要交通枢纽以及拥有较大国际人口规模等，实际上是明确了世界城市的四大功能，即全球资源配置、产业引领、国际交通枢纽和国际交往中心，经济功能与非经济功能并重。沙森教授（1991）则更聚焦世界城市中的顶端城市——全球城市，高度凝练出全球城市的基本功能，即"联结与控制"，具体表现为国际经济的治理中心、金融及专业服务的主要所在地、新兴产业集聚地、创新创意策源地等四大功能，可见其更加侧重于经济功能。此外，彼德·霍尔教授（1996）则认为，世界城市的影响是全球性的，其主要功能包括政治权力中心、国际贸易中心、国际金融中心、人才集聚中心、信息汇集和传播中心、大规模人口聚集中心和文化娱乐中心等，与前述两位大师相比，其在外延功能构成上有所扩展，主要是增加了政治权力中心和信息汇集与传播中心两大功能，这显然与日益呈现的信息社会特征相适应。

综上可见，国内外对城市功能问题的研究经历了近百年，从时序演进路线看，其主要是循着一般城市功能—中心城市功能—世界（全球）城市功能这样一个逻辑主线逐步向前推进、深化的，并形成许多创新性理论和观点。在城市功能研究的基础上,学术界进一步对城市发展道路和战略方向做了深入的探索,并提出了许多新概念、新目标、新导向,如霍华德的"田园城市"、芒福德的"文化城市"、乔尔·科特金的"后工业城市"、戈特曼的"大都市带"、卡斯特尔的"网络城市"或"信息城市"、弗里德曼的"世界城市"、沙森的"全球城市"及"数字城市"等,为当代城市规划与实践提供了许多富有价值和启发的新视角、新方向。我们看到,这些不同性质、不同取向的城市发展道路或模式中也包含了对城市功能的多维度理解。

二、综合城市功能的概念、内涵与主要构成

在梳理国内外学术界关于城市功能研究的基础上,我们再来看看什么是"综合城市功能",其与一般的城市功能有何区别。为此,我们研究的逻辑起点必须回到城市研究上去,这需要从城市的分类说起。众所周知,按照城市的辐射范围与能级划分,城市可分为一般城市、区域中心城市、国家中心城市、国际大都市(全球城市)等;此外,按照城市的功能构成划分,城市又可划分为专业性城市和综合性城市,其中,专业性城市如日内瓦、汉诺威、波士顿、迪拜、蒙特卡洛以及我国的澳门、新竹、义乌、三亚等,综合性城市比较典型的包括纽约、东京、伦敦以及我国的北京、上海、广州等。而综合城市功能就是指那些综合性城市所具备的多元化功能。由此,我们可以给出定义,所谓综合城市功能,就是指综合性城市在全球、国家和区域范围内对经济社会发展所发挥的综合作用,这种综合作用既涵盖了多个领域(政治、经济、社会、文化、生态等),亦包括多元功能(如集散、生产、创新、管理、国际交流等)。

对此概念,我们可进一步从以下方面深化理解。

第一,综合城市功能往往是与顶端城市、特大中心城市相联系的。一般而言,不同性质、不同能级的城市,必然具有不同的功能构成和主导功能特色。综合城市功能必然是就那些能级较高、功能多元的特大城市或超大城市而言的,其突出特征

就是功能的综合性、多元化，而这必然与具有较高能级、较大规模、功能较齐全的特大中心城市相联系。2005年，《全国城镇体系规划》首次提出"国家中心城市"的概念，并确定北京、上海、广州、天津、重庆为五大国家中心城市，这个概念事实上就是指国家顶级的综合性城市。而广州过去数年研究提出的国家中心城市功能、国际大都市功能，其实是广州综合城市功能在不同发展阶段的具体表现。对现阶段的广州而言，鉴于粤港澳大湾区建设规划实施的战略背景，将主要聚焦于广州作为一个国际大都市或全球城市的功能培育与转型问题。

第二，综合城市功能绝不意味着各项功能是等量齐观的，而是有主与辅、核心与次要之分。一般而言，对综合城市功能需把握三个关键：一是功能品种齐全，综合城市功能既包括经济功能，也包括政治、社会、文化、生态环境等其他各领域功能；二是地位主次之分，当今几乎所有国际大都市都有核心功能标签，如伦敦、香港为国际金融中心，巴黎为世界文化艺术之都，广州为"千年商都"，深圳为国际创新名城，其他功能如交通枢纽、国际交往、生态安全等为共性的次要功能；三是功能融为一体，即综合城市各子功能不是简单叠加的关系，而是有机结合或耦合而形成"1+1>2"的效应。所以，综合性城市一般会形成"综合+主导"的功能体系，须突出主导、突出特色。

第三，随着时间的推移，综合城市功能尤其是其战略性主导功能是动态变化的。比如，曾经作为国际航运中心的伦敦等，海运早已从其核心功能里排除出去了，香港港口现在的运输量也是越来越少，这是一个必然的历史变化趋势。再如，伦敦、香港、芝加哥等也曾是著名的国际制造业中心，后来都先后迁出一般性工业，逐渐演变为国际金融中心或总部经济基地。此外，二战后崛起的伦敦、纽约等国际金融中心，在2008年的国际金融危机后也开始不断强化其科技创新功能，立志提升其全球知识中心的战略地位。

这种主导功能变化的原因，既有工业化、信息化、全球化等外部环境变化，更重要的是城市内部条件变异，对于后面这种深层的原因，可以从熵增原理（热力学第二定律）去理解城市内在功能的更新与变化。一般而言，随着时间的迁移，城

枢纽之城：广州迈向全球城市的功能转型与蝶变

市内部功能之间的矛盾冲突和内耗会越来越大（熵增），这必定导致城市综合效能（功能）的不断衰减，因为在发展过程中，原来城市承载了很多功能，而在未来的发展中，新的功能要叠加在旧的功能上面，在空间上一定会出现拥挤和摩擦。从而导致城市的恶性膨胀及无序化，这也是我们在历史上看到的那些庞大帝国或超级城市发展到最后走向衰落甚至突然崩溃的原因。就像人体一样，城市也是一个负熵体，必须持续进行逆熵操作——实施城市更新或功能转型以对抗熵增，才能维持城市系统的可持续的良性运转。目前，广州也正从追求规模、招商引资、城区扩张等加速向塑造全球城市功能转换。过去数年，广州大力促进总部经济、平台经济、流量经济发展，聚焦"三大战略枢纽"建设，现在又重点推进营商环境优化工程，加快数字经济战略性布局，加快城市更新并疏解城市非核心功能，深化广佛、广清、广佛肇以及广深等区域合作等，这些行动，事实上都是在实施逆熵操作，优化城市综合功能，不断提高城市的综合承载力。

第四，综合性城市一般包括政治、金融、贸易、科技、文化、教育、医疗、交通、信息、生态、对外交往等诸多专项功能，但其核心是经济功能。从前述关于城市功能的各种经典论述可以看出，城市功能具有多种分类和构成。通过梳理总结与归纳合并国内外权威机构、学者关于世界（全球）城市的功能特征与评价标准（表1-1），一座综合性城市或国际大都市一般应至少包含七大功能类别：

一是经济中心功能。这是综合性城市或国际大都市最核心、最基本的一项功能，几乎国内外所有权威机构或学者在其城市评价体系中都包含了这类功能，具体表现为金融中心、跨国公司总部、商贸中心、重要制造业中心、新兴产业集聚地、生产者服务（高端专业服务）、国际经济治理中心等功能，若做进一步归纳总结，则综合性城市的经济功能可划分为资源配置与产业引领两大类。需要强调的是，经济总量是构成经济中心功能的一个重要条件，但不是必要条件，例如，在欧洲大陆，巴黎、柏林、罗马等城市地区生产总值远高于法兰克福，但法兰克福依托其强大的金融、航空枢纽和创新经济基础，具有更强大的经济中心功能尤其是资源配置枢纽功能。

二是科技创新功能。沙森和中国社会科学院（简称中国社科院）的功能评价体系中均列出了这一指标。国际金融危机后，随着全球竞争由资本竞争向创新竞争的加速转变，科技创新日益成为全球城市的一项重要战略性功能，从现实格局看，"金融+科技"型全球城市加速崛起，成为当今全球城市体系中的最大亮点，这一趋势深刻表明，科技创新才是城市功能的真正内核，它充分体现并支撑了一个城市的经济控制力或核心竞争力。从国际权威评价的全球城市排名看，那些排在前面的城市固然都是当前一些主要的国际金融中心，如伦敦、纽约、东京、新加坡、香港、迪拜、法兰克福等，但只有科技创新能力也十分突出或同步跟进的城市，才能确保现代产业发展的引领性地位，才能避免经济"空心化"陷阱。

三是文化融汇功能。文化功能是国内外所公认的，是乔尔·科特金所强调的城市"神圣"特质的主要支撑，从权威机构的评价体系看主要表现为文化枢纽、传媒中心、文化体验及人口集聚地等指标。我们观察 GaWC 的城市排名可以发现，排在前十位的全球城市无一例外都是当今赫赫有名的国际文化中心，如伦敦、纽约、巴黎、洛杉矶乃至我国的北京、上海、香港等，这些全球顶级城市的活力与魅力，无不来源于对本土及各种外来文化的吸收和融汇。从全球城市史的轨迹看，城市特有的文化精神及其形成的人文凝聚力往往确保了城市活力的长盛不衰。当然，这种城市文化的软实力不仅仅包括传统历史文化，更重要的是拥有引领当代潮流、推动城市可持续发展的创新文化和时尚文化，因此，学术界才逐步认同这一重要论断：文化是一个城市的最高追求。

四是国际交往功能。弗里德曼、科尔尼、中国社科院等均提及了这一重要功能，主要表现为全球联系、国际决策参与、国际政治中心、国际组织所在地等几个标志性指标。GaWC 关于全球城市评价的一个基本思想就是去衡量这个城市的全球连接性和全球化经济的融入度，总称"全球联系度"。当然，城市的这种全球联系，既包括交通、物流基础设施等"硬联系"，也包括旅游、人文、会展、信息、传媒、国际组织、NGO 等"软联系"，而国际交往功能衡量的主要是城市的"软联系"能力。

五是综合服务功能。作为超大综合性城市，必须具有完善而发达的综合服务功能，其首要内涵主要是指医疗、教育、居住、社会保障、生态、环保等公共服务，当然，也包括 GaWC 所定义的那些一般城市所缺乏的高端生产者服务，如金融、法律等，此外，还包括一般城市所不具备的某些特殊化服务，如签证、鉴定、检测等服务。实践中可以观察到，越是超大型的综合性城市，其服务业所占比重越高，当今那些位于金字塔尖的全球城市，如纽约、伦敦、巴黎、香港等，其服务业在城市生产总值中的比重甚至达到了 90% 左右，这为其发达的综合服务功能提供了坚实的产业基础。

六是交通与信息枢纽功能。彼得·霍尔、弗里德曼、科尔尼、中国社科院均提及了这一功能，主要表现为交通枢纽、信息交流、基础设施等分项，与上面交往功能相对应，交通与信息枢纽功能主要衡量的是城市的"硬联系"能力。事实上，无论在城市发展的早期还是中后期阶段，基于立体化交通枢纽所构成的对外连通性都是支撑人流、物流、商流、资金流等资源要素全球流动的基础要件，它构成城市发展的"生命线"，尤其在进入全球化时代的今天，航空枢纽往往比海运或陆运枢纽具有更大的战略价值。此外，随着全球进入互联网时代或智能社会，作为对外连通性的另一重要构成，信息枢纽的地位和作用也日益凸显，信息枢纽成为知识、信息、技术、数据等高级要素全球配置的重要依托。值得一提的是，由海、陆、空、铁枢纽节点及国际通信、互联网接入口等软硬件设施所构成的对外连通性，也可统称为"综合门户枢纽"，共同构成城市的"流动"功能。

七是社会治理融合功能。即为促进城市内部社会融合而实行的管理功能，包括政府管理、法治建设、城市规划建设管理、生态环境治理、人口管理、社会治安、城乡融合、社团发展等方面。如果说上述六类功能主要着眼于一个城市的对外影响力，则社会治理功能主要着眼于对城市内部要素结构的优化整合，其核心是促进社会融合，为其他功能的发挥提供良好的基础条件。这种功能的实施主体，既包括城市政府及某些公益类事业机构，也包括社团、中介机构、志愿者组织等 NGO（非政府组织）。

表 1-1 国内外权威机构／学者关于世界城市的功能特征与评价标准

研究机构或学者	功能特征	研究机构或学者	评价标准
彼得·霍尔	1. 国际政治中心 2. 国际交通枢纽与商业中心 3. 国际金融中心 4. 世界文化、传媒与科技中心 5. 巨大的人口集聚地	GaWC	1. 金融 2. 会计 3. 法律 4. 广告 5. 管理咨询
弗里德曼	1. 国际金融中心 2. 跨国公司总部 3. 国际组织所在地 4. 商务服务高度发达 5. 重要的制造中心 6. 主要交通枢纽 7. 较大的人口规模	科尔尼公司	1. 商业活动 2. 人力资本 3. 信息交流 4. 文化体验 5. 政治参与
沙森	1. 国际经济的治理中心 2. 金融及专业服务主要所在地 3. 新兴产业集聚地 4. 创新创意策源地及主要市场	中国社会科学院	1. 经济活力 2. 环境质量 3. 社会包容 4. 科技创新 5. 全球联系 6. 政府管理 7. 人力资本 8. 基础设施

资料来源：经作者文献整理而得。

然而就各具体功能类别在城市综合功能体系中的地位和作用大小看，它们并非是平等或可以等量齐观的，这其中，经济实力或经济功能无疑是综合城市功能的最重要支撑，也就是说，综合城市功能的核心是经济功能，从国内外一些重量级城市的功能定位看，无论是纽约、伦敦、香港等国际大都市最核心的功能标签——国际金融中心，还是国内的上海过去一直强调的"四个中心"，抑或是广州市"十三五"规划提出的"三中心一体系"，事实上都主要是关于经济功能的定位。上述关于世界城市的各权威评价指标体系也大体上印证了这一点。总之，综合城市讲等级，背后是功能，而核心是经济功能。

需要强调说明的是，本书重点聚焦广州的综合城市功能问题，其综合功能构成及分类既要参考一般性城市功能分类标准,也需突出自身的特色。为此,我们这里参考了两个重要文件对广州城市功能定位的界定:一是2019年2月国务院出台的《粤港澳大湾区发展规划纲要》,其对广州的发展定位明确指出,广州要"充分发挥国家中心城市和综合性门户城市引领作用,全面增强国际商贸中心、综合交通枢纽功能,培育提升科技教育文化中心功能,着力建设国际大都市"。事实上,这明确要求广州在大湾区中着重发挥五大优势功能。二是2019年10月广东省委出台的《广州市推动综合城市功能出新出彩行动方案》,该方案明确提出广州应全力提升经济中心、枢纽门户、科技创新、文化引领、综合服务、社会融合等六大主导功能。参考以上文件对广州的功能定位,结合广州未来发展趋势及战略需求,并鉴于经济功能的核心地位,我们将广州经济中心功能进一步分解为资源配置、产业引领两大功能并单列;同时,鉴于广州在大湾区文化塑造上的源头地位以及国际交往中需要大量运用文化资源,我们将对外交往功能从门户枢纽功能中剥离出来,转而与文化功能合并为"国际文化交往中心"。此外,综合服务功能和社会治理融合功能虽有一定差异,但均包含促进社会民生发展的内容,如教育、医疗、养老、社会保障、安全等,故在此将综合服务、社会治理融合两大功能合并为社会综合服务功能,其中的社会治理可以认定为综合服务功能的一种特殊服务。由此,本书围绕广州综合城市功能塑造将重点聚焦全球资源配置、现代产业引领、综合门户枢纽、科技创新策源、国际文化交往、社会综合服务等六大功能的深度分析。

第二节　世界城市功能演进规律与趋势变化

一、世界城市功能演进的一般规律

纵观当今世界几个核心城市的历史发展轨迹,我们发现其在城市功能的演化中大致遵循着国际航运贸易中心—国际制造业中心—国际金融中心—全球资源配置中心这样一个相对共性的演化逻辑（图1-1）。

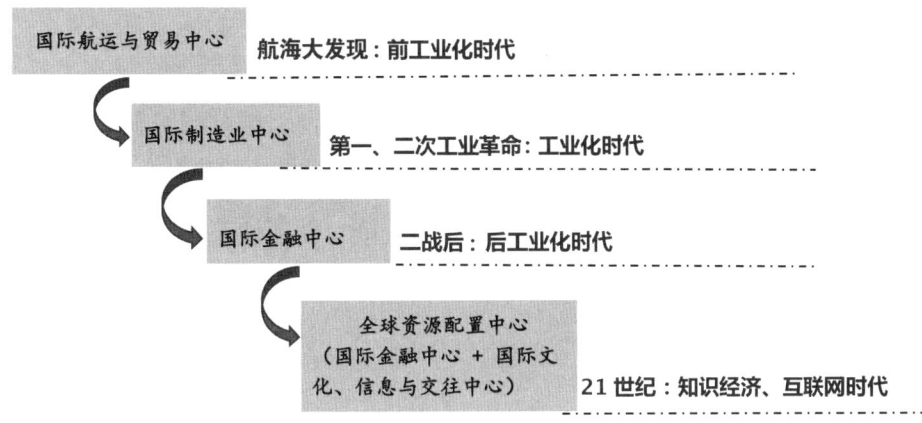

图1-1 世界大都市（主导）功能演化的一般规律与趋势

在前工业化时代，城市一般都体现为国际航运与贸易中心，国际航运与贸易功能是早期世界城市发展的普遍轨迹。历史上，大航海推进了大贸易，大贸易带动了沿海城市的迅速崛起，形成了象征财富集聚的国际航运贸易中心，如早期的里斯本、阿姆斯特丹以及稍后的伦敦均独领风骚几十上百年。

进入工业化时期，先发的国际城市又在工业化中占得先机，一度又成长为重要的国际制造业中心，如伦敦，在20世纪二三十年代曾建立过电器机械、汽车、飞机制造等一系列新兴工业部门，至1951年其制造业就业人数达140万，是当时西方国家中工业规模最大的城市。这些城市作为国际制造业中心主要是附着在原有的国际航运与贸易中心这一基本功能之上的，属于城市功能的一次阶段性拓展。

进入后工业化时代，世界先发城市的传统制造业普遍走向衰落，服务业逐渐占据绝对优势地位，其中极少数世界大都市开始高度金融化、资本化，成长为首屈一指的国际金融中心，初具国际资本的调度配置能力。其中，最早和最突出的是伦敦，20世纪60年代后，随着伦敦欧洲美元市场的开辟和西方金融自由化、国际化的发展，伦敦抢占了先机，占据了金融创新的"制高点"，到20世纪80年代其金融业就业人数高达80多万，远远超过纽约、东京的水平，成为首屈一指的国际金融中心。其后，纽约、东京、香港、新加坡也先后跟进，纷纷加入国际金融中心的行列，共同形成了覆盖欧、美、亚等世界主要时区、24小时不中断的全球金融中心网络。

国际金融危机后，传统的国际金融中心的建设目标受到普遍质疑，它们纷纷从不同角度和路径探索城市价值与功能转型，这其中，那些软实力十分出众的城市，如拥有先进的制度、健全的法治、高度开放的政策、创新性经济基础、广泛的国际交流交往网络、发达的传播媒介功能以及具有感召力的城市人文精神等的城市，显得更具活力和影响力，当其中某些金融中心城市进一步崛起为国际文化、科技、信息和交往中心，拥有了更加综合、多元、高端的功能体系时，才能最终演化为世界级大型枢纽节点或所谓国际决策与控制中心，也就是我们通常所称的全球资源配置中心。

二、当代世界城市功能发展的变化趋势

人类对城市功能的探究已持续了几百年，从早期简单归纳出城市所具有的居住、工作、安全、交通等基本功能开始，人们对城市功能的认识不断深化，城市功能也随着外部环境条件的变化而不断变化，城市规划实践充分体现了不同阶段城市功能的不同特征。近年来，随着经济全球化的退潮和数字技术革命的爆发，城市尤其是那些国际化程度较高的全球城市或国际大都市在城市功能塑造上也呈现出一些新趋势、新变化。

（一）全球连通性与联系度成为城市发展的"生命线"，软联系的重要性不断上升

世界著名城市理论学者沙森教授认为全球城市具有两大基本功能——联结与控制，全球城市逐步由过去主要局限于本区域、本国的"中心城市"演变升级为具有全球网络联系功能的"网络城市"，由此导致其全球连通性大幅提升。全球化时代，

各国及地区之间的联系日益加强，联系创造机会，联系推动流量，联系带来交易，联系创造价值。大航海时代的历史表明，基于物理联结、国际通道的全球联系水平决定了一国或地区的命运与竞争力。二战后，随着全球化的加速扩展，推动了一大批超越国界的高能级城市的崛起。随着城市之间全球联系的不断深化，世界逐步形成以枢纽城市为节点，以通道为连线，以人流、物流、资金流、信息流高效流动为动力的有机互融的全球城市网络。从全球联系的角度看，一个城市与其他城市在商品、要素、产业等方面发生联系、交流的程度和水平，反映了该城市掌控和配置资源的能力和潜力，也体现了其在全球网络中的节点地位。因此，当今城市之间竞争力的比拼，重要的不仅仅是自身的实力，更重要的是该城市与其他城市的联系度，这种联系既包括交通、产业、科技等硬联系，也包括文化、信息、制度等软联系，它们的有机耦合共同构成了国际大都市的活力与"生命线"。此外，我们也进一步观察到，当今世界"软联系"的地位明显上升并日益重于"硬联系"，这不仅仅反映在全球资源流量总体构成中——知识流、信息流的占比不断上升，而且表现在那些位处世界顶端或高阶的全球城市，其越来越依靠知识流、信息流等建立起对外联系、领导力并创造价值，而创新资本、人才、智库、资讯中心、数据中心、决策中心等也越来越集中于这些全球城市中。

（二）世界城市的"流动"枢纽功能明显升级

美国著名学者卡斯特尔首次用"流动"阐释了城市的基本功能——集散功能，他强调，一个城市的发展不是依靠它所拥有的东西而是通过流经它的东西来获得财富与竞争力。这个观点即使放在今天也没有过时，而且还有所深化。我们看到，当今的一些全球资源配置中心城市，大多建基于全球城市网络的流量扩展，并在其中发挥调度与协调的枢纽作用、节点作用。例如，在2020年GaWC的全球城市评价中，中国城市排名上升最快的不是一线城市，而是作为二线城市的郑州与西安，与2018年相比，它们均从Gamma+级别进入Beta-级别，迈入"世界二线城市"的行列，在具体增长位次上，郑州上升了37位，西安上升了25位，而这两市均是近年来崛起的物流明星城市，是"一带一路"的重要节点。需要指出的是，由于全球资源流量构成在改变、升级，因此这种"流动"枢纽也正加速从商品、资本、资源的流量枢纽、控制节点转向信息、数据、人才的流量枢纽、控制节点，这也是我们看到那些位处顶端的全球城市在枢纽功能上已重点转向处理和控制资本、人才、文化、数据、信息等高端资源流量的原因所在。

（三）世界城市的"创新"功能地位大幅提升

国际金融危机后，全球竞争逐步从资本竞争为主向创新竞争为主导转变，世界城市的竞争也逐步从原来的资本控制，逐渐转向培育科技创新这一高端控制性功能。顺应这一大趋势，我们看到近十年来世界城市发展的一个突出变化是，"金融+科技"型全球城市高速崛起，撼动了原来的世界城市等级体系。不过，这里的创新功能不仅仅是指科技创新，也包括文化创新、制度创新、产业创新和商业模式创新，由此，我们可将世界城市的"创新"功能进一步细分为应用型创新（如产业、社会服务创新）和文明型创新（思想、制度等创新），伦敦、巴黎、纽约等都是曾诞生过有重要影响力的思想家、政治家的城市，故而成为文明型创新的典范。而所谓应用型创新，则主要有两个方向，一是产业上的应用创新，如许多科技突破都有效地推动了产业的发展；二是社会管理上的应用创新，如当下炙手可热的"智慧城市"即是典型案例，建设"智慧城市"已成为当今许多城市的普遍行动，它主要运用信息和通信技术手段感测、分析、整合城市运行核心系统的各项关键信息，从而对包括民生、环保、公共安全、城市服务、工商业活动在内的各种需求做出智能响应。这其中包括了"城市大脑"与城市每一个"细胞"的协同运作，可细分为智慧政务、智慧产业、智慧医疗、智慧养老、智慧社区等板块。

当然，在众多创新功能中，科技创新仍是决定当前城市竞争力的根本性因素。目前，全球城市的科技创新，无一不是布局在互联网与信息科技上，这也是构成城市软联系的重要支柱。然而，广州建设全球城市是一个漫长过程，这个周期与科技革命周期不一定相同。作为一个综合型全球城市，广州在未来战略性科技领域的布局上，除了互联网，还有新能源、大健康等。事实上，以互联网为代表的信息科技主要解决的是经济发展的成本和效率问题，但它不能解决产业质量的问题。而在新能源领域，随着中国率先在可燃冰、氢能源等新能源上的突破，很可能发展出一个类似页岩气那样巨大的新能源产业出来；此外，还有光材料技术，它对于重大疾病的治疗也显现出巨大的市场前景。广州未来建设引领型全球城市，必须具有前瞻性地对新科技进行战略性多点布局。

（四）世界城市的经济功能趋向高端化、融合化、网络化

首先，生产服务功能的提升仍是当今全球城市发展的共同趋势。在国际城市的评价标准中我们看到，无论是 GaWC 还是美国科尔尼公司抑或是中国社会科学院的评价体系，以生产性服务业为基础的综合服务功能始终是全球城市的核心标志。国际金融中心、商务中心、航运中心、贸易中心、科创中心、文化创意中心等，无不依赖相应的专业服务业来支撑与配合，故生产服务功能的提升仍是当今全球城市发展的共同趋势，只不过，这种经济功能在新环境形势下呈现出新的演变方向：一是高端化，如作为国际金融中心，过去主要致力于配合跨国公司进行全球投融资活动，现在则逐步衍生出某些新型的金融功能——全球资本与财富管理中心，这一功能处于更高的金融发展阶段，主要致力于全球财富集中及其增值运营服务，因而被誉为国际金融中心的"升级版"；二是融合化，这不仅体现为服务业内部各行业之间的深度融合，也体现为服务业与制造业的深度融合，二者界限日益模糊，尤其是金融、科技、产业、文化深度交融趋势日显，形成了大量的新业态、新模式、新场景以及新型功能，例如，随着国际资本流动逐渐超越传统的国际贸易，一些顶级的全球城市进一步演化为全球投资贸易中心，其将生产一体化、贸易自由化、金融国际化融为一体形成新型功能组合，从而取代了过去传统的贸易中心。

其次，新型制造功能在全球城市中呈现某种"回归"趋势。随着对国际金融危

枢纽之城：广州迈向全球城市的功能转型与蝶变

机的反思，尤其是过去那些在产业结构上高度服务化的全球城市因经济"空心化"而深受打击，新型制造业或某些高端制造功能仍需要在全球城市中占据一定的地位，甚至可能内化为城市的一项必不可少的战略性功能，而不是像过去那样逐步外迁或仅在边缘区域短期复兴。究其深层原因主要有三：第一，制造业是科技创新的主载体，实证经验表明，当今世界70%以上的发明专利源自制造业领域，且应用市场也大多在工业制造业领域中。第二，制造业在促进产业生产率提升方面的作用大于服务业，毕竟，几乎所有的资本品或重大装备均来自制造业，而高端制造业的劳动生产率也丝毫不逊于高端服务业。第三，在数字化、智能化技术的驱动下，基于网络的分布式、小批量、个性化的精益制造、定制制造、服务型制造均展示了制造业回归全球城市的良好前景，新加坡、芝加哥、东京等历史上富有工业底蕴的全球城市呈现出不同程度的"制造业回归"的态势，而在国内，苏州、深圳、广州等城市的经济开发区也普遍出现工业"上楼""上云"的现象。

最后，世界城市的产业分工模式日趋网络化。在全球生产网络主导的国际产业分工中，伴随专业分工细化和生产要素配置方式的创新，基于产品内分工的模块化生产、外包、制造、销售成为全球布局的生产活动。特别是知识生产日益垂直化和专业化，可以跨越地理界限来整合分散的研究活动、产品开发和工程设计，呈现出参与者日益多元化、网络化和互动频繁等特征。于是，那些位处全球城市网络关键节点（通常是国际大都市）的跨国公司或国际企业，开始越来越多地在全球范围内寻找外部资源为己所用，如运用技术联盟、专利贸易与授权、联合研发等新兴组织形式。这使得产业分工从企业内部部门间协作扩展到外部不同主体间的网络合作，甚至扩展到更广阔的社会组织、金融服务、文化熏陶等层面。在这一趋势下，全球城市或国际大都市作为枢纽节点，在全球生产网络中占有优势，便于高效对接国际高新技术和产业前沿，围绕应用驱动、产业协同和科技引领，培育新动能，发展新经济，营造新生态，孕育新模式，创设新平台，在更大范围、更高层次、更广领域的深度融合中编织经济与要素网络，加快迈向全球价值链中高端。

第三节　国际大都市以综合城市功能论输赢

如前所述，在 GaWC 关于全球城市地位的评价中，观察国内外城市排名后我们发现，无论在国际维度还是国内坐标中，决定一个城市的全球地位排名的重要指标不是经济总量，更不是城市规模，而是是否具备强大而多元的功能。也就是说：功能胜于规模！

在归纳总结了 GaWC、美国科尔尼、日本森纪念财团、英国 GCCI、中国社会科学院等国内外几大权威城市评价指标体系后，我们大致可得出关于全球城市等级划分的一些共性设定依据：

- 城市的国际性或全球知名度
- 较大的国际人口规模，设有国际社区或移民社区
- 高等级的国际机场和大型且繁忙的国际港口
- 先进完善的交通系统，能提供多元化的运输模式
- 较强的国际投资及吸引外资能力
- 拥有众多国际金融机构、公司总部和股票交易所，对世界经济具有较大影响力
- 完善的全球性信息基础设施
- 雄厚的科研基础和强大的科技创新能力
- 享誉全球的文化教育机构
- 深厚的历史底蕴及浓厚的文化气息
- 拥有国际知名或具全球影响力的媒体
- 举办国际体育盛事的能力和经验
- 国际事务参与度与影响力

以上依据或标准，事实上大多都涉及城市的一些战略性功能。参照这些标准，我们现在可以理解广州以及国内外城市的全球排名状况了。从国际的维度看，香港、新加坡、洛杉矶甚至迪拜、法兰克福等全球城市排名都在广州之前，这显然不

枢纽之城：广州迈向全球城市的功能转型与蝶变

是因为它们的城市规模或经济总量高于广州，而在于其超强的金融功能、总部经济、文化影响、全球联系以及对新兴产业的引领能力等。从国内维度看，南京的排名高过苏州，济南超过青岛，西安高过苏州，后者的经济总量均超过前者，很显然，西安、南京、济南等城市，作为省会城市，都拥有更加综合多元的功能，而苏州、青岛则多属专业性城市或"单打冠军"型城市。此外，同为省会城市，成都的排名超过了风头很劲的准一线城市杭州，这主要得益于成都作为我国西部中心城市在国际机场（已是双机场）、外国使领馆等方面拥有杭州所不具备的航空枢纽、鉴证服务等战略性功能。

综合以上分析可以看出，城市以功能论输赢。进一步分析我们发现，凡地处区域中心、高端服务业发达、总部经济突出、机场使馆等战略性资源丰富、文化底蕴深厚、全球知名度较高的城市，其全球地位排名一般也相应更高。

如果说，城市是以功能论输赢，那么本书认为，国际大都市更以综合城市功能论输赢。其理论和实践依据在于：

其一，相对于国内中心城市，国际大都市因其变身"网络城市"而更依赖城市功能。2009年，在国家发布的《珠江三角洲地区改革发展规划纲要（2008—2020年）》中，广州首次被明确提升为国家中心城市，十年后，随着《粤港澳大湾区发展规划纲要》的正式发布，广州的发展定位由国家中心城市进一步拓展、升级为国际大都市。这两个概念，不仅仅是城市辐射、影响范围的不同，更重要的是城市性质的差异。事实上，与传统的局限于国内的"中心城市"不同，那些已深度融入全球城市网络的城市都逐步转变为所谓的"网络城市"，这类城市的一个突出特点就是未来更多地通过全球网络和跨境交易来汇聚流量、创造价值。根据上海周振华教授的研究观点，中心城市主要依赖城市规模以及处于区域中心的物理地位，而网络城市因其很大程度上嵌入了全球网络并成为其中的一个重要节点，故而自然成为国内经济与国际经济的"联结点""转换器""超级链接"，相应地，也会更加依赖城市功能（节点功能），尤其是更加依赖其在国际政治、金融、商务、科技、文化及国际交往中承担的角色和发挥的作用（见表1-2）。

表 1-2 中心城市与网络城市的特征比较

序号	中心城市	网络城市
1	中心功能	节点功能
2	更依赖城市规模	更依赖城市功能
3	呈现资源要素的单向流动	呈现资源要素的双向多元流动
4	关注交通成本	更关注信息成本
5	区域连通性	全球连通性
6	突出聚集经济、规模经济的发展	凸显平台经济、流量经济的发展模式

资料来源：周振华《上海迈向全球城市——战略与行动》（2012），第42页。

其二，相对于一般国际性城市，国际大都市因具有更大城市规模和多样化需求而须具备综合性功能。在全球城市体系中，事实上也包括两类城市，一类是像苏黎世、迪拜、澳门、波士顿等那样的专业性国际城市，一类是像伦敦、纽约、东京、上海、北京那样的综合性国际大都市，而后者由于人口众多、构成多元，单凭发展少数几项产业或功能显然是难以维系城市的可持续发展和运转的，它必然需要发展多样化的产业类型并叠加文化中心、国际交往等特殊功能而形成综合性功能结构。

其三，从历史的坐标看，那些曾盛极一时的超级城市会因缺乏代表未来的功能和产业而衰落。后工业化时代，曾经风光无限的英国曼彻斯特以及美国的底特律等明星城市都先后衰落了，它们是如何走到今天这种窘况的？很显然，这些曾经的工业巨城没能在时代浪潮的变化中适时把握产业升级和功能转型的契机。我们可以比较一下底特律附近同为重工业城市的匹兹堡，该城因适时推动产业升级并利用本市两所大学的辐射力而精心谋划塑造新的产业功能，从而成功地从衰落的钢铁城转变为集文化产业、医疗产业、绿色经济于一体的科创中心，它是美国工业化蜕变的缩影。因此，在一个城市发展得好的时候，就要超前谋划它的未来，城市发展得越快，越需要及早谋划。因为一个城市的未来，不是由今天的优越区位、高楼大厦、基础设施所决定的，它能否保持繁荣和可持续发展，最根本的是

枢纽之城：广州迈向全球城市的功能转型与蝶变

要看这个城市到底装载什么样的产业，具备什么样的功能，尤其是其功能塑造能否适应未来新兴产业的发展和广大市民的生活需求。

最后，金融危机后世界城市普遍转向追求"更平衡的发展"。2008年国际金融危机后，世界各国都在价值导向和发展模式上进行了反思，这其中就包括世界城市的目标取向发生变化，从过去主要聚焦服务经济的发展，尤其是以金融产业为主导，逐渐转向激活"科创因子"推动"制造业回归"，从单纯地追求"繁荣"逐渐回归到科特金教授所提出的"安全、繁荣、神圣"，实现城市以人为本的更平衡的发展。在此背景下，中国的城市也逐渐破除"唯GDP"论，转向"伟大城市"目标牵引下的综合性功能塑造，转向"城市：让生活更美好"，这必然需要更加强化社会融合、文化、生态、公共服务等非经济性功能，促进城市各项功能的综合协调与有机融合，防止城市患上"大城市病"，防范其内部功能结构的失调、紊乱而无序化。

作为国家重要中心城市，广州近些年在全球城市体系中的地位实现了历史性跨越。根据GaWC对世界361个城市的评价结果，2016年广州的全球城市排名居第40位，首次进入世界一线城市行列（Alpha级），2018年更进一步升至第27位，2020年略降为第34位，仍稳居世界一线城市。进一步观察2020年发布的这份榜单可以发现，国际维度上，新加坡、米兰、法兰克福、迪拜、苏黎世等城市规模均远小于广州，但其排名却普遍高于广州；国内坐标看，南京高过苏州，济南超过青岛，西安高过苏州。导致这一结果的根本原因：功能胜于规模。该权威榜单很好地诠释了"国际大都市以综合功能论输赢"。

表1-3 GaWC关于全球城市的地位排名

排名	2018年		2020年	
	城市	等级	城市	等级
1	伦敦	Alpha++	伦敦	Alpha++
2	纽约	Alpha++	纽约	Alpha++
3	香港	Alpha+	香港	Alpha+
4	北京	Alpha+	新加坡	Alpha+

（续表）

排名	2018年		2020年	
	城市	等级	城市	等级
5	新加坡	Alpha+	上海	Alpha+
6	上海	Alpha+	北京	Alpha+
7	悉尼	Alpha+	迪拜	Alpha+
8	巴黎	Alpha+	巴黎	Alpha+
9	迪拜	Alpha+	东京	Alpha+
10	东京	Alpha+	悉尼	Alpha
11	米兰	Alpha	洛杉矶	Alpha
12	芝加哥	Alpha	多伦多	Alpha
13	莫斯科	Alpha	孟买	Alpha
14	多伦多	Alpha	阿姆斯特丹	Alpha
15	圣保罗	Alpha	米兰	Alpha
16	法兰克福	Alpha	法兰克福	Alpha
17	洛杉矶	Alpha	墨西哥城	Alpha
18	马德里	Alpha	圣保罗	Alpha
19	墨西哥城	Alpha	芝加哥	Alpha
20	吉隆坡	Alpha	吉隆坡	Alpha
21	首尔	Alpha	马德里	Alpha
22	雅加达	Alpha	莫斯科	Alpha
23	孟买	Alpha	雅加达	Alpha
24	迈阿密	Alpha	布鲁塞尔	Alpha
25	布鲁塞尔	Alpha	华沙	Alpha-
26	台北	Alpha	首尔	Alpha-
27	广州	Alpha	约翰内斯堡	Alpha-
……	……	……	……	……
34	阿姆斯特丹	Alpha-	广州	Alpha-

资料来源：作者根据GaWC《世界城市名册》榜单排名整理。

很显然，近些年广州全球城市地位排名的变化，固然与广州在"十三五"期间经济实力的持续稳健增长分不开，但更主要的还是得益于其在综合门户枢纽建设和国际交往功能上的显著进步。"十三五"期间，广州从顶层规划上确定了建设"三大国际战略枢纽"，不仅海陆空铁方式齐全，科技基础设施大幅改善，且这些枢纽的联动效应与综合能级均得到了显著提升，极大地拓展了全球流量经济的空间，有效支撑了广州迈向全球资源配置中心。在硬实力稳定增长的同时，广州城市软实力更大幅上升，尤其在国际交往上不断发力，以城市形象宣传片《花开广州·盛放世界》全球路演推广为突破口，大力推进城市国际传播力建设，提升城市国际形象；积极策划举办一系列高端国际会议，先后举办和打造"世界航线大会""世界港口大会""文交会""金交会""读懂中国"等知名会议品牌；全方位开展城市外交，积极扩大城市"朋友圈"，以成功加入世界大都市协会并成为联合主席城市为契机，多形式引进NGO、NPO等国际组织。近年来，广州在国际形象、国际会议、国际旅游、国际组织等领域协同发力，不仅极大增加了国际关系资本，而且有效拓展了全球联系，进而提升了广州的全球城市地位。

总之，功能胜于规模，国际大都市更须以综合城市功能论输赢，一座城市的影响力、辐射力、显示度，靠的是城市的综合功能实力。广州要实现老城市新活力，推动综合城市功能出新出彩是必由之路，也是振兴城市实现"二次崛起"的关键之举。

第四节　改革开放以来广州城市功能定位的历史演变

改革开放以来，根据不同阶段的发展基础和战略背景，广州城市定位经历了多次重大变化。总结40多年来广州城市定位的历史变迁，对我们深刻理解和把握城市功能演变的内在逻辑与规律具有启示意义。

第一章 综合城市功能的理论溯源与广州实证

一、广州城市定位的历史演变

总结40多年的规划与发展，广州城市定位及其主导功能构成先后经历了八次重大的调整和优化（见图1-2）。

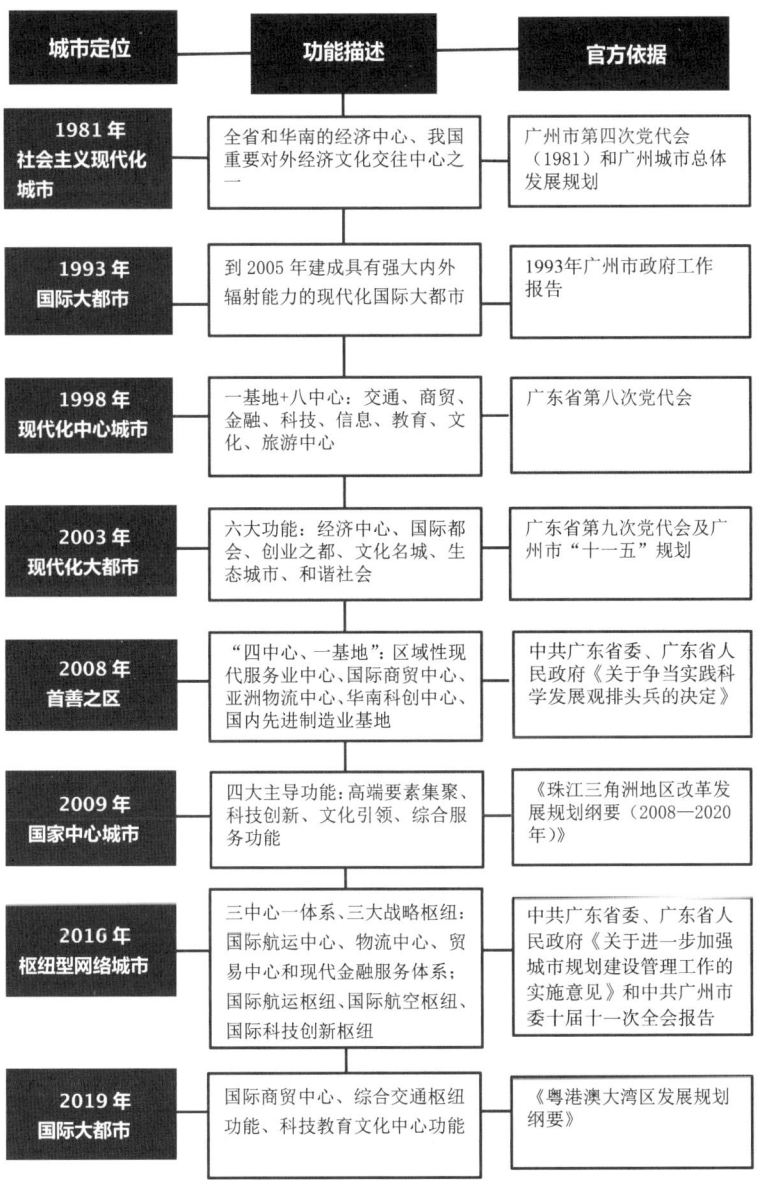

图1-2 广州城市定位及其主导功能构成的历史演变

（一）1981年：社会主义现代化城市

20世纪80年代初，针对我国经济发展较为落后、人民生活亟需改善的状况，中国开启改革开放并确立以经济建设为中心，由此，广州市委、市政府和全体市民也将注意力转向经济发展，1981年，广州市第四次党代会提出"把广州市建设成为全省和华南地区的经济中心，我国重要对外经济文化交往中心之一，成为一个繁荣、文明、安定、优美的社会主义现代化城市"的建设方针，由此，确定广州的城市发展定位为"社会主义现代化城市"，而具体功能定位主要是"两个中心"，一个是经济中心，一个是对外交往中心，这一城市功能定位准确反映了发展经济在当时的重要性和紧迫性，同时也反映了身处改革开放前沿的广州承担的对外交流活动的必要性。

（二）1993年：国际大都市

经过改革开放十多年的高速发展，广州经济实现了历史性腾飞，最突出的一个标志就是经济总量由改革开放之初的全国第六位上升到1991年的第三位，正式成为中国"第三城"，并持续了20多年。第二年也就是1992年的初春，邓小平发表南方谈话并掀起新一轮改革开放高潮。紧接着在1993年，广州成为中国第一个加入国际大都市协会的城市，这使广州市委、市政府开始考虑广州在世界城市体系中的地位和角色。正是在这一系列重大事件和战略背景下，1993年广州市政府工作报告大胆地提出到2005年，初步建成具有强大内外辐射能力的现代化国际大都市，但未明确具体功能定位。这一宏大城市定位的确立，极大地振奋了市民精神，开拓了工作视野，在当时的历史条件下确实发挥了积极的作用，在这一战略的引领下，广州人开始以更加主动的姿态融入世界城市体系和经济全球化大潮。

（三）1998年：现代化中心城市

1998年，广东省第八次党代会给出了广州城市的新定位——把广州逐步建设成为一个基地（工业基地）、八大中心（即交通、商贸、金融、科技、信息、教育、文化、旅游中心)的现代化中心城市,其具体功能定位确定为"一基地、八中心"。由此可见,此次定调再次回归了中心城市的发展定位,明确上述功能主要是面向广东省和华南地区的,着眼于发挥广州在周边区域的龙头带动作用。从具体功能构成看,经济功能的塑造依然处于主体地位,但也适度兼顾了科技、教育、文化等社会发展功能的培育。总体上看,这一定位与广州当时的发展阶段和城市实力是基本相称的,是比较切合实际的。

(四)2003年：现代化大都市

"十五"期间,广州利用中国"入世"契机以及新一轮城市规划的实施,全面推进"东进""南拓"等空间战略,拉开了城市发展的空间格局,港口、机场、地铁、会展中心、广东科学中心等一大批重大基础设施也相继建成使用,大幅提升了广州的综合城市能级,巩固了中国"第三城"地位。随着中心城市地位的显著上升和城市影响力的不断扩大,广东省第九次党代会及广州市"十一五"规划对广州提出了一个更具雄心、更高站位的发展定位——建成带动全省、辐射华南、影响东南亚的现代化大都市,并进一步明确了经济中心、国际都会、创业之都、文化名城、生态城市、和谐社会等六大功能建设。在这里我们看到,从辐射范围看,广州此次的城市定位越出了广东省乃至华南地区,首次辐射东南亚这一国际化区域,着眼于在省内、华南、东南亚三个层面协同发挥作用,承担重大使命,应该说此时的广州已具备了足够的底气。从功能构成看,此次功能定位的一个突出优点就是主导功能已不限于长期以来居主流地位的经济功能,而是兼顾了社会、文化、生态乃至国际交往等领域的功能作用。

(五)2008年：首善之区

经历"入世"后大约五年的黄金发展期,广州的城市地位和综合实力发生了巨大变化,已日益显现其在泛珠三角的龙头带动作用。于是,中共广东省委、广东省人民政府《关于争当实践科学发展观排头兵的决定》再次提出对广州新的城市定位：向国际先进城市看齐，努力成为我省建立现代产业体系和建设宜居城市的"首善之区"，并进一步确定其主导功能为"四中心、一基地"，即区域性现代服务业中心、国际商贸中心、亚洲物流中心、华南科创中心和国内先进制造业基地。从这一论述可以看出，此次城市定位主要侧重于经济功能定位，并首次明确了各类功能的辐射范围和能级，从而使城市定位更具体、细化，实践指导性更强。

（六）2009年：国家中心城市

国家发改委会同广东省共同编制和发布了《珠江三角洲地区改革发展规划纲要（2008—2020年）》这一极具重大历史意义的指导性文件，该纲要就广州的发展提出了新定位要求：广州要强化国家中心城市、综合性门户城市和区域文化教育中心的地位，其核心是建设国家中心城市。在此基础上，明确提出广州要着力增强高端要素集聚、科技创新、文化引领、综合服务四大主导功能，其后不久，广州在贯彻落实这一规划时又进一步将主导功能建设聚焦于国际商贸中心与世界文化名城。总体而言，此次在国家层面上修订的城市定位对广州无疑具有重大的里程碑意义，它首次明确将广州的发展提升到国家战略高度，要求各项工作均要站在国家高度进行高水平谋划推进，主动承担国家使命，这使城市定位对具体工作发挥了更加明确的导向作用，实践指导性较强。

（七）2016年：枢纽型网络城市

2015年底，中央城市工作会议召开，对全国的城市工作做出了宏观指导和具体部署，重点提出"五个三"（统筹三大结构、三大环节、三大动力、三大布局、三大主体）的工作体系。在此背景下，2016年初国务院也对《广州市城市总体规划（2011—2020年）》予以批复，明确广州城市的发展定位是：广东省省会、国家历史文化名城，我国重要的中心城市、国际商贸中心和综合交通枢纽。与此同时，国际上也传来利好消息，广州在国际权威评价组织GaWC关于2016年全球城市地位排名中首次进入世界一线城市行列，这一结果彰显了广州迈向网络城市的发展特征。基于这一系列新的环境形势的变化，2016年中共广东省委、广东省人民政府《关于进一步加强城市规划建设管理工作的实施意见》及中共广州市委十届十一次全会报告中，广州再次提出一个新的城市定位——建设枢纽型网络城市，明确要求广州对标国际一流城市，不断强化城市枢纽网络功能，突出"三中心一体系、三大战略枢纽"这一主导功能定位，加快构建"一区三城十三节点"的产业空间布局。客观地说，在新的历史背景下，这一新定位为我国城市发展道路的探索提供了一个新视角，它进一步明确了广州国家中心城市建设的具体功能形态目标，该定位旨在通过科学布局建设城市空间的枢纽与节点、网络与连接，形成层次更清晰、功能更完善、联系更便捷的枢纽型网络城市格局，这不仅传承了广州城市发展脉络和传统优势，也适应了全球城市迈向"网络城市"发展的新趋势，体现了巩固提升广州国家重要中心城市地位的内在要求，在某种程度上，这也可理解为是广州建设国家中心城市总定位下一个空间形态维度上的子目标。

（八）2019年：国际大都市

经过40多年的快速发展，粤港澳大湾区已逐步融为一体并形成穗、深、港三大中心城市"三足鼎立"的发展格局，在这样的情况下，国家从战略高度和港澳长远利益出发，致力于将港澳发展融入国家发展大局。经过数轮协商与酝酿，2019年《粤港澳大湾区发展规划纲要》正式出台，对广州、深圳、香港等中心城市均提出了新的发展要求。该纲要明确提出："广州要发挥国家中心城市和综合性门户城市引领作用，全面增强国际商贸中心、综合交通枢纽功能，培育提升科技教育文化中心功能，着力建设国际大都市。"可见，时隔十年之后，中央再次将广州的发展上升到国家战略层面，明确了广州发展的国际坐标和功能角色，同时，在时隔26年后，广州的城市发展定位再次落脚于建设国际大都市，寄望广州在全球城市网络中成为关键节点，担当重大使命。从具体功能构成看，规划针对广州国际大都市建设重点突出五大功能支撑，包括商贸、交通、科技、教育、文化中心等，总体上布局较为均衡。

二、基本逻辑与启示

从以上简短回顾可以看出,改革开放以来广州城市定位变迁及其功能演化总体上经历了从单一功能到综合功能、国内功能到国际功能、硬实力中心到软实力中心的重大转变,也充分体现了广州单体(省会)城市—区域中心城市—国家中心城市—国际大都市这样一个总体的历史演变逻辑,这种城市定位的变迁与广州城市综合实力跃升和发展阶段演进是基本相适应的。

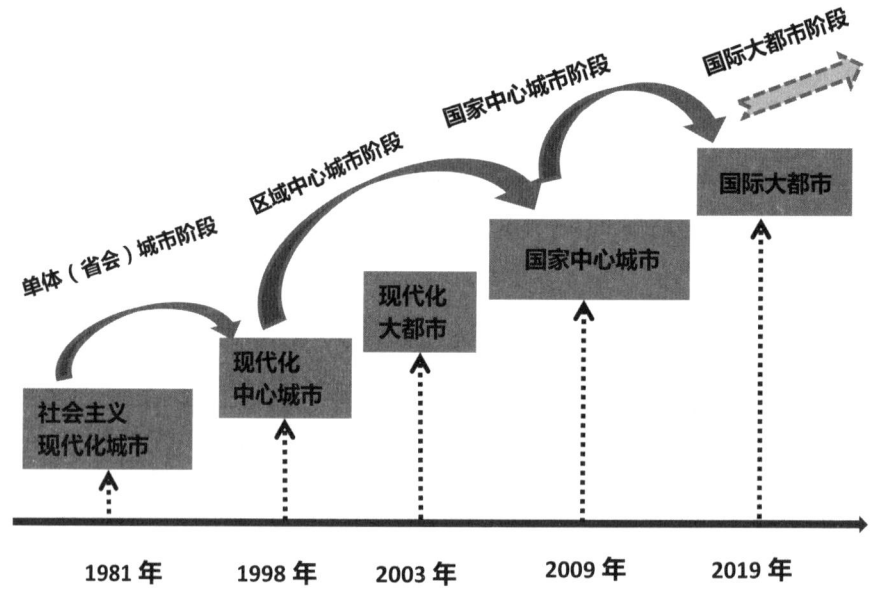

图 1-3 改革开放以来广州城市性质定位的历史演变

梳理广州城市定位及其主导功能的演变历程可得几点启示:

第一,城市功能定位的谋划应坚持"软硬结合""内外并举"的方针。从广州的发展历史看,其城市功能的演变与设定很好地体现了这两点。其中,"软硬结合"就是硬件功能与软性功能的结合,我们看到,早期的广州在功能定位上主要侧重于制造业基地、交通枢纽、商贸中心、科技中心等硬件功能,后期则逐渐扩展升级到综合服务、文化、教育、国际交往等软性功能。"内外并举"就是国内功能与国际功能互为支撑,广州改革开放初期主要侧重于为全省及华南地区服务,大多定位为区域的某一功能中心，如"一基地、八中心"、华南科技创新中心、区域文化教育中心等，而后期则突出在国际上发挥作用，如三中心一体系、三大战略枢纽、国际商贸中心等。

第二，城市功能定位的谋划应突出时代主题及阶段性特色。任何一个合理的符合实际的城市定位，必须同时考虑当时世界发展大势、时代主题以及该城市所处发展阶段的基本特征。改革开放早期的广州，刚刚从长期的封闭中走出来，尚处于经济发展水平较低的历史阶段，因此其在20世纪80年代的城市功能定位主要突出经济中心和对外交往中心两大功能，这在现在看来较为偏颇，但在当时看来精准、合理；再如，国际金融危机之前，广州总体上尚处于工业化阶段，家电、服装、汽车、石化等先后布局与发展，所以在城市功能定位上无论是"一基地、八中心"还是"一基地、四中心"，都将制造业基地作为功能设定的必选之项。后来，广州进入国际大都市发展阶段，全球连通性极为关键，故在其功能定位中，我们看到"综合交通枢纽功能"赫然在列，而在"三大战略枢纽"功能体系中，有两大枢纽即国际航空枢纽、国际航运枢纽都与提升广州的全球连通性这一战略性功能相关。

第三，城市定位频繁变动不利于城市形象塑造、主导功能培育和城市战略的稳定性。过去40多年，广州城市定位的谋划与变迁充分体现了从区域中心城市到国家中心城市再到国际大都市的成长历程和趋势，其主导功能的变化也基本符合世界城市功能演化的一般规律。但在不到40年时间内广州城市定位先后进行了8次大的调整改变，尤其是在进入21世纪之后不到20年时间就先后发生了5次调整，平均不到4年即发生一次调整。

第二章
新时代广州提升综合城市功能的战略背景与基本思路

第一节　广州提升综合城市功能的战略背景

2018年10月，习近平总书记视察广东，明确提出广州要实现老城市新活力，在综合城市功能、城市文化综合实力、现代服务业、现代化国际化营商环境等四个方面出新出彩的指示要求。2019年2月，国家正式出台《粤港澳大湾区发展规划纲要》，明确广州要发挥国家中心城市和综合性门户城市引领作用，全面增强国际商贸中心、综合交通枢纽功能，培育提升科技教育文化中心功能，着力建设国际大都市。2019年10月，《广州市推动综合城市功能出新出彩行动方案》出台。可以看出，在当今世界步入百年未有之大变局和中华民族伟大复兴的历史时刻，在我国开启全面建设社会主义现代化强国新征程和"十四五"规划的关键节点，作为中国规模大、功能全、开放早的国家中心城市之一的广州在综合城市功能转型探索上被国家赋予了重大期待与使命。对于提升广州综合城市功能这一战略任务，领袖有指示，国家有要求，省委有方案。

第二章 新时代广州提升综合城市功能的战略背景与基本思路

一、国际层面：世界步入百年未有之大变局

近年来，国际形势风云突变，大国竞争显著加剧，地区冲突不断升级，"黑天鹅"事件、"灰犀牛"事件迭出，中美战略博弈、新冠疫情暴发与新一轮科技产业革命交织叠加，世界经济重心、世界政治格局、全球化进程、科技与产业、全球治理、国际秩序等面临大变革、大调整，世界步入百年未有之大变局。

首先，世界经济格局在变。世界经济格局"东升西降"趋势延续，世界增长重心进一步转向亚洲，传统的"亚洲生产、欧美消费、中东供能"分工格局加速改变。21世纪以来，随着中国、俄罗斯、印度、巴西、南非等不同地区发展中大国的整体性崛起，世界经济重心开始由西向东、由北向南转移。目前，金砖国家经济总量已占全球的25%，与2010年之前的12%相比约翻了一番，对世界经济增长的贡献率也已超过50%。与此同时，东亚地区经济地位显著上升，"21世纪是太平洋世纪"的趋势开始显现，据最新统计数据，2020年东盟加中日韩经济总量已接近25万亿美元，占全球经济的近1/3，赶上并超过了北美和欧盟，成为世界经济增长的重要引擎。

其次，世界政治格局在变。集中体现为非西方化与多极化稳步推进，发展中国家呈现群体性崛起，特别是进入21世纪后，中国、俄罗斯、印度、巴西、南非等发展中大国以可观的经济成就和未来可期的发展前景，备受瞩目，并在此基础上成立了金砖国家组织，成为与西方"七国集团"相抗衡的新兴力量。同时，多极化也呈现新态势。冷战结束后，世界形成"一超多强"格局，近30年过去了，多极化不断推进，中国、俄罗斯、欧盟等已成为重要的多极力量。此外，随着中国的高速崛起，大国博弈与竞争明显加剧，原有以大国协调为主导的国际政治秩序面临挑战。

再次，全球化进程剧变。在20世纪八九十年代，美欧企业占据科技经济绝对强势的发展时期，西方国家是全球化的主要倡导者和推动力量。然而，待发展中国家通过"克服全球化之弊、放大全球化之利"获得经济起飞后，曾是全球化

主要推手的发达国家普遍趋向逆全球化，以"本国优先"为名的贸易保护和单边主义甚嚣尘上。由此，经济全球化遭遇逆流，保护主义、单边主义、民粹主义全面泛起，我国融入世界的全球化进程受阻。特别是新冠疫情全球蔓延对国际经贸活动造成巨大影响，世界经济陷入低迷，全球投资与贸易格局受到冲击，发达国家鼓励本国境外企业撤回本土，全球产业链供应链循环受阻，世界性金融和经济危机风险升高，世界进入动荡变革期，安全与风险防控被提升到前所未有的战略高度。

最后，科技革命与产业巨变。随着新一轮科技革命的突破与迸发，世界经济加速从工业经济向新经济演进，经济形态及生产方式发生全方位变革，全球竞争加速从资本竞争向创新竞争转变，创新成为引领发展第一动力；经济增长从工业经济时代的线性增长转向新经济时代的指数增长，瞪羚、独角兽等高成长企业大量涌现；生产方式从传统大批量、标准化生产向小批量、个性化方向转变，定制经济、社群经济不断兴起；产业创新从单一的技术创新转向多元综合创新，以业态、模式创新整合技术创新成为产业发展的重要方向。需要强调的是，与以往几次科技革命和产业变革均由西方国家主导不同，本轮科技和产业革命，虽然西方国家特别是美国仍担纲主角，但中国、印度等新兴国家亦表现抢眼，在5G、软件、人工智能等科技与产业变革上也引领了部分潮流。

二、国家层面：开启全面建设社会主义现代化国家新征程

党的十九大提出，我国经济已由高速增长阶段转向高质量发展阶段，正处在转变发展方式、优化经济结构、转换增长动力的攻关期，未来将着力建设实体经济、科技创新、现代金融、人力资源协同发展的产业体系，加快建成科技强国、质量强国、交通强国、数字中国和健康中国。未来一段时期，随着我国人均GDP加速从1万美元迈上1.5万美元以上的台阶，战略导向上必然从"富起来"转向"强起来"，发展模式上也须转向创新驱动和内循环经济。国家步入新时代的新战略、新布局，

第二章 新时代广州提升综合城市功能的战略背景与基本思路

为国内城市新一轮产业布局和功能转型提供了新动力、新机遇、新愿景。

首先,国家战略上确立构建"双循环"新发展格局。在我国经济体量在全球比重提升、部分战略性产业触碰发达国家核心利益的背景下,以美国为代表的发达国家加强技术封锁,对我国技术和产业进行定向打压,核心技术"卡脖子"问题日益凸显,导致我国产业升级难度加大,产业链、供应链安全风险加大;同时,中美贸易摩擦给国内外向型企业带来外部环境的不确定性,企业出于规避出口加征关税和供应链安全性的考虑,可能会加快工厂搬迁和海外布局,而已入驻我国的跨国企业也将被迫实施全球布局调整,导致外资部分回流。为此,我国实施"双循环"战略,加快构建以国内大循环为主体、国内国际双循环相互促进的新发展格局。

其次,创新驱动成为引领高质量发展的战略主线。习近平总书记在参加2018年"两会"审议时指出:发展是第一要务,人才是第一资源,创新是第一动力,中国如果不走创新驱动发展道路,就不能真正强大起来。近两年,面对西方技术封锁的不断加剧和美国频繁发起的"科技战",创新驱动战略实施的紧迫性进一步凸显出来,在国家贯彻实施的五大新发展理念中,创新被明确置于首位,推动高质量发展,归根结底需要科技创新的有力支撑。显然,产业升级,创新为核,人才强、科技强,才能带动产业强、经济强、国家强。未来,在迈向现代化新征程中,"熊彼特创新型经济"将逐步取代"科兹纳套利型经济",我国产业将加快迈向全球价值链中高端,原始创新和基础研究将得到加强,云计算、物联网、大数据、区块链、人工智能等新技术在产业领域将不断渗透应用,人才、品牌、标准等产业软实力将显著提升,国家创新体系建设将以价值创新为引领,着力突破科技创新、业态创新、模式创新和市场创新,并与制度创新、文化创新相结合,大力培育发展创新型产业、创新型企业、创新型平台、创新型文化和知识市场,加快形成以创新为主要引领和支撑的产业升级模式。

再次,"新基建"引领经济新功能和产业新模式。以5G技术突破和抗击新冠疫情为契机,中国将首次主导全球数字基础设施建设,"新基建"战略地位进一步

枢纽之城：广州迈向全球城市的功能转型与蝶变

凸显，数字经济及相关服务业如数字货币、区块链、物联网将加速崛起，"宅经济"及网上办公、远程教育、智能医疗等线上经济迎来爆发式增长，这一战略性趋势值得国内中心城市在产业功能塑造上做出积极响应和前瞻布局。

又次，营商环境得到前所未有之重视。伴随经济实力和国际地位不断上升，我国将进一步扩大开放，大幅放宽市场准入和外资股比限制，不断实施扩大自贸区、自由港等政策试点。同时，瞄准实现制度改革"二次红利"，习近平总书记先后对上海、广州等大城市提出率先优化营商环境，推动现代化国际化营商环境出新出彩的重要指示，广州已通过实施"头号工程"争取将自身纳入世界银行营商环境评估样本城市，这必将进一步改善广州营商环境，为城市构造综合成本"洼地"、吸聚高端资源要素进而打造全球资源配置中心、国际消费中心城市等战略性功能奠定了坚实基础。

最后，国家区域战略不断深化、拓展。近年来，为推动落实区域协调和高质量发展，国家先后推出京津冀协同发展、长江经济带发展、长三角一体化发展、粤港澳大湾区建设、黄河流域生态保护和高质量发展、海南全面深化改革开放等六大国家重大战略，并谋划实施了一批重点项目来支撑。近期，国家区域战略进一步向纵深拓展，由面、轴为主向极、点深化，又先后谋划实施了关于支持深圳建设中国特色社会主义先行示范区、浦东新区高水平改革开放打造社会主义现代化建设引领区、浙江高质量发展建设共同富裕示范区等一系列国家最新战略安排。这些区域战略虽各有特色和侧重，但其国家重大功能使命非常突出，如"京津冀协同发展"的核心目标十分明确，就是解决北京"大城市病"问题，将部分非首都核心功能分散到周边的天津与河北。"长三角一体化"的重点在于"创新驱动"和"区域合作"。"粤港澳大湾区"旨在促进"开放"与"国际合作"，同时兼有很强的"制度性创新实验"功能，拟为未来两岸深度融合提供借鉴。而"长江经济带"和"黄河流域带"的战略重点则在于"内陆开放"和"生态保护"。这些区域战略的差异化安排为国内主要城市综合功能塑造与转型提供了重要指南。

三、区域层面：湾区时代的区域合作进一步深化

在区域层面，最大战略亮点就是《粤港澳大湾区发展规划纲要》落地实施以及支持深圳建设中国特色社会主义先行示范区正式出台，以此为标志，整个大珠三角正式进入深度整合的湾区时代。展望这个大时代，主要有三方面趋势变化值得关注和考量：

一是区域空间性质的重大跃升。该纲要的实施，意味着大湾区将由较为松散的巨型城市群阶段步入协作更紧密的超级大都市圈阶段，区域协同与区域一体化进一步深化，各市必须找准自己在大湾区发展中的功能角色和产业定位。

二是区域合作结构的重大变化。过去，珠三角区域合作的主流是各个内陆城市分别对接港澳的单向浅表式合作，而大湾区时代，随着"双区"驱动效应和"双核联动"力度进一步凸显，湾区四个中心城市将进一步实现战略协同和产业分工的深化，加强设施"硬联通"和机制"软联通"，大力推进广深港澳科技创新走廊建设。其中，广州与深圳两大内地中心城市将进一步强化区域合作，充分利用各自比较优势，携手共建国际科技创新中心，联合打造世界先进制造业集群，深化两市在金融、航运、航空、会展、文化等现代服务业领域的合作，广州的综合服务功能优势有望进一步凸显。同时，广州被确定为国际大都市，明确要求其发挥在大湾区中的核心引擎作用，广州若不能适应这种趋势变化和使命担当，就会弱化其"核心引擎"的功能。

三是大湾区的次级区域战略更加细化深入。除深莞惠区域合作趋于成熟以及深汕特别合作区顺利推进发展外，以广州为核心带动周边的广佛"同城化"、广清"一体化"等次级区域战略也逐步深化，广佛高质量融合发展试验区正式启动，广清经济特别合作区加紧谋划，广佛肇都市区互动融合稳步推进，广佛肇清云韶经济圈初现轮廓，北部生态发展区加快融入"双区"发展，这一切为广州发挥"核心引擎"功能、促进总部经济和现代服务业发展提供了良好契机与广阔舞台。

第二节 广州综合城市功能的主要基础优势

国际权威组织 GaWC 对于全球 365 个城市的评价结果显示，2016 年，广州在"全球城市等级排名"中居第 40 位，历史性进入世界一线城市行列（Alpha 级），2018 年，广州再上一个台阶，居第 27 位，大幅上升了 13 位。总体上看，在短短的不到 20 年时间内，广州的全球城市地位即从 21 世纪之初的世界三线城市（第十级）上升到世界一线城市（第三级），一口气跨越了 7 个台阶，上升了 80 多位，堪称全球排名上升最快的城市之一。

表 2-1 GaWC 全球城市名册中我国主要城市排名变化

城市\年份	2000	2004	2008	2010	2012	2016	2018	2020
香港	Alpha+（3）	Alpha+（3）	Alpha+（3）	Alpha+（3）	Alpha+（3）	Alpha+（3）	Alpha+（3）	Alpha+（3）
北京	Beta+（36）	Alpha-（22）	Alpha+（10）	Alpha（12）	Alpha+（8）	Alpha+（6）	Alpha+（4）	Alpha+（6）
上海	Alpha-（31）	Alpha-（23）	Alpha+（9）	Alpha+（7）	Alpha+（6）	Alpha+（9）	Alpha+（6）	Alpha+（5）
台北	Alpha-（20）	Alpha-（25）	Alpha（28）	Alpha（43）	Alpha（41）	Alpha-（36）	Alpha（26）	Alpha-（36）
广州	Gamma-（109）	Gamma+（98）	Beta-（73）	Beta（67）	Beta+（50）	Alpha-（40）	Alpha（27）	Alpha（34）
深圳	自足城（200）	自足城（179）	Gamma（102）	Beta-（106）	Beta-（130）	Beta（85）	Beta（55）	Alpha-（46）

资料来源：根据 GaWC 历年发布全球城市名册榜单整理。

从历史看，广州确实取得了长足进步，但是我们也必须清醒地看到，横向比较，即在世界一线城市版图中，广州仍处于第三层级，属于所谓的区域性世界城市。但与当今主要综合性国际大都市比较，广州仍有很多功能上的优势与亮点。

第二章　新时代广州提升综合城市功能的战略背景与基本思路

表 2-2　世界城市等级体系及广州的地位

世界城市层级	城市能级	主要代表性城市
第一层级	世界顶级城市（全球城市）	纽约、伦敦、东京
第二层级	洲际性世界城市	巴黎、香港、新加坡、洛杉矶、北京、上海、芝加哥、华盛顿、首尔、多伦多、悉尼、柏林、莫斯科、法兰克福、布鲁塞尔、墨尔本、旧金山、阿姆斯特丹、孟买、迪拜、米兰等
第三层级	区域性世界城市	罗马、休斯敦、巴塞罗那、伊斯坦布尔、慕尼黑、蒙特利尔、波士顿、亚特兰大、苏黎世、日内瓦、大阪、墨西哥城、台北、广州、温哥华、开罗、雅加达、吉隆坡、里约热内卢、圣保罗、约翰内斯堡、新德里等

资料来源：根据 GaWC、中国社会科学院等国内权威机构有关全球城市竞争力榜单整理。

通过梳理与总结广州城市的各方面发展，可发现其在城市功能上具有几点显著优势。

一、综合门户优势

作为改革开放的最前沿，广州综合门户枢纽优势较为突出。中国社会科学院发布的《2020年中国城市竞争力报告》显示，广州的全球联系水平居全国第四位，仅次于上海、香港和北京。从具体维度看，首先是交通枢纽网络完善，海、陆、空、铁方式齐全，基本形成具有较强集聚辐射能力的门户型现代综合交通发展格局，2019年白云机场旅客吞吐量达7338万人次，全国第三位、全球第12位，国际航线近100条，国外通行城市90个，实现全球12小时航空交通圈，逐步形成覆盖全球、通达内地主要城市的"空中丝绸之路"，世界级复合型航空枢纽日渐形成；海港方面，港口货物吞吐量超6亿吨，居全球第四位，为世界十大枢纽港口之一，国际航线通达世界其他国家和地区400多个港口，国际航运中心初显实力；轨道交通方面，铁路枢纽已接入京广、广深、广茂等9条干线铁路，成为华南地区最大铁路枢纽，其中广州南站已成为全国最大运量高铁站和亚洲最大火车站。

其次,信息基础设施发达,是全国国际通信与互联网接口的三大枢纽之一,宽带无线网络普及率、城区 5G 覆盖率、光纤入户率均达全国领先水平,拥有中国大陆最大的互联网出口,拥有全国乃至世界领先的超算中心,拥有国际一流、亚洲规模最大的互联网数据中心。再次,对外经贸门户地位凸显,从开发区到自贸区功能齐全,引入世界 500 强企业超 300 家,拥有全国最早一批以引进外资、发展外向型经济为主的国家级经济技术开发区。最后,国际交往门户功能突出,2019 年,广州驻穗外国使领馆 66 个,居全国第二位,入境海外游客近 900 万人次,建立国际友城 73 个,年举办国际会议 61 次,会展之都名扬全球,拥有中国第一展"广交会"。

二、综合服务优势

广州对全省贡献的大小,市民幸福度高低,最终看综合服务功能的强弱。作为广东省省会和国家中心城市,广州各种服务品种齐全,是全国著名的商贸、交通、物流、科技、文化、教育、医疗、国际交往等中心。从商贸服务看,广州不仅拥有中国第一展"广交会",还拥有全国第一商圈——天河路商圈、全国最发达的批发市场和服务贸易,跨境电商进出口交易额高居全国第一,而"广州服务""广州价格"更是驰名中外。从科技实力看,广州集中了全省 70% 科技人员、97% 国家重点学科、77% 的自然科学与技术开发机构。从文化服务看,全省重大文化设施均布局于广州,"三馆"居全省之首,被誉为"图书馆之城",人均文化消费额居全国主要城市之首。从教育功能看,广州集中了全省 2/3 的普通高校,高等学校 82 所,在校大学生达 131 万人,超过了北京、上海,居全国第一位。从医疗服务看,广州是全国著名的医疗中心,拥有三甲医院 38 家,仅次于北京、上海,居全国第三位,共有 9 家医院进入《2019 中国医院排行榜》百强,涌现出眼科、牙科、正骨、呼吸科、肿瘤科等一批优势专科,享誉全国乃至东南亚,更拥有钟南山教授这样的世界级呼吸医学专家品牌。此外,作为三大对外交往中心之一,广州国际客商、外籍人口和留学生众多，因而还具有强大而独特的签证服务功能。

三、历史人文优势

作为曾经的世界大城及我国长期"一口通商"城市，广州历史底蕴较为深厚，拥有 2200 多年的历史，是岭南文化的源头和大湾区"文化母城"，文化古迹众多，有历史文化街区 26 片，非物质文化遗产丰厚，粤剧、三雕、广绣、粤菜、广东音乐等闻名遐迩。其次，文化多样性首屈一指，国内许多大城市一般会有自己的地域特色文化和红色文化，比如，上海的海派文化和红色文化，武汉的楚文化及近代革命首义地文化，广州同时被誉为海上丝绸之路发祥地、近现代中国革命策源地、岭南文化中心地和改革开放前沿阵地，拥有丰富多元的"四地"文化资源和文化内涵，文化多样性在全国乃至世界范围内都十分突出。此外，作为对外开放先锋城市，广州文化的多元性、包容性突出，多年来是中国外来人口规模较大的几个城市之一，从常住外籍人口和海外游客的统计看，广州也拥有占比较高的国际人口，尤其是接纳了十多万非洲、印度裔人口来此经商、生活而被誉为"第三世界的首都"。以上优势叠加，成就并强化了广州区域文化中心的功能，中国传媒大学 2017 年发布的《中国城市文化竞争力研究报告》显示，广州城市文化综合竞争力指数仅次于北京、上海而居全国第三位。

四、营商环境优势

得益于"千年商都"之底蕴和发达的市场机制，广州成为我国经济市场化程度最高的城市之一，其营商环境也相应地处于领先地位。在《福布斯》发布的"中国大陆最佳商业城市排行榜"上，广州已连续 5 年力压上海、深圳等市排在中国大陆城市首位。同时，广州法治化水平较高，尤其政府运作相对规范透明，在 2013、2014 年连续两年被中国法治政府评估报告评为全国第一名，其后也是连续 7 年"法治政府"评估中唯一稳居前五名的城市。此外，广州在普华永道2016、2017年连续两年"机遇之城"评估中均居全国第一，而中国社会科学院发布的营商环境与民营企业家满意度评价调查显示，广州也分别在2019、2020年综合评价排名中均居全国第一。"十三五"以来，广州以全国著名的投资审批"万里长征图"为契机和开端，最早开启全国政务环境改革，经过新一轮行政审批、财税及工商注册登记制度等一系列改革，使企业交易成本大幅下降。2020年，广州又以参加世界银行纳评为契机，再度将全面优化营商环境列为市领导"一把手工程"，经过两年集中攻关，先后推进完成营商环境改革1.0版、2.0版、3.0版，有效推动广州营商环境迈上新台阶。

五、生态环境优势

作为一个南方热带城市，广州自然生态禀赋优越，同时拥有山、城、田、海等多样化生态，堪称"山水之都"，生态本底优于只有山无水的北京和有水无山的上海，生态环境多样化优势突出。近年来，广州以打赢污染防治攻坚战为契机，坚持铁腕治污、系统治理，超常规推进城市更新九项重点工作，全方位推进生活垃圾分类，创新性推广河长制、湖长制与网格长制，着力解决突出环境问题，推进白云山、越秀山还绿于民、还景于民，推进海珠湿地、流溪河等重点生态区域品质提升，构建绿色低碳生产生活方式，焕发云山珠水、国际花城无穷魅力，极大改善了生态环境质量。2019年PM2.5年均浓度30微克/立方米，实现连续3年稳定达标，在9个国家中心城市中最低。故此，广州不仅获得代表一个城市绿化成就最高荣誉的"全国绿化模范城市"称号，同时也先后获得"国家森林城市"与"国家园林城市"称号。根据中国社会科学院社会发展研究中心发布《生态城市绿皮书：中国生态城市建设发展报告》，广州已连续6年在全国五大中心城市中排名第一。

第二章　新时代广州提升综合城市功能的战略背景与基本思路

第三节　基本思路与方略

综合性国际大都市一般具有政治、经济、文化、科技、交通、信息、交往等多方面的功能，不同能级、不同区域的综合城市有其不同的功能特色。广州在粤港澳大湾区城市群中既是大城市，又是老城市，要在综合城市功能上出新出彩，必须对标顶级全球城市，立足广州现实条件，着力强化经济中心、枢纽门户、创新带动、综合服务、社会融合、国际交往等主导功能，建设枢纽型网络城市，全面增强城市吸引力、创造力、竞争力，提升在世界城市体系中的影响力和话语权。

一、广州综合城市功能布局应考虑从全球、区域、市域三个维度上协同推进

广州立志建设国际大都市和枢纽型网络城市，既要在全球城市网络中成为关键节点，也要在粤港澳大湾区中发挥核心引擎的作用，这就要求广州未来的综合城市功能谋划应从全球、区域、市域三个维度协同考虑。从全球城市的维度，根据比较优势和产业基础等基准，广州应重点突出其综合门户枢纽、国际商贸中心和国际先进制造基地三大功能，以此避开与周边国际大都市香港、深圳的同质竞争，也与纽约、伦敦、北京等已高度服务化的世界顶级城市相区分。在国家及大湾区维度上，广州是全省科研资源最雄厚的城市，是岭南粤文化的发祥地，又是三甲医院和健康养老资源最密集的城市之一，故广州应重点突出其科技创新策源地、文化引领、医疗健康中心三大功能建设，以此服务于全国和大湾区建设。在市域维度上，着眼于对内功能，主要考虑为城市内部提供公共产品和服务，多以市民幸福度和公众满意度为标准，着力塑造公共服务与管理、生态环保、安全防控等一般性、共同性功能。

二、广州提升综合城市功能应突出"强起来"的战略逻辑

在世界大变局和世纪大疫情相交会背景下，作为国家重要中心城市，广州未来综合城市功能建设的战略方向要体现国家使命与需求，重点聚焦"强起来"的逻辑，着力推动综合功能结构转型及主导功能的能级跃升。

首先，作为全球城市网络的大型节点，广州既要注重"联结"，更要注重"控制"。比如，我们过去和今天都一直强调"商贸中心"功能，这确实是反映广州的发展特色，但其主要承担的是"富起来"的历史使命，广州要真正实现"强起来"，其背后的核心支撑是金融，是高科技产业，尤其是"科创中心"才能真正引领和支撑产业升级，才能实现国家"强起来"的目标，因此，广州的科技创新引领功能决不能忽视，更不能舍弃。

其次，作为枢纽型网络城市，广州既要有枢纽带动力，更要有网络联通力。吸聚全球高端资源，既要依赖一大批世界级枢纽设施的支撑，更要注重构建与外部世界的各种联系通道，一般而言，枢纽决定城市的高度，网络决定城市的影响力，只有将城市的枢纽带动力和网络联通力有机结合起来，才能形成1+1>2的耦合效应。需要注意的是，拥有枢纽设施一般不会简单地转化为网络联通力，还需要通过培育跨国公司、引入功能性机构、建立商业网络、设立境外据点、构建国际友城网络、举办国际活动等，完成"织网"工程。

最后，作为国际大都市，广州既要注重强化经济中心功能，更要努力打造国家知识中心等战略性功能。在经济中心功能建设中，广州也不能仅仅局限于发挥交通枢纽优势而成为"国际商贸中心""国际物流中心"，同时还要重视培育"全球资源配置中心"功能，聚焦"总部"和"高端"才有经济控制力。此外，广州还应突出打造国家知识中心这样的城市软实力功能，改革开放初期，广州曾发思想之先声，成为全国新思想、新观念、新体制、新模式的发源地、探路者和输出地，因而也有效地带动了城市硬实力的上升，取得经济先发优势。今后，广州要继续争取成为更高级的国家知识中心，这种中心不一定是谋求多少文化硬件设施、多少高校或教育

人口等，但一定要争取成为新思想、新体制、新模式的形成与传播交流中心，这样广州才能具有强大的文化引领功能，成为国内外知识精英向往之地，也才能真正实现"强起来"的目标。

三、广州综合城市功能培育要注重深化区域合作和拓展腹地空间

进入大都市圈时代尤其是大湾区时代，广州综合城市功能的培育离不开区域腹地的有效支撑和深度涵养。首先，广州须在加强与周边地区的产业互动融合中逐步培育出高端经济功能，比如，广州在推进实施"退二进三""腾笼换鸟"及中心城区功能疏解等一系列行动计划中，逐步将较低端的生产制造业或部分低端环节外迁到周边地市，先后探索出"广州服务＋佛山制造""广州研发＋佛山生产""广州整装＋佛山配套""广州总部＋清远基地""广州创造＋清远制造""广州孵化＋清远加速"等合作模式，从而使广州能更专注于高端领域、优势环节，形成更加强大的专业化功能。其次，广州须借助广阔腹地扩展与提升战略性公共服务或专业服务市场能级，一般而言，作为省会城市或国家中心城市都拥有较完善发达的医疗、教育、文化以及机场、使领馆资源，这些专业服务能级明显比周边区域高出一大截，其必然对周边地区甚至更远腹地产生强大吸引力，因此，加强区域合作和腹地拓展，有利于扩大相关服务市场，提高广州战略性公共服务的辐射力，比如，引导广州市科研机构、金融机构、生产性服务机构等到佛山、肇庆、清远等地建立分支机构，鼓励广州知名学校、三甲医院到周边地市开设分校、分院，以及推进广清空港现代物流产业新城建设，提升白云机场的区域协作与产业衍生范围，这些行动，在加大输出广州优势公共服务和专业服务的同时，也将有效提升这些服务的水平和能级。最后，广州可通过与区内其他中心城市合作共铸战略性功能，最典型的例子莫过于通过广深"双城联动"共同打造世界级金融中心，深圳专注于资本市场功能，而广州侧重财富管理中心和期货市场功能，此外，广州借助和利用其科教资源优势加入深港创新集群，共同打造了高居世界第二位的强大创新集群，这也使得广州的

科技创新功能得到有效提升。

四、广州提升某些战略性功能要争取中央、省有关管理权限和政策的支持

广州综合城市功能培育一些服务国家的战略性功能，如近期提出的构建大湾区法律服务高地、建立国际航运结算中心、创建国际医疗特区等，这些功能的谋划建设要真正落地并产生效应，必然离不开中央和省给予的特殊管理权限、政策支持或重大资源支持。根据广州建设国家中心城市和国际大都市的功能需求，未来，广州应进一步向中央、省积极争取以下管理权限及重大政策资源的有力支持。一是赋予广州更大的管理权限，包括重大项目审批权、战略资源分配获得权、对外合作谈判权、市场监管权、财政收益分配权以及更大的地方立法权等。二是给予广州特定的功能性政策支持，如争取国家给予特定的国际航线航权（如启运港退税政策等），请省向商务部争取支持，将广东自贸区扩展至广州空港经济区、广州知识城；争取国家在南沙建立国际医疗特区、打造特许医疗平台的相关政策等。三是帮助广州协调有关事项和重大资源支持，如请省支持建立由广州市牵头，中央驻穗机构、省直单位和驻穗部队组成的广州城市管理委员会，以利于解决城市规划建设管理中的系列难题；请省支持建设综合性国家科学中心并争取新的重大科技基础设施落户广州市，以强化广州在大湾区的创新策源功能。

第三章
提升全球资源配置功能，争夺国际经贸合作话语权

第一节　全球资源配置中心的概念、特征与运作机理

一、何谓全球资源配置中心？

所谓全球资源配置中心，一般是指在全球范围内能够对资源用途、布局和流向进行高效整合、创新、决策、控制、分配和激活的中心城市，其本质体现为城市的一种功能属性与定位，一般具有高端性、控制性、网络性、高价值回报性等特征。

高端性。全球资源配置中心作为全球城市网络的枢纽节点，一般处于全球产业链和价值链高端，所配置的往往是资本、科技、人才、信息、知识、品牌乃至文化等高端资源要素，它是全球生产、创新、流通、国际治理等活动的服务、管理和决策中心，无论在城市功能还是产业结构上均体现出比一般城市更高的品质与能级。

控制性。全球资源配置中心一般是跨国公司、企业总部、国际组织、高级生产服务机构的集聚地，在资源与产品定价权、技术标准权、信息发布权、市场引领权、规则制定权等方面拥有重要的话语权和影响力，以此对全球产业变革方向、战略性资源流向进行控制，并在管理和协调全球经济事务过程中发挥引领、主导作用。

网络性。作为全球资源配置中心，既要依赖高能级枢纽或平台吸附、整合全

枢纽之城：广州迈向全球城市的功能转型与蝶变

球战略性资源，更需要将汇集、整合后的资源要素高效配置到全球适当的地方，这就需要城市在全球或区域体系中构建起有形和虚拟的平台、通道与网络，形成多枢纽、多节点、多通道、多品类的网络化空间，实现基础设施和内外市场的互联互通，大大提升远期和远程（离岸）配置全球资源的能力。

高价值回报性。全球资源配置中心一般拥有大量金融、总部经济、商务、信息、管理咨询、文化教育、创意设计等高端生产服务业，产业体系具有智力密集、知识创造等高级化特征，同时在人力资本上也集聚了一大批优秀企业家、高级管理者、科学家等高端人才群体，这必然使城市经济活动具有高价值回报的特征。

总之，全球资源配置中心具有"双高"和"双远"的发展特征，"双高"即指配置的主要是高端资源，并具有高价值回报性，而"双远"则是指资源配置具有远期配置、远程（离岸）配置的特征。为准确把握这一概念，我们拟进一步从以下几个方面深化认识与理解。

（一）全球资源配置中心是城市功能演化升级的结果，是城市发展到高级阶段的功能体现

纵观当今世界城市历史，在前工业化时代，主要城市一般都体现为国际航运与贸易中心，国际航运与贸易中心是早期世界城市发展的普遍轨迹。历史上，大航海推进了大贸易，大贸易带动了沿海城市的迅速崛起，形成了象征财富集聚的国际航运贸易中心，如早期的里斯本、阿姆斯特丹，稍后的伦敦均独领风骚几十上百年，进入工业化时期，先发的国际城市又在工业化中占得先机，一度又成长为重要的国际制造业中心。进入后工业化时代，世界大都市普遍向国际金融中心演化，初具全球资源配置的能力。这其中，那些软实力也十分出众的城市，如拥有先进的制度、健全的法治、高度开放的政策、广泛的国际交流网络、发达的传播媒介以及具有感召力的城市人文精神等，进一步崛起为国际文化、信息和交往中心，最终蜕变为真正意义上的全球资源配置中心。

由此可见，全球资源配置中心是城市功能演化升级的结果，是城市发展到高级

阶段的功能体现。

（二）全球资源配置中心大多与全球城市相联系，是全球城市的核心功能与标签

著名学者弗里德曼、萨森先后提出"世界城市""全球城市"的概念框架。其中，弗里德曼认为："世界城市的基本功能包括两个：联结功能和控制功能……控制功能主要反映为公司总部、国际金融、全球运输与交流基础设施、高级专业服务机构的集聚"；萨森认为"集中了大量生产服务业的全球城市是通过分配全球化运营的组织化商品的方式实现控制功能的"。二者都特别强调了全球城市的"控制功能"或全球产业"组织者"角色，而这均指向了全球城市的核心功能——全球资源配置中心。

从前面的历史实证看，早期的世界城市主要体现为国际航运与贸易中心，它也引领、推动着一些全球性资源配置活动，但限于有形商品或初级资源的集散与调配，且主要是通过运用对外贸易、资本输出甚至军事暴力等机制实现的，这些城市还称不上全球资源配置中心。而到了后工业化时代，随着一批全球城市的崛起，以配置资本、技术、信息、人才等高端资源为主、软硬结合、主要运用金融运作、规则制定、创新引领、文化输出等机制的全球资源配置中心才逐步形成。因此，从逻辑的起点看，全球城市先于全球资源配置中心，全球资源配置中心内生于全球城市，二者具有相互促进、互为支撑的关系。

第一，全球城市为全球资源配置活动提供了战略性场所或平台。在实践中，全球城市通过规划建设海、陆、空、铁交通枢纽、信息网络、要素平台（如贸易或金融交易中心）以及各类专业化功能区（如产业园区、离岸港口）等，改善了城市空间组织效率，不仅强化了城市的枢纽节点地位，也大大拓展、疏通了各类要素流动的对外网络，成功打造了高端资源的吸附器和辐射源，从而为各类主体的资源配置活动提供了关键性的平台支撑。

第二，全球资源配置活动推动了全球城市产业结构高级化。全球性的资源配置是一项高风险、高技能、高增值的经济活动，不仅需要城市拥有相对发达的金融体系和强大的总部经济，而且需要借助那些全球知名的专业服务提供商来协助和支

撑，这必将促使全球城市发展高层次、知识化、专业化的高端生产服务业群体，由此带动产业结构的升级，并推动服务业的全球化。

第三，全球资源配置中心成为全球城市的核心功能与标签。全球资源配置中心的功能运作离不开高能级功能主体、发达的金融体系及专业服务网络。我们看到，无论是当今世界500强企业，还是全球知名专业服务机构，其总部主要分布于几个全球城市中，这些全球城市也无一例外是国际金融中心。在世界城市网络体系中，不同城市纵然有不同的功能特色，但全球城市高度集中了全球治理、国际金融及创新引领功能，也就是资源配置中心功能。我们看到，当今纽约、伦敦等全球城市的活动主轴就是生产金融产品、举办国际活动以及进行规则制定。因此，全球资源配置中心成为全球城市的核心功能与标签。

总之，全球资源配置中心通常与全球城市相联系，只有当城市产业嵌入全球产业链网络时，才会产生全球资源配置的问题。当然，以何种方式、什么品种为主嵌入全球产业体系，则决定了资源配置的能级，也由此决定了这个城市在全球城市网络中的位置。

（三）全球资源配置中心的实质是对全球价值链的管控与治理

全球资源配置中心的战略性配置活动集中体现为对全球价值链的管控与治理。所谓全球价值链，一般指把全球化生产分解为一系列商品不同生产阶段之间以及不同企业机构之间的跨境交易，其分布式资源网络结构取代了早期阶段垂直整合的经济国际化，是基于新国际分工的全球化生产和资源要素配置的高级形态，具有跨越国家领土边界和企业组织边界的基本属性。

按照周振华教授的观点，全球价值链一般可简化为五种基本的活动：一是生产活动，它由制造加工功能的生产中心组成，通常高度分散化，呈现"离岸"或"近岸"分布，也有少部分是"在岸"的，这要区分不同行业的经济属性。二是运营物流，它由具有商务和操作功能（存储、运输、配送、销售和转发）的利润中心所组成，可能会随机坐落在靠近交通枢纽或大型区域性市场附近，相对比较分散。三是垂直市场管理，这一般涉及研发设计、技术质量标准、统一标识、成本管理、公司内资金池等事项，在空间分布上相对集中，也有一定程度的区域分散。四是高层战略管理和国际事务管理，如投资决策、IT运用、市场营销、人力资源管理等，趋于一个非常集中的地理位置，即全球城市。五是强化知识工作，涉及业务分析、开发以及维护战略性客户关系，其专业人士通常生活在高度城市化环境中。

全球价值链的核心在于治理（管控），没有治理的一条价值链仅仅是一连串的市场关系。在全球化生产网络中，资源从外围转向核心是沿着价值链被组织的。全球价值链运作基于各种活动之间的严格分工，从地理角度看，主要是产生了一个新的城市层次结构。其中，那些处在产业价值链高端的投资、管理和研发等功能性总部总是不断地向全球城市集聚，使全球城市具有全球性控制功能，对全球经济进行控制与协调。从实证中我们观察到，上述所界定的全球价值链第三、第四、第五类基本活动，大多是集聚在全球节点城市中的。只有集聚了大量全球价值链治理活动的城市，才具备调配全球资源流向和驱动全球产业链升级的功能，才能成为全球资源配置中心。因此，全球资源配置中心的实质就是对全球价值链的管控与治理。

在发达国家，全球资源配置中心的经济功能转换通常是通过对全球价值链的重塑来完成的。在全球化、信息化推动下，先进城市的生产制造活动不断向外转移，并在全球范围内进行生产基地的布点，而对这些外移生产制造活动的控制与管理职能，以及相配套的生产者服务，不仅在这些高能级城市中继续保留和发展，而且高度专业化集聚化，形成强大的远程控制功能。正是在这一基础上，总部经济及高端生产者服务大量兴起，服务业比重不断提高，从而完成对全球资源配置中心旧经济功能的替代。

全球城市具有全球性资源配置能力，既有大量的向内流入，又有大量的向外流出，在资源要素的交互式流动中，形成大规模的服务流，使承载这些服务流的资源配置中心城市自然成为一个交互式枢纽节点。借助对全球价值链的控制及大规模延伸，可以使一个区域性的资源配置中心在短时间内建立起全球联系，向全球性资源配置中心演进，融入全球城市网络体系中。

（四）全球资源配置中心建基于全球城市网络体系的流量扩展

从国际实证经验看，全球资源配置中心的形成是一个不断融入全球城市网络体系的过程，本质上表现为在全球网络中的连通性，关键在于融入全球城市网络的程度和深度。一个城市，一旦进入这个全球性网络，就会与外部建立起广泛的经济联系，面临大规模资源流量，这将为其提供了更大范围、更有效率地实施资源配置的可能性空间，从而拓宽了城市可利用资源的渠道，有效提升了城市调度与控制资源的能力。也就是说，全球资源配置中心的产生，是基于全球连通性的大规模资源流量而得以实现的。

作为全球城市网络体系的关键节点，全球资源配置中心既是一台"搅拌器"，又是一台"放大器"（即创新整合后的各种资源要素在对外配置中实现经济能量与价值的倍增）。其资源要素流动被赋予了新的内涵与特征。基于全球城市网络的资源流动，不同于经济领域的流通活动，也不同于传统意义上中心城市的集散活动，而是表现为资源流量在全球城市网络中的整合、创新、控制、分配与流动，反映了新空间条件下经济流动性的新特征。

众所周知，传统意义上的经济流动性是建立在城市空间基础上的，以城市为载体吸纳各种资源要素向区内集聚，在城市空间进行配置来促进和带动相关产业的发展，然后形成更大的经济能量向周边地区或更远地区辐射。然而，在全球城市网络构成的流动空间中，城市是全球城市网络中一个具有广泛外部联系的节点，通过这一节点，全球城市网络中的各种资源要素被重组、整合、提升，从而能够被配置到最有效率的空间中。这就赋予了经济流动性的新含义，即它不是一个点上的集聚与扩散，而是整个全球城市网络体系中的流动；不是主要针对城市产业发展的资源要素配置，而是着眼于全球城市网络中的资源要素配置。这种置于全球城市网络体系之中的经济流动性，构成了以资源流量扩展为导向的全球资源配置中心发展的基本特征。

全球城市网络体系流动空间的基本特征，是跨越全球行政区域所建立的功能性连接，可以超越物理性地域的连续性而进行流动，不必完全依赖邻近地区经济发展水平，这大大拓展了资源配置中心的流量规模。更为重要的，它是以推动和促进各种资源要素在流动中增值为主导的经济模式，尽管在流动过程中，也会有一些资源要素沉淀下来，被配置在当地产业中，但在全球网络体系中，大多数资源要素通过这一节点在更大范围内得以优化配置和高效利用。显然，与那种依附于为城市产业配置与发展而发生的经济流动性相比，依托全球城市网络体系的资源配置活动比以往任何时候都具有更大的流动规模、更高的流动频率和更广的流动范围。因此，通过大规模资源要素的流动，实现全球资源配置中心经济能量的倍增，是资源流量扩展导向下的全球资源配置中心发展的一个核心特征。

需要强调的是，全球网络体系中的资源流量结构是动态变化的。比如，早期世界流量当中占主导地位的是港口物流和商流，所以充当门户的枢纽型城市往往具有最大的流量规模。随着对外投资活动的大规模兴起，金融流在全球资源流量中的地位上升。而今天，一个新的显著变化是以数据、信息为代表的知识流增长速度非常快，成为全球资源流量构成中日益重要的部分。全球资源配置中心将更多地去承载、创造和输出知识资源。从整体看，当前知识资源流量不仅占到全球流量的50%以上，并以高于资本和物质流量1.3倍以上的速度快速增长（周振华，2017）。

（五）全球资源配置中心的崛起与发展离不开强有力的区域支撑

如前所述，全球资源配置中心的功能运作主要基于对全球网络体系中资源流量的管控与调配，但是这种功能的发挥也离不开区域腹地的有力支撑，尤其是通过与区域腹地在产业活动上的互动体现出来。著名"世界城市网络"（WCN）理论的首倡者泰勒（Taylor）认为，即使是那些在世界城市网络体系顶端运行的城市，其所行使的全球性职能也是通过跨区域联系或泛区域化的方式实现的，也就是说，全球城市的资源配置能力必须借助城市网络中的区域力量来实现，没有一定范围的腹地资源的强大支撑，就没有全球资源配置中心的外延功能，更谈不上功能的强化和提升。因此，要巩固、提升全球资源配置中心的功能，必须首先强化、拓展与区域腹

枢纽之城：广州迈向全球城市的功能转型与蝶变

地的联系。

以国际大都市伦敦为例。从19世纪50年代末开始，伦敦市政厅在离伦敦市中心50千米的半径内建成8个被称为伦敦新城的卫星城。19世纪60年代中期，大伦敦发展规划修编，试图打破同心圆封闭布局模式，使城市沿着三条主要快速交通干线向外扩展，形成三条长廊地带，以期在更大地域范围内解决伦敦及其周围地区均衡一体化发展问题。1994年新的伦敦战略规划从基于强化伦敦作为世界城市的作用和地位的考虑，提出伦敦大都市圈和东南部地方规划圈之间的融合发展战略。总之，伦敦虽然是国际大都市，但也十分重视与腹地的战略协同与联系，其建立联系的机制是，伦敦向这些地区提供金融支持和商务服务，并从这些地区引入加工产品、低端服务等。据统计，伦敦为英国其他地区的经济发展提供了大约400万个就业岗位。

东京的发展同样离不开与腹地的紧密关系。从空间上看，东京是一个由城市中心和周边卫星城市组成的都市圈。东京的城市中心区几乎不见工厂，这与日本将工厂设置在周边地区、而只将公司的管理机构设置在东京中心区有关。例如京滨工业地带是以东京都为中心，工业沿着一级公路呈放射状向外扩展，东京都市圈从半径50千米扩大到100千米，把宇都宫、水户、熊谷、深谷都包括在内。向西伸到相模湾形成湘南临海工业区；向东在工业落后的茨城县，新建鹿岛临海工业区；再向关东内陆发展，建有关东内陆工业区。可见，城市都心与卫星城市之间、卫星城与卫星城之间都是相互依存，互为条件而发展的，城市都心在都市圈中为腹地经济发展服务，在区域经济中承担中枢管理功能。

在现代信息技术的渗透下，全球资源配置中心的腹地资源实际上已发生重叠和交叉，也就是说，某一区域可能同时属于多个全球资源配置中心的腹地，只是程度和地位不同而已。而一个全球资源配置中心要巩固其腹地资源，就必须通过功能发挥，与腹地形成良性互动的协作关系，而要进一步拓展腹地空间，则必须通过提供功能性服务建立新的产业引领和带动关系。总之，全球资源配置中心与其腹地是相互依赖的发展共同体，巩固和拓展腹地资源是全球资源配置中心功能不断增强的必要路径。

二、全球资源配置中心具备的条件与特征

全球资源配置中心是全球城市的核心功能，它体现了一个城市在全球城市网络与分工体系中的能级与位势。纵观世界主要一线城市，它们基本上都是全球知名的资源配置中心。从国际实证经验看，作为全球资源配置中心，一般须具备如下基本条件与特征：

一是经济实力雄厚。作为全球资源配置中心，首先必须具备雄厚的经济实力，这既表现在巨大的经济总量上，更体现于较高的人均经济水平。一个城市只有具备强大的经济实力，才有能力为跨国界资源配置活动提供所需的枢纽性交通设施、通信系统以及各类配置平台，才有能力构建多元化的对外通道及网络，也才能吸引到足够的高端资源要素。尤其是巨大的经济总量，能够带来庞大的资源流量及配置需求，奠定全球资源配置中心的物质基础。从国际实践看，当今那些公认的全球资源配置中心，无论是位处金字塔尖的纽约、伦敦和东京，还是第二梯队的巴黎、新加坡、香港、洛杉矶等，均是全球地区生产总值和人均生产总值排名比较靠前的世界一线城市（见表3-1）。总之，雄厚的经济实力是一个城市成为全球资源配置中心的首要条件。

表3-1 2019年世界一线城市地区生产总值排名情况

城市	地区生产总值（亿美元）	排名	人均地区生产总值（万美元）	排名
纽约	17723	1	92260	3
东京	16618	2	46007	19
洛杉矶	10477	3	79308	4
首尔	8946	4	34635	—
巴黎	8663	5	69141	8
伦敦	8606	6	60391	13
芝加哥	6895	7	72882	5

枢纽之城：广州迈向全球城市的功能转型与蝶变

（续表）

城市	地区生产总值（亿美元）	排名	人均地区生产总值（万美元）	排名
上海	5524	8	22751	—
旧金山	5486	9	115986	1
北京	5121	12	23785	—
新加坡	3720	22	65265	11
香港	3661	23	48807	18

资料来源：世界银行公布全球城市2019年数据。注：这里的排名主要为GaWC所界定的世界一线城市（前50位）的经济排名。

二是金融功能突出。发达的金融业是全球资源配置中心的基本特征和重要支撑。全球性资源配置不外乎原料采购、物流调度、商贸会展、技术创新、品牌输出、资本运作、人员派遣、劳务输出等活动形式，而其背后都离不开金融手段的有力支撑，由此实践中才会涌现出航运金融、贸易金融、科技金融、融资租赁、供应链金融等诸多金融业态。从实证经验看，当今那些世界公认的全球资源配置重量级城市，如伦敦、纽约、东京、香港、新加坡等，无一例外均是当今著名的国际金融中心。英国Z/Yen集团2021年发布的第29期全球金融中心指数报告显示，伦敦、纽约、香港、新加坡、东京、上海等世界最高能级的资源配置枢纽城市，其全球金融中心排名也基本位居前十之列。

三是总部经济强大。在全球资源配置体系中，跨国公司、企业总部、国际组织等高能级功能主体起着举足轻重的核心驱动作用，作为全球资源配置中心城市，必须依托和云集一大批总部企业来实现其功能。当今一些世界顶尖的资源配置中心城市，如东京、纽约、伦敦等都拥有十分发达的总部经济。2021年《财富》世界500强企业榜单显示，纽约、伦敦、巴黎、东京、北京等这五座城市分别拥有世界500强企业17家、15家、13家、39家和60家，它们合计约占全球500强企业的1/3；此外，世界顶尖的高端专业服务机构，如安达信、普华永道、毕马威、德勤等总部

第三章 提升全球资源配置功能，争夺国际经贸合作话语权

也大多分布于这几个全球城市中。值得一提的是，全球资源配置中心的企业总部首位集聚度也非常高，如日本的上市企业总部约有一半集中于东京，而居次席的大阪不到10%；在我国，北京拥有的世界500强企业则超过全国的一半。

四是创新能力出众。作为全球资源配置中心，其配置功能不仅仅体现在对全球资源流量的集聚与扩散，更重要的是能对资源要素进行创新与整合，使流经的资源要素实现价值增值，并由此为城市带来领导力和控制力。从国际实证看，全球资源配置中心城市的创新能力也多居于世界前列（见表3-2），这不仅体现在产品、技术创新这一基本层面上，还体现在业态、组织、商业模式乃至理论、制度、文化等多维创新上。纽约的产业结构以知识性服务业为主，其金融创新与服务创新在一定意义上引领了世界潮流。伦敦执全球科学中心、创意中心之牛耳。巴黎以其独特的文化享誉世界，文化创新成就了其"世界时尚之都"的地位。

表3-2 2019年度全球创新城市指数前20位排名

城市	得分	排名	城市	得分	排名
纽约	59	1	墨尔本	54	11
东京	58	2	柏林	53	12
伦敦	57	3	达拉斯	53	13
洛杉矶	56	4	首尔	53	14
新加坡	55	5	悉尼	53	15
巴黎	55	6	西雅图	53	16
芝加哥	55	7	休斯敦	52	17
波士顿	55	8	亚特兰大	52	18
旧金山	55	9	华盛顿	51	19
多伦多	54	10	巴塞罗那	51	20

数据来源：2019年澳大利亚墨尔本商业数据公司2thinknow发布的全球创新城市指数（Innovation Cities Index）。

五是枢纽设施完善。首先，全球资源配置中心负有连接国内外市场和实现国际

枢纽之城：广州迈向全球城市的功能转型与蝶变

交流的重要使命，为此，它要拥有先进的对外交通体系，拥有包括空港、海港、高铁等在内的现代化、立体化的国际交通枢纽设施及相关平台、网络。其次，要对资源流量在全球范围内进行精准、高效配置，这离不开发达的信息基础设施及大数据、云计算、物联网等的有力支撑。此外，全球资源配置中心还必须拥有品类齐全的国际交往设施，如知名大学、会展中心、国际社区、星级酒店等。我们看到，纽约、伦敦、东京等全球资源配置中心，不仅拥有世界级的机场、港口等交通枢纽，同时也拥有众多世界级大学及完备的信息基础设施。

六是流量经济发达。所谓流量经济，是指一个中心城市以相应的平台和条件，吸引区域外的物资、资金、人才、技术、信息等资源要素向区域内集聚，通过强大的创新整合力来促进和带动相关产业的发展，并把形成和扩大的经济能量向周边乃至全球进行辐射的经济模式。美国著名城市社会学者喀斯特尔认为：一个城市的竞争力，不在于这个城市占据了多少资源，而在于有多少资源从这座城市流过或可供支配。可见，流量经济是全球资源配置中心的基本要件或"血液"，各种资源要素正是通过高效、有序的全球流动实现其价值最大化的。当今主要的全球城市如伦敦、纽约、东京等，当年依托其区位和港口优势都曾拥有巨大的贸易流、物流等，今天，这些城市的实物流虽已大幅下降，但仍以其发达的航运服务、规则及标准制定权而控制着全球贸易流向，更为重要的是，它们早已成为信息流、数据流、技术流等高端资源的控制中枢。而第二梯队的香港、新加坡等迄今仍保有巨量的实体性贸易流、物流。

七是国际交往频繁。国际交往与交流日益成为全球资源配置中心不可或缺的要件与特征，它涉及全球资源配置功能实现至为关键的要素：人员交流、信息沟通以及文化的传播与影响。作为全球资源配置中心，纽约是联合国总部所在地，吸引了大批国际组织总部落户，这种独特优势使纽约成为无可争议的国际决策与控制中心。作为英国的政治、经济、文化中心，伦敦目前拥有常住外籍人口高达208万人，约占全市总人口的1/4，常住人口中出生在外国的人口占37%，如此庞大的外籍人口形成了遍及全球的人际网络，也同时带来了海量的国际交流活动。作为欧洲的首位城市，巴黎成为全球著名的国际活动之都。根据国际大会及会议协会（ICCA）公布的《2019年国际协会会议市场年度报告》，巴黎举办顶级国际会议237个，排名全球第一，年接待3700万游客和8000多万参观者，促进了其对外经贸、政治、文化、教育、体育等领域的国际合作和交流，这些国际活动和人员往来对全球资源配置活动有着显然的推动作用。

八是营商环境优越。营商环境主要指围绕企业开办、投资、扩建、经营、破产等全生命周期所形成的综合环境，具体体现在政务服务、企业开办、许可审批、财产注册、知识产权、融资便利性、投资者保护、税负、外贸通关、合同执行、破产办理、文化传统等方面。优越的营商环境，对吸引资本、人才等高端资源以及促进资源要素高效配置具有重大战略意义，因而成为建设全球资源配置中心的必要条件。香港、新加坡均以政府清廉、精简且服务卓越、高效而闻名全球，其税制简单并实行低税率政策，企业注册手续亦简单快捷，由此吸引了大量跨国公司、专业服务商及各类非政府间组织入驻，也大幅降低了跨境资源配置的成本。此外，纽约、伦敦、巴黎等全球资源配置中心城市，除了在政府服务方面的卓越表现外，其独具魅力的文化环境、契约精神、诚信习惯等也构成了营商环境的重要吸引力。

三、全球资源配置中心的运作机理

作为全球资源配置中心，必须是全球生产力布局的核心与枢纽，是全球及主要区域经济活动的组织者，是全球的经济控制中心，在全球范围内起着配置资源、引导经济社会发展的主导作用。因此，全球资源配置中心必然是全球城市发展到高级阶段的核心功能之一。对于全球资源配置中心，须重点把握五大要义：

◆全球资源配置中心所配置的资源要素主要是高端资源要素，如战略性产业资本、关键性前沿技术、稀缺性高尖端人才、智慧型商业模式、权威性行业标准及规则等。

◆全球资源配置中心的运作范围不再局限于区域或是全国范围，更重要的是要在全世界范围内或者全球网络"电路图"中配置资源。

◆全球资源配置中心的资源配置手段和途径必须以市场化方式为主导,通过跨国公司总部、专业市场平台(物资、金融、人才、技术等)的直接运作来实现。但在特定条件下,也可通过政府的经济规划、产业政策乃至特定龙头型产业项目建设来间接实现。

◆全球资源配置中心必须具有强大的战略整合与创新能力,实现高效的资源增值,以吸引天然追求价值增值的全球高端资源。

◆全球资源配置中心必须占据增值空间大、效率高、控制力强的产业制高点,如高端制造、高新技术、金融、总部经济、高端生产者服务等产业业态,抓住技术创新、研发设计、品牌培育、标准研制、信息发布、市场营销等高附加值环节,发挥好全球资源配置中心的带动功能,最终成为全球性资源管理、控制中心。

根据上述对全球资源配置中心基本内涵与功能特征的理解,全球资源配置中心的运作机理大致可体现为"集聚、联结、创新、组织、调配"10个字,一般的运作过程是:城市依托一大批资源配置主体(跨国公司、国际组织、政府机构等)和配置平台(市场交易平台、创新平台、信息平台等),对流经本市或全球范围的资源要素进行创新(如技术研发、人才培训、成果转化、品牌塑造、标准设置等)与整合(如投资组合、资金归集、企业并购、流程再造、供应链优化等);然后,利用面向全球的配置网络及通道(海陆空铁及信息网络),再辅之以高效的服务体系(如金融、配送、通关、咨询等专业服务和政府服务),将创新整合后的资源要素优化配置到适宜的区域或载体中,以实现价值创造最大化。这是作为全球资源配置中心运作的一个简化模型,它体现了一个城市对全球资源要素的集聚、容纳、创新、整合、控制、组织、调配活动,涉及配置主体、配置平台、资源流量、创新整合、配置网络、服务体系等关键要素(见图3-1)。

在当今经贸实践中,全球资源配置中心的运作远比上述资源配置过程复杂得多,这是因为基于世界城市网络体系的全球资源配置过程不仅仅表现为一个单向度的反馈链,在实际运作过程中更多地体现为交互式、多向度的反馈链,包括既要能够将全球网络体系的资源引入全球资源配置中心城市所在的区域内,也要力争将全球资源配置中心所在区域的资源引入全球经济循环体系中,在这个互动过程中逐步提升全球资源配置中心的能级。

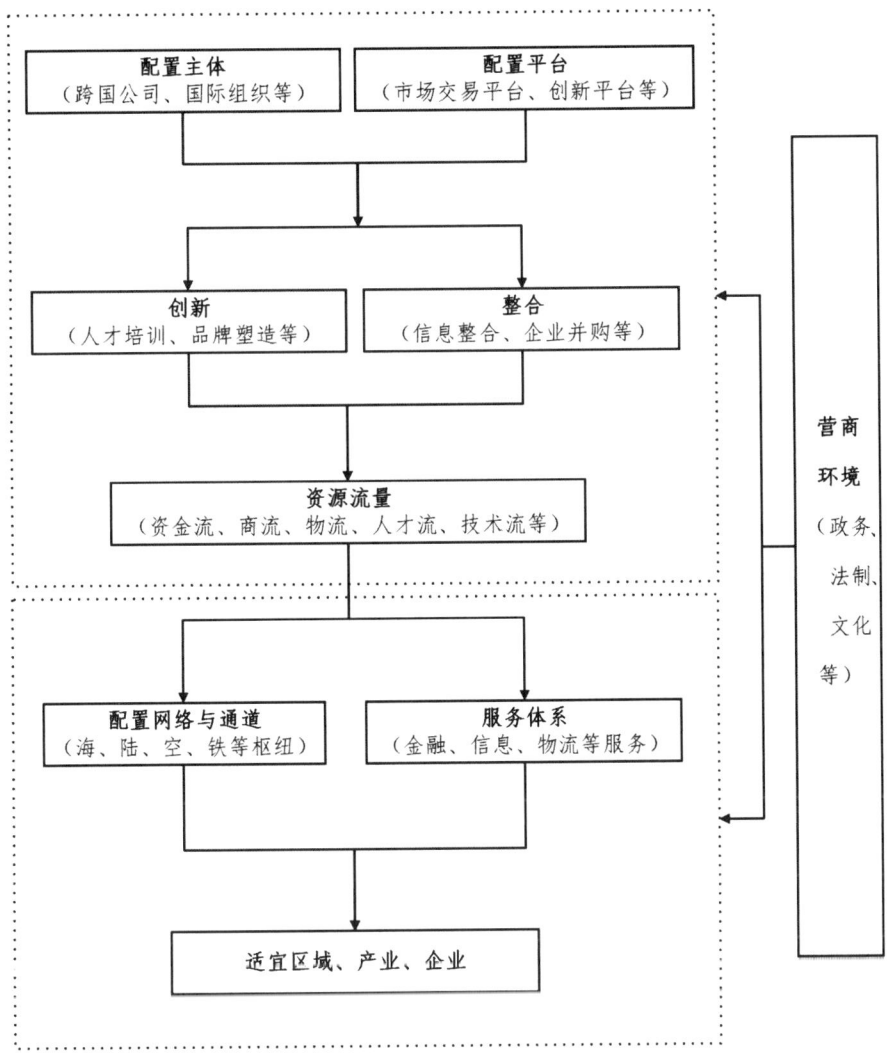

图 3-1 全球资源配置中心的运作机理

需要强调的是,要顺畅地实现全球资源配置中心功能,其背后还有一个隐性但十分重要的支撑因素——营商环境。从当今世界发展趋势看,全球资源配置中心的功能运作逐渐从硬实力为支撑转向软实力为主导,尤其是营商环境的作用日益凸显：一方面，良好的营商环境吸引的是高端资源。与硬实力资源明显不同，营商环境一般更多地与政府效率、政策创新、体制模式、法治水平等规则制定以及文化品位、价值观、城市形象、市民素质等精神、文化层面的因素相关联，这些因素所决定的投资，往往是总部经济、大资本、知识密集型的高端投资，这些因素所引致的需求，大多属人类需求层次中的较高层级，因而，对这些因素的培育与强化，有利于吸引人才、创意、科技成果、大资本、大项目等高端要素和资源。另一方面，当今全球资源配置中心的竞争主要体现为营商环境的竞争。包括制度、文化、信息、政府效率等在内的营商环境对其他要件如配置主体、平台、网络以及创新活动的运作效率具有倍增与乘数效应，因此，营商环境在全球资源配置中心建设中可谓举足轻重，甚至出现了超越主导产业、交通枢纽等硬实力的趋势。

四、全球资源配置中心的基本构件

全球资源配置中心是基于"地点—流动"空间的全球网络关键节点。根据前述对全球资源配置中心基本特征及其运作机理的理论分析，我们大致可以归纳出作为全球资源配置中心的基本构件或运作框架：

一是要拥有一大批实施全球化运营的丰富多元的资源配置主体，这是全球资源配置中心的核心"发动机"；二是配置主体要实施复杂的跨境资源配置还需要借助全球化的配置平台，包括各类交易市场、专业服务及信息平台，起到对全球资源流量的"吸附器"与"辐射源"作用；三是具有发达的流量经济支撑，除本身具备部分资源流量外，还要链接到更多跨区域甚至境外的资源流量为我所用；四是作为全球网络关键节点，其能级还反映在超强的创新能力上，能对流经本市或全球的资源流量进行整合增值；五是拥有畅通、高效并联通全球的配置网络及通道，以利各种资源要素低成本、便利化全球流动配置；六是要成为全球资源配置中心，还离不开优质的营商环境，特别是完善的法治、规范透明的政府运作以及国际通行的规则等。

由此，全球资源配置中心的基本构件应包括配置主体、配置平台、配置网络及通道、资源流量、创新能力以及营商环境等六大要素，形成如下概念模型（图3-2）。

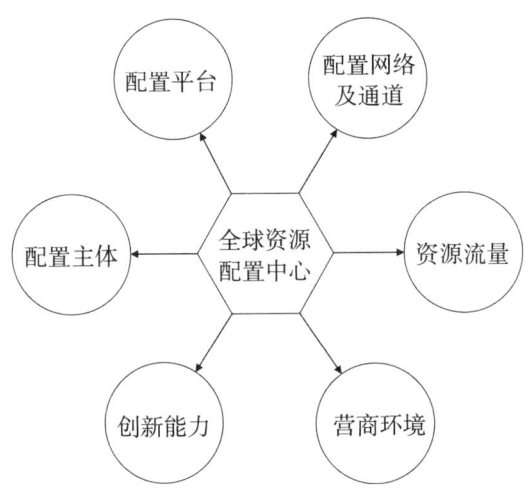

图 3-2 全球资源配置中心的概念模型

基于以上模型，我们可归纳出作为全球资源配置中心的基本构建：

配置主体。配置主体是全球价值链治理结构中的关键行为主体，是全球资源配置活动的主导者和"发动机"，配置主体的多寡与强弱决定了全球资源配置中心的位势与能级。从实践上看，配置主体首先体现为总部企业，包括跨国公司、生产者服务公司总部、全球投资公司、研发中心等功能性总部；其次，配置主体还包括非经济领域的外交机构、国际组织及其分支机构等机构。事实上，许多微观的全球资源配置活动是由总部企业和国际机构共同完成的，如许多国家设立的外交使领馆或贸易促进中心（会），同时也承担着为本国企业开道、护航的服务职能。

配置平台。配置平台是指一个城市在世界范围内对各类资源要素进行汇集、整合、交易、创新、分配乃至激活的场所，在一定程度上反映了城市对国际资源要素、商品多样性及其价格的控制力。配置平台主要包括市场交易平台、专业服务平台和信息平台。其中，市场交易平台包括各类商品、服务、要素市场（如各种交易所、清算所等）以及无形市场、场外交易中心等，当然，以资本市场为核心的金融

枢纽之城：广州迈向全球城市的功能转型与蝶变

交易平台无疑是最为关键的配置杠杆；专业服务平台包括会计、法律、广告、评估、咨询、知识产权、人力资源培训等方面的专业平台，也包括金融、航运、会展等方面的服务平台；此外就是海量、泛在、快捷、便利的信息平台，主要是基于大数据、云计算、智能化的互联网信息平台，也包括各类传媒平台以及人员面对面接触的隐性知识交流平台，诸如会展、论坛、俱乐部、协会、会所等。

配置网络及通道。作为全球资源配置中心，既要对流经本区域的资源流量进行创新与整合，也要对位于全球网络"电路图"中的资源流量进行控制与调配，上述职能就需要借助发达的配置网络与通道来实现或完成。这种配置网络与通道，既包括区域性的交通、通信网络，更包括全球性的交通、通信枢纽及网络。一般而言，一切有形资源的集散是通过中心城市与目标区域之间的港口、机场、公路、铁路等交通运输网络实现的，一切无形资源的集散是通过电话、传真、电视、移动通信、互联网等通信网络实现的。此外，为实现人力、文化资源的高效流动与配置，全球性人际网络也是资源配置通道网络的重要组成部分。

资源流量。作为全球资源配置中心，一般必须具备庞大而高能级的资源流量，而全球城市往往呈现出与其自身系统需求不成比例的流量规模，这反映了其网络联结的重要性，在全球网络中联结点越多，这个城市可支配的资源流量就越大。根据资源类别不同，资源流量可划分为商品流、物流、金融流、技术流、信息流、文化流、人才流等。需要说明的是，资源流量结构随时期不同是动态变化的，如早期世界资源流量当中占主导地位的是港口物流，所以充当门户的枢纽型城市往往具有最大的流量规模；随着投资贸易的大规模兴起，金融流在世界地位中上升；进入现代社会，随着创新战略的实施，科技流的地位大幅上升；而今天的互联网时代，一个新的变化是数据和通信流超高速增长，它们已成为全球资源流量构成中最重要的部分。

创新能力。创新是资源要素流动增值的关键，创新能力决定了一个城市资源配置的效率与位势。从实践看，资源尤其是高端资源总是流向那些创新能力出众的城市，因为它会给资源持有者带来更大的价值增值。与此同时，那些具有全球资源配置能力的城市往往集中了全球最顶尖的高等院校、科研机构、文化机构、传媒品牌及创新人才，它们在技术创新和扩散、制度创新和控制、信息创新和传播、文化创新和渗透等方面发挥着重要的引领作用。

营商环境。从国际经验看，构建一个高度市场化、法治化、便利化、国际化的营商环境，全面实行国际通行的制度、规则、惯例及标准，是城市顺畅、高效、无障碍开展全球性资源配置活动的必要前提，这将增强资源持有者及投资者的信心和预期，亦将大幅降低资源配置的成本。如前所述，围绕企业开办、投资、扩建、经营、破产等全生命周期所形成的营商环境可分解为许多子项，我们这里大致划分为市场环境（商务环境）、政务环境（政府效率）、生活环境等几个方面，同时，国际化环境也是必要的，我们将其归入"市场环境"考量中。此外，实证经验表明，一个城市的经济实力尤其是人均经济发展水平代表了这个城市的经济成熟度，它往往与营商环境质量呈高度相关。

第二节　广州建设全球资源配置中心的基础条件与区域格局分析

一、战略意义

国际金融危机后，逆全球化有所抬头，但经济全球化仍是当今世界的发展大势。随着全球市场要素加速流动，各国产业分工持续深化，经济融合不断推进，全球产业链、价值链、供应链加快重构。在这一背景下，掌握国际资源配置话语权的"全球城市"加速崛起，依靠强大的节点功能，控制着资本、科技、人才、信息等高端资源的集聚和流向。特别是在新一轮科技革命和产业变革迅猛推进下，国际竞争与合作日益聚焦为城市之间的竞争与合作，提高全球资源配置能力日益成为世界先进大都市的重大使命与核心目标。作为国家重要中心城市，广州理应在全国构建开放型经济新体制中提供支撑、走在前列。为此，广州市第十一次党代会明确提出

枢纽之城：广州迈向全球城市的功能转型与蝶变

提高全球资源配置能力的战略目标，坚持从更高视野更大格局谋划发展，主动从全球城市体系中找标杆，从国家大战略和区域发展中找动力，从全球资源要素配置和国际产业分工中找机遇，面向全球集聚、创新、整合、控制、调配高端资源要素。因此，广州谋划打造全球资源配置中心，符合当今新型全球化趋势，既是支撑落实国家战略的现实需要，也是城市自身发展的必然选择。

第一，有助于推动城市功能与产业能级的全面跃升。过去近40年，广州以千年商都的底蕴成功崛起为全球知名商贸中心，同时，借经济全球化大势，成长为重要国际制造业基地之一。然而，从全球视野看，广州产业结构层次还不够高端化。当广州迈向服务经济时代，为培植新一代主导产业、追求经济质效，其资源配置重点必然转向人才、科技、资本等战略性高端资源，而这些资源大多是全球流动的。因此，在新的发展阶段，广州实施提升全球资源配置能力的战略部署，不仅符合城市功能演变的一般规律，有利于推动广州由传统的"国际商贸中心""国际制造业基地"向更高级的"全球资源配置中心"升级，而且有助于带动广州市产业结构的转换和主导产业的更替，加快形成创新型、知识型、科技型产业体系，从而实现全市产业能级的全面跃升。

第二，有助于提升广州在全球城市网络中的地位。国际经验表明，那些位处世界顶端的全球城市不仅是国际交往中心和文化中心，也必然是全球资源配置中心。从当前实践看，无论纽约、伦敦还是东京、巴黎等，其城市活动就是制定规则、设置议题和生产金融、文化产品，核心职能就是依托金融中心和跨国公司、国际机构等对全球范围内的人才、科技、资本、信息等战略性资源进行高效配置。除这几个处于"金字塔尖"的城市外，次一级的香港、新加坡、法兰克福等也是著名的洲际级资源配置中心，而其他大多数国际城市则无论在资源配置范围、品种还是辐射能级上，都较为逊色。因此，广州建设全球资源配置中心，大力拓展资源配置范围、水平和能级，壮大资源流量，控制资源流向，强化资源整合，扩展资源配置网络，强化资源配置的话语权，将有效提升城市的国际决策与控制功能，进而提升广州在全球城市网络中的枢纽地位。

第三，有助于引领、支撑国家重大战略。近期，为争夺全球新一轮发展主导权与"话语权"，中国积极倡导推进"一带一路"、人类命运共同体主张和新型全球化模式，并参与重塑全球治理新秩序。众所周知，城市实力托起国家梦想，中国要实现在全球范围内经济崛起、金融崛起、科技崛起、政治崛起和文化崛起，必然需要有一批世界级城市为引领和支撑。过去40多年，在中国开启改革开放和推进工业化进程中，广州一直起着先导探索和"开道"的作用。今天，在引领经济发展新常态和提升中国全球分工位势之时，广州谋划打造全球资源配置中心，构建面向全球的资源集聚和配置枢纽，不仅将有力支撑中国倡导推进的新型全球化，提高中国在世界经贸体系中的话语权和受益权，而且有利于驱动广州的优势资本、企业、品牌、商业模式等"走出去"，进一步面向全球配置资源，推动国家"一带一路"及自贸区建设。总之，广州谋划建设全球资源配置中心，充分彰显了广州在国家战略中的责任和担当。

二、条件分析：广州已具备"时"与"势"

当前，世界经济深度调整，全球化引擎正从发达经济体转向新兴经济体，中国加速走向世界舞台的中心，积极倡导推进"一带一路"和新型全球化模式，参与重塑全球治理新秩序。与此同时，广州也处在一个新的发展阶段，并为此制定了宏大的战略蓝图。在这样的背景下，作为国家重要中心城市，广州建设全球资源配置中心可谓具备了难得的"时"与"势"。

（一）内在势能

广州谋划建设全球资源配置中心，首先具备了较为充分的内在条件及势能，概括起来就是广州的发展迈入新阶段，主要表现在四个方向上：

第一，从城市能级看，广州正从国家重要中心城市迈向全球重要节点城市。2020年，广州地区生产总值达2.5万亿元（约3600亿美元），经济总量超过了香港

枢纽之城：广州迈向全球城市的功能转型与蝶变

和新加坡，人均地区生产总值达 2 万美元，迈入了世界高收入地区行列。同年，全市常住人口达 1800 多万人①，城市建成区面积超过 1200 平方千米，基础设施接近世界一流，海陆空铁方式齐全，2019 年白云国际机场旅客吞吐量达 7338 万人次，进入世界先进城市之列，2020 年更一度成为全球第一大机场。同时，产业高端化、全球化日益凸显，思科、GE、富士康、联邦快递、亚信数据等一大批跨国产业巨头纷纷布局广州，大幅提升了广州在全球产业体系中的地位。城市能级的不断跃升为广州进一步成长为全球资源配置中心奠定了坚实基础。

第二，从开放水平看，广州已从单向单维度开放走向双向多维度开放。近年来，广州外贸结构发生质的飞跃，突出表现在服务贸易增长大幅超越货物贸易，外贸新业态呈"井喷式"增长，2019 年，服务贸易进出口额达 530 亿美元，约占货物贸易的 1/3，跨境电商进出口总值连续多年居全国第一。2019 年，广州实际使用外商直接投资 71.43 亿美元，与此同时，广州经核准的境外投资协议额超过 60 亿美元，资本国际化趋向平衡，绿地投资日益增多，先后投资建设了马来西亚马六甲海洋工业园、沙特吉赞经济城等海外产业园区。目前，世界 500 强企业已有 300 多家在穗投资了超过 1000 个项目，其中至少有 120 家在广州设立了总部或地区总部。

第三，从城市形态看，已从单核、单中心空间结构迈向巨型城市区域。从 20 世纪 90 年代至国际金融危机之前，广州城市发展的主要目标是建设华南中心城市，而从《珠江三角洲地区改革发展规划纲要（2008—2020 年）》发布之后，以广佛"同城化"为先导，广州开始日益注重带动周边地区协同发展的大都市圈建设。目前，从空间、交通、产业、城镇体系等维度来看，广州携领佛山、肇庆等周边区域都已显示出巨型城市区域的特征。2020 年，广佛都会区经济总量约 3.6 万亿元，已接近中国经济首都上海。以广、深为核心的珠三角世界级城市群和粤港澳大湾区正加速形成，其中粤港澳大湾区面积达 5.6 万平方千米，人口达 7000 万人，地区生产总值约 1.6 万亿美元，超过了旧金山湾区。巨型城市区域的形成为广州建设全球资

---

① 根据《广东省第七次全国人口普查公报》（2021）。

源配置中心提供了至为关键的战略性场所。

第四，从增长动力来看，广州经济正从一般要素驱动向高端要素驱动加快转换。广州已从依靠低价土地和劳动力驱动发展阶段开始转向依靠制度文化、高端投资和创新驱动发展阶段，产业体系已渐次完成从轻纺工业为主转向重化工业再转向高科技制造产业为主导，目前已形成了10个千亿级产业集群，而作为创新主体的高新技术企业实现爆发式增长，高新技术企业总量从2015年1919家增长到2019年的12099家，四年间高新技术企业数量增长了约5倍，目前稳居内地城市第四名，约占广东省的26%。"十三五"期间，广州制造业新登记市场主体亦呈高速增长，高新技术产品产值年均增长10%以上，发明专利授权量从2015年的6626件增至2019年的1.2万余件，创新动能加速奔涌。面向未来，广州加大战略性新兴产业布局，改造提升传统优势产业，集聚更多高端要素资源，打造以"IAB"（新一代信息技术、人工智能、生物医药）为代表的高端高质高新现代产业体系。广州经济增长动力的加速转换及其衍生的高端资源要素需求，为其建设全球资源配置中心提供了不竭动力。

总之，作为国家重要中心城市和代表国家参与国际竞争的主导力量，广州在新阶段应该而且也有能力为国家主导推进新型全球化和全球治理新秩序作出更大贡献，而打造具有支撑、强化经济发展"话语权"的全球资源配置中心就是这一战略担当的有力体现。

（二）外部机遇

与此同时，广州建设全球资源配置中心，也具备了一系列良好的外部机遇。

第一，全球资源要素流动性和开放性仍在增强。近期，尽管全球化遭遇某些波折，但数据监测表明，经济全球化仍是当今世界的主流与常态，只不过全球化引擎在从发达经济体转向新兴经济体。在这一转换过程中，全球资源要素还在加快流动，特别是由于交通、信息技术的不断进步，物质流、人才流、信息流、资本流、知识流的时空约束大大降低，加之各种自贸谈判的不断推进，这为广州扩大利用全球资源、提高配置起点提供了有利条件。

第二，国家在引领新型全球化中走向繁荣。城市地位系于国家兴衰，城市的发展与使命担当必须紧随国家发展的战略导向，广州无疑遇到了这样的机遇。目前，中国主张以创新驱动、协同联动、与时俱进、公平包容推动新型全球化，以共商共建共享理念推进全球治理，以"一带一路"建设通向共同繁荣的未来，这为广州参与国际市场运作、有效配置全球资源提供了坚实的战略支撑，也为广州规划建设全球资源配置中心提供了重要依据。

第三，粤港澳大湾区战略促使龙头城市发挥更大作用。目前，在优化空间战略布局中，我国日益凸显三大战略增长极的宏大格局：北部是京津冀地区，中部是长江经济带，南部是粤港澳大湾区。2017年3月5日，2017年国务院政府工作报告提出，推动内地与港澳深化合作，加快研究制定粤港澳大湾区城市群发展规划；2019年2月《粤港澳大湾区发展规划纲要》正式出台。该纲要明确广州作为大湾区的四大中心城市之一，要成为大湾区的核心引擎，要在国家区域战略中担当重要角色、发挥重要功能，这些定位和要求有利于推动广州成长为全球资源配置中心。

（三）优势条件

广州在构建全球资源配置中心上主要具有如下优势：

一是营商环境居国内一流。广州城市开放度高，市场机制发达，法治观念较强，契约精神较佳，信用意识较好，城市运营、服务和生活成本也相对合理。由于海内外客商云集，全市上下逐渐形成遵循国际惯例、采行国际标准、与国际规则接轨的自觉意识。近年来，广州更以出台优化营商环境三年行动计划为突破口，先后实施"两建"工程、工商注册便利化、行政审批制度改革、外资"负面清单"管理及构建国际贸易"单一窗口"等措施，大力改善政务环境，有效降低了经济活动的交易成本，减少了在国际交往活动中的摩擦与不信任感，获得了全国乃至全球性认可。在《福布斯》发布的中国大陆最佳商业城市行榜上，广州自2010年以来有5年（2010、2011、2013、2014、2015）排在中国大陆城市首位，其余年份也大都位列前三；在普华永道发布的《机遇之城 2016》报告中，广州排名全国第一，在普华永道 2019 年、2020 年的报告中广州排名分别为第四位、第三位，始终保持前列。相对优越的营商环境，对未来广州吸引高能级功能主体，构建全球资源配置中心，无疑将起到重要的驱动作用。

二是区位与交通条件优越。从城市区位特质和禀赋优势看，广州在地理上位于核心枢纽与门户的位置，未来有望在全球城市网络中发挥"大型枢纽"的节点作用。在世界经济重心东移的亚太区，从东北亚的东京、首尔、北京到中国东部的上海、东南部的台湾，再到中国南部的香港、广州，继续向西南沿中南半岛陆基线延伸到胡志明市、曼谷，最后到达吉隆坡和新加坡，事实上形成了亚太地区一条巨大的"环西太平洋黄金经济带"。而广州不仅处于这条发展带的核心位置，而且本身海陆空铁方式齐备，交通枢纽地位突出，综合物流能力在国内仅次于上海，是连通中国内陆与外部世界的重要门户，也是联系东北亚与东南亚两大经济圈的关键枢纽。未来，若有效发挥区位、功能和城市体量优势，则广州有望进一步上升为全球资源要素的配置枢纽，成为名副其实的"大型支配中心"。

三是综合服务体系较完善。目前，广州服务业增加值占地区生产总值比重已达 70% 以上，位居全国三甲之列。从实践看，广州相对综合且多元的现代服务体系初步形成，律师、会计、审计、广告、咨询、评估、鉴定、检测、认证认可、知识产权、信用服务、市场调查、科技中介、展会策划、融资担保、媒体资讯等专业服务一应俱全，"广州服务"享誉全国，尤以医疗服务突出，不仅有国内一流的南方医、中山医等综合医院品牌，呼吸科、眼科、肺科等专科医院也都是全国第一。而作为中国三大国际航空枢纽和外国使领馆集聚中心之一，广州还具有一般城市所缺乏的独特的国际交流、签证、留学等服务功能。近年来，随着服务贸易、服务外包和服务业对外投资的高速发展，广州全球服务位势稳步提升，这种不断延伸境外的专业服务体系和品种，将成为吸引、整合、创新、控制、优化调配全球资源流量进而实现价值增值的一大有力依托和重要杠杆。

四是科教人文资源丰富。作为省会城市和华南最大中心城市，广州科教资源最为集中，汇聚了广东省约 2/3 的普通高校、97% 的国家重点学科和全部的国家实验室。拥有中山大学、华南理工大学、暨南大学、华南农业大学、广州大学等普通高校超 60 所，成人高校 10 多所，在校大学生超 100 万人，大专以上学历人才总量近 400 万人，专业技术人员 141 万人。高尖端人才荟萃，截至 2019 年底在穗两院院士 115 人，中央"千人计划"入选者 129 人，高级专业技术人员近 14 万人，留学归国人员约 10 万人。截至 2020 年底，广州市拥有国家、省、市重点实验室 437 家，省级新型研发机构 63 家，拥有国家级、省级、市级企业技术中心共 808 个，涵盖新一代信息技术、生物健康、新能源、新材料、节能环保等前沿科技领域。拥有国家超算中心等一批战略性科技资源或装置，"天河二号"超级计算机运算速度连续 6 次位居世界超算 500 强榜首。此外，广州已与多个国家和地区的多家科研机构、大专院校和学术团队建立了合作关系。丰富的科教人文资源，为广州扩大高端资源要素交流、抢占世界科技创新"制高点"与"话语权"、提高全球资源配置能级奠定了坚实基础。

三、区域格局分析

从大湾区现存三大中心城市看，其在全球资源配置体系中的位势和侧重点也有差异。其中，虽然香港的城市体量远小于广州、深圳，但基于其先发优势、独特的国际通道功能及相对发达的高端服务业底蕴，尤其是作为公认的全球五大国际金融中心的传统地位，香港无疑在全球城市能级上处于领先位置，而在全球资源配置层级上也明显要高于广深，这在短期内是无法改变的，也就是说，广深无论如何加快崛起，在谋划全球资源配置功能定位上都需要积极对接和配合香港，主动与香港相协同，而不是谋求取代其全球地位。同时，广深也要注意与香港的互补性发展，实施差异化策略，从现实基础和未来趋势看，香港在金融资源全球配置上的顶级地位是难以超越的，同时也承担部分国际文化资源配置的功能；而深圳则更多地侧重于对创新资源、新兴产业资源乃至制度性要素资源的配置与优化，而广州则更多地倾向于对商贸商务资源、创新链上游的科技资源、先进制造业资源以及国际文化传媒及交往资源的汇集、筛选和配置。

未来广州要构建全球资源配置中心，应发挥好立足粤港澳、背靠泛珠三角、辐射东南亚和对接"一带一路"的区位与政策优势，加快培育广州在产业、科技、信息、文化传媒、国际交流等资源的配置能力和功能，依托穗深港共建全球资源配置中心，共同努力把粤港澳大湾区打造成全球资源配置的重要平台。

第三节 广州建设全球资源配置中心的战略路径

一、战略步骤

从纽约、伦敦、东京、巴黎等城市的发展经验来看，全球资源配置中心一般都经历了"国际航运与贸易中心—国际制造业中心—国际金融中心—国际文化与信息传播中心—国际决策与控制中心"的演变轨迹。作为资源配置中心的辐射能级也逐步由境内到境外再向全球扩展，配置重点则是由初期的硬实力资源（如航运、贸易、金融）向软实力资源（科技、文化、信息、规则）转变，由低端资源向高端资源转变。借鉴国际经验，立足广州自身的优势与短板，广州建设全球资源配置中心的路径主要有五个步骤：

（一）第一步：夯实枢纽设施

持续强化机场、港口、铁路的国际交通枢纽地位。重点补齐第二机场、疏港铁路、航道拓宽、无水港、航站楼、商务机场、空域资源等短板，加快枢纽之间互联互通项目建设，推动国际航空、航运和创新三大枢纽建设迈上新台阶。持续提升珠江新城、南沙自贸区、广州高新区、中新知识城、琶洲互联网创新集聚区等核心功能区的国际化、规模化和品牌化水平。大力增强商贸、金融、信息、人才实力和推动虚拟枢纽型平台建设，以龙头企业和重点项目为核心主导建设一批具有标志性意义的价值创新园区，不断强化枢纽的吸引力和辐射度，为集聚资源提供更加坚实的基础。

（二）第二步：完善全球网络

依托枢纽机场和枢纽港优势，着力打通远程交通联系网络，增强航空、航运在全球城市网络体系中的通达能力，构建要素流通的实体通道。引入跨国公司总部、国际组织机构、高端生产性服务提供商等高等级功能性主体，依托其控制力和扩张力构建遍及全球的企业要素网络。集成枢纽设施、枢纽型企业和国际商贸优势，着力建设商贸物流网络，重点围绕"一带一路"沿线设立境外货仓、代表处、办事处、联络办等网络连接点。大力推动以媒体网络、友城网络、文化网络、人际交流网络、领事馆网络、驻外机构网络、国际组织网络等代表的软性网络建设，努力开拓国际交流和情报搜集网络，以更大力度、更广层面、更多手段建立健全全球资源通往广州、流向世界的网络。

（三）第三步：壮大流量经济

依托全球枢纽和网络设施优势，加快建设各类生产要素集聚、扩散和交换的功能性、国家级、国际性平台，全面提升全球信息流、人流、物流、资金流和技术流在广州的流量。发挥龙头企业和总部企业带动作用抢占全球价值链、产业链、供应链高地，大力发展研发、营销、设计、融资、技术、管理、结算等最高端、最具控制影响力的生产性服务环节，加强对软件、数据库、工业设计、品牌、网络、管理技能、组织结构等领域的提质增效，努力使全球企业的服务需求都能在广州得到满足，促进全球资源在广州流经和中转[①]。

（四）第四步：做强金融中心

加快建设功能性、国家级和国际性金融和商品交易平台，主办具有国际影响力

---

① 沈桂龙、张晓娣：《上海流量经济发展：必然趋势、现实状况与对策思路》，《上海经济研究》2016年第8期。

的金融博览会、金融论坛、金融交易会等重大金融活动，培育形成以具有行业领导力和国际竞争力的金融机构为骨干、中外资金融机构共同发展的多元化金融机构体系，吸引全球各类资金资本、金融信息、专业服务、金融人才加速向广州集聚并带动广州各类金融要素资源从区域向国际辐射，逐步推动广州成为国际重要的资金运营中心、资产管理中心、清算结算中心、期货交易业务中心、商品定价中心和风险管理中心，以国际金融发展增强对流量经济的促进作用和控制能力，从而更加高效吸引和配置全球资源。

（五）第五步：提升掌控能力

着力推动各类金融平台、信息平台、交易平台和技术平台拓展、延伸和提升功能，推出一批具有国际影响力的广州航运指数、广州物流指数、广州价格指数、广州金融指数、广州技术标准、广州服务标准等，强化广州对行业发展标准和规则的控制权，打造全球资源配置的广州品牌标准。依托国际一流的营商环境，大力发展总部经济和高端生产性服务业，提升对资源的整合创新、结构优化和营销推介能力，吸引全球高端资源流经广州并在广州实现再加工、再重组、再创新，实现增值后再流向收益最高的行业和地区。

需要指出的是，上述五个战略路径并非在时间上有严格的区分，应更注重其内在的逻辑关系。在一般情况下，枢纽设施建设是形成城市内部和外部网络的基础，流量经济在很大程度上依托枢纽和网络发展。与此同时，流量经济发展又对金融业发展形成强烈需求，从而推动金融中心的建立和发展。以金融业为代表的高端服务业发展有助于提高城市的投资决策和资源配置能力。

二、推动策略

（一）软硬结合

一个城市的实力主要包括硬实力和软实力两大部分。其中，硬实力主要体现为经济总量规模、设施建设水平等；软实力主要体现为城市文化、城市制度、城市管理、政府服务、居民素质、形象传播等非物质要素之上的城市社会凝聚力、文化感召力、科教支持力、参与协调力等各种力量的总和。硬实力和软实力相辅相成、互为倚重。在城市建设步入相对成熟阶段之后，软实力对持续增强城市凝聚力、激发城市创造力、扩大城市影响力等方面的推动作用将更加突出。未来，随着城市建设水平的不断提高，广州必须更加重视通过优越的城市文化、城市制度、城市管理、政府服务、城市形象等软实力，进一步增强资源配置的主体能力、资源配置规则的主导能力以及优化资源配置的环境，进而提升城市配置全球资源要素的能力。

（二）虚实联动

当前，世界多极化、经济全球化、社会信息化、文化多样化深入发展，线上经济和线下经济、虚拟经济和实体经济深入融合，新的经济形态和产业门类不断涌现，加速新旧产业更迭，为城市发展注入了源源不断的新动能和新引擎。因此，广州建设全球资源配置中心，必须注重虚实融合，在大力发展总部经济、平台经济、流量经济、智慧经济等实体经济的同时，稳妥推进引导新兴金融、网络经济、分享经济等虚拟经济发展，凝聚时代的先进产业形态、先进生产力和新型生产方式，进一步增强对战略性高端资源要素的集聚、创新、整合、控制、调配能力。

（三）内联外通

畅通高效的交通、信息、经济和文化轴线联系及网络联系，是实现腹地空间和功能向外拓展和双向开放的基础，是城市成为高端要素资源集聚地、中转站、增值屋和调控室的重要条件。从城市内部空间看，多中心、多轴线、多组团、网络式空间和功能结构更有利于要素快速流动与承载。从区域空间看，通过交通设施网络、企业组织网络、区域创新网络、要素流动网络的架接和建设，有利于提升中心城市资源集聚辐射能力。从全球看，全球城市网络体系的高等级城市、中心城市和开放城市资源配置能力更强。因此，未来要同时强化对区域和全球资源的配置能力，广州必须致力于增强内部各个板块之间的连通性，同时打通与区域和世界的连接能力，实现对各个层级、各个类别资源的影响和控制。

（四）双轨并进

放眼世界，几乎每个全球资源配置中心背后都有一个强大影响力的超级城市区域作为支撑。在区域城市网络中，通过专业化分工形成功能互补，促进制造、金融、科技、服务和社会等功能链网分工合作，由此产生的正网络外部性极大提升中心城市的资源承载能力和吸引力。在依托区域支撑的基础上，中心城市实行更加开放的政治、经济政策，积极嵌入全球分工合作体系，促进产业链延伸、价值链提升和供应链优化，能极大地激发城市自身的潜能以及增强其吸纳和控制全球其他城市或地区主要创新流、信息流、资金流、贸易流的能力，进而强化城市国际资源配置能力。因此，未来广州要建设全球资源配置中心，必须充分依托区域支撑，融入全球城市体系，即实行区域支撑、融入全球双轨并进策略。

（五）创新驱动

保持一座城市在全球范围内拥有持久竞争力的秘诀永远是创新。科技创新与制度创新、管理创新、商业模式创新、业态创新和文化创新相结合，推动城市发展方式向依靠持续的知识积累、技术进步和劳动力素质提升转变，促进城市经济向形态更高级、分工更精细、结构更合理的阶段演进。未来，全球新一轮科技革命将加速演进，以智能、绿色、泛在为特征的群体性技术革命将引发国际产业分工重大调整，颠覆性技术不断涌现，引致全球创新版图加速重构。显然，在人类社会正处在一个大发展、大变革、大调整时代，能否把握新科技革命发展趋势强化创新驱动能力，将直接决定城市资源配置功能的强弱。因此，面向未来广州必须始终强化创新驱动，大力培育和发展创新型产业、创新型企业、创新型平台、创新型文化和知识市场等，增强创新资源集聚能力，并以此增强对各类资源引领加工、整合、重组、创新和营销能力，进而实现资源价值的提升。

（六）扬长补短

根据综合竞争力，全球范围内已经形成具有一定层次的城市等级体系。虽然在信息化、全球化背景下，资源要素流动受地理空间的限制越来越小，但是高端资源仍然倾向于集聚在世界一线城市当中，处于领先地位的城市对全球资源的垄断和控制能力明显大于相对落后的城市。因此，在既有的城市体系格局中，作为后发城市的广州要建设全球资源配置中心，一个相对现实和可行的策略是充分发挥自身内在的产业和要素禀赋优势，率先在某些领域形成竞争和分工优势，进而形成对某类资源较强的全球配置能力，构建专业型、特色型全球资源配置中心。

三、对策建议

围绕实现资源"容纳多、流动快、靶向准、增值高、控制强、成本低"的目标，坚持新发展理念，实施创新驱动发展战略，系统推动城市的枢纽、网络、经济、功能、平台和环境建设，强化城市功能对全球资源配置能力的支撑作用。

（一）完善城市枢纽空间，拓展资源吸纳容量

加强顶层设计和统筹谋划，综合运用土地空间管制、重大项目建设、重大基础设施建设等手段，选择资源环境承载能力较强、集聚开发水平较高或潜力较大地区实施集中布局、据点开发，引导人口、要素和产业有序集聚，构建形成集疏适度、优势互补、集约高效、协调联动的城市枢纽体系，拉开城市发展空间框架，提升对全球高端资源的集聚和承载能力。

1. 打造辐射全球、面向未来的国际高端枢纽

按照重大标志性工程建设要求将小黄金三角地区、白云机场地区、南沙港口地区和科技创新走廊建设成为全市最强大的增长动力源和高端资源集聚主枢纽。其中，小黄金三角地区要着力实现一体化、规模化发展，加快低端要素和产业的疏解，建设形象鲜明的地标性建筑，引进一批全球标杆性企业总部群，大力发展国际

第三章　提升全球资源配置功能，争夺国际经贸合作话语权

高端商务服务和信息服务业，打造世界超级CBD，使其成为未来全球资源配置决策与控制的"心脏"地区。国际航空枢纽要按照国际航空大都市理念推动开发建设，拓展航空运输与产业新领域新业态，推动其成为区域乃至国家发展的新动力源、全球高端资源的新吸附器。国际航运枢纽要叠加南沙新区、南沙自贸试验区、周边港口群、粤港澳大湾区的资源、空间和制度优势，按照高水平国际化城市建设理念加快建设高水平对外开放门户枢纽。国际科技创新枢纽将成为全市导入新一轮科技革命的前沿地区，成为与美国硅谷、以色列特拉维夫等世界创新活跃地区科技创新合作高地，打造广州面向全球的"开放式创新"示范区。

2. 打造特征鲜明、功能强大的战略发展节点

加快推动中新广州知识城、广州高新区、增城经济技术开发区、生物岛、天河智慧城、花都汽车城、国际创新城等国家、省、市重大战略平台体制机制创新，主动探索复制自贸试验区、国家自主创新示范区等经验政策，从国家和区域大战略中寻找发展新动力，突破各种发展束缚和障碍；顺应全球经贸发展新趋势，营造国际一流营商环境，进一步充实国际朋友圈，实施面向全球的引资、引技、引智计划，使其加速成长为国家级、洲际级知识、创新、信息等新枢纽。

3. 推动枢纽与枢纽、枢纽与节点高效互联互通

围绕三大枢纽、战略增长极和主要经济功能区着力构建四方八面、四通八达的综合交通体系，强化枢纽与枢纽之间、枢纽与节点之间、中心城区与外围区互联互通，促进各类"轻质量"高端要素通过机场、高铁站力争在30分钟内零换乘到达市内主要重大战略平台，以"交通响应"实现"空间响应"和"资源响应"，提升重大战略平台对人才等资源要素的集聚和吸引能力。规划建设直通三大枢纽的快速地铁、快速公交和快速公路线，通过站点、路口和线路设置，实现对不同类型人口的分流，促进商务和办公人士快速便捷在三大枢纽之间进出流动。结合"一江两岸三带"建设推动小黄金三角道路和相关交通辅助设施智能化再造，创造条件率先应用无人驾驶等新技术，凸显永立时代前沿的现代化广州城市特质。通过交通微循环改造、多式联运发展，促进共享、定制等新兴交通模式发展，进一步完善连接各个中心组团及全市其他

区域的快速便捷通道网络，加速要素流通。

（二）探索建设自由贸易港，增强国际资源链接度

贯彻落实党的十九大关于探索建设自由贸易港，实行更高水平对外开放和更深层次改革的新战略，增强对全球要素资源链接能力。

1. 以自由贸易港推动区域资源自由流动

打好粤港澳大湾区框架下粤港澳深度合作这副牌，利用自由贸易港"一线彻底放开"和"真正境内关外"的政策优势和粤港澳三地无缝连接的地缘优势做好"粤港澳三地生产要素自由流动"的大文章，更加注重依托中国广大市场内需进而推动亚太贸易再平衡，真正服务实体经济发展。未雨绸缪为广州自由贸易港争取更大设置范围和发展空间，加强与珠江水利委员会、省海洋渔业厅的沟通联系，积极争取将广州白云机场综合保税区纳入自由贸易港的申建范围，实现自由贸易港对资源的更强承载力和辐射力。

2. 以自由贸易港获取更高贸易便利度

联合相关部门共同向国家有关部委争取相关政策的先行先试，重点突破启运港出口退税、外籍船沿海捎带、国际中转业务，以及自贸试验区政策拓展到空港等相关创新政策。同时，对已具备实施条件但缺乏政策的项目，如境外汽车维修及零部件再利用、广州钻石交易中心等，争取政策尽快落地。加快推动口岸联检部门的协调联动，进一步实现"信息互换、监管互认、执法互助"。依托梅西百货、德众汽车等重点项目，联合口岸联检部门，共同探讨自由贸易港区通关流程的再造和优化，以及一体化通关信息平台的设计和实施，形成具有广州特色的自由贸易港通关和中转模式，提升对全球要素资源的集聚能力。

3. 以自由贸易港探索金融业务创新

探索建立以服务实体经济为主，与自由贸易港外风险隔离的金融环境，推动自由贸易港内金融市场进一步扩大对外开放和创新发展，逐步实现外汇自由兑换、资金进出与划转自由、外汇市场有序开放。建立与自由贸易港发展相适应的账户体

系。以国际航运、国际贸易、国际物流企业为服务对象，以飞机、船舶和大型设备国际租赁、股权投资基金和跨国公司境外金融服务为重点，发展境外融资、航运保险、国际结算等金融业务，建设人民币离岸业务在岸结算中心。在风险可控的前提下，有序推进自由贸易港金融市场向境外非居民进一步开放，吸引全球企业在港区开展投资和贸易。

（三）强化国际金融功能，拓展资源管理调配能力

对照全球金融中心指数，加快金融体系、金融设施、金融人才和金融环境建设，继续保持金融规模和金融结构等指标向好势头。依托金融的清算、支付、融通、信息提供、风险管理等功能，加速全球资源跨时间、地域和产业转移，增强对全球资源的管理和调配能力。

1. 建设具有国际影响力的金融功能和交易平台

以国际化视野升级建设广州国际金融城、花都绿色金融改革创新试验区、广州金融创新服务区、南沙国际金融岛、南沙现代金融服务区、广州中小微企业金融服务区、广州民间金融街、金融特色小镇等金融发展核心功能区，增强金融集聚能力。增强广州股权交易中心、广州金融资产交易中心、广州碳排放权交易所、广州航运交易所、广州知识产权交易所等交易平台影响力，加快申请建设创新型期货交易所，积极发展多层次资本市场，丰富金融类别，不断提升广州金融市场对全球经济资源的调控配置能力。

2. 培育具有国际影响力的金融机构

积极培育和引进金融机构总部或者区域总部，争取在银行、证券、保险、公募基金、私募基金、信托、融资租赁等金融市场主体数量和实力再上一个新台阶。加快培育一批具有龙头带动效应的法人金融机构，大力提升广州金融机构发展能级。支持金融机构和大型企业集团逐步发展成为具有重要影响力的金融控股集团。大力发展新型金融机构（组织），引进和设立金融租赁公司、财务公司、消费金融公司、融资租赁公司、商业保理公司等机构，加快金融创新步伐。依托具有国际影响力的

金融机构，推动广州发展成区域风险投资中心、创业投资中心、银行保险中心、期货交易中心、金融支付结算中心、产权交易中心、商品期货中心和金融文化资讯中心等，加快提升广州金融的国际影响力。

3. 加快构建大珠三角国际金融中心圈

积极参与构建珠三角金融改革创新综合试验区，按照"现代化、多样化、差异化、国际化"的发展方向，着力发展贸易金融、科技金融、绿色金融、文化金融、航运金融、养老金融、风头创投、互联网金融等特色金融业和新兴金融业态，携手香港和深圳共同构建媲美纽约和伦敦的大珠三角国际金融中心圈，打造全球金融第三极，增强对全球金融市场的影响能力。大力推进穗港金融合作，积极推进人民币跨境结算、跨境调拨基础设施建设。支持穗港金融机构互设，支持港资银行、驻穗分行设立异地支行，支持香港与内地证券公司在穗设立合资证券投资咨询公司，鼓励港澳保险代理公司在穗设立独资公司或合资公司。支持穗港澳金融同业加强交往与合作。依托南沙自贸区创新设立服务两地的新型金融机构，开展航运金融、离岸金融业务创新。强化穗深金融合作，推动广州、深圳金融基础设施互联互通，建立高效的一体化金融基础设施网络，加强两地金融产业分工布局与两地金融的交融性和专业互补，实现错位发展、各有所长。

（四）提高全球创新与服务位势，推动资源价值跃升

实施科技创新和高端服务驱动发展战略，推动产业分工从价值链中低端向价值链中高端转变，全面提升广州在全球创新和服务网络中的位势，从配置过程全方位推动资源创新增值。

1. 建设引领新科技革命的全球创新网络枢纽

及时跟进并导入新一轮科技革命，打造全球创新的汇聚地和策源地，从源头增强集聚创造高端资源能力和促进"流经"的资源增值能力。一是以高水平创新型大学、科研院所等为主体，通过学术会议、科技论文、专利获得、人员访学、合作研究等载体推动知识流动，打造全球知识创新枢纽。二是借鉴美国硅谷等地区发展模

式,以创业者为主体,建设国际性专业园区、孵化器等创新创业载体,引进培育高度全球化的风险投资、天使投资、私募股权投资等创新创业融资体系,前瞻布局一批可能引起现有投资、人才、技术、产业、规则"归零"的颠覆性技术研发,打造全球极具活力和吸引力的创新创业网络枢纽。三是围绕战略性新兴产业、重大科技领域,以全球跨国公司和本土大型总部企业为主体,面向全球引进高端创新人才、高端研发机构,强化国际科技创新合作,打造全球研发产业化网络枢纽。四是引导和鼓励各类市场主体到美国、德国、以色列等海外高新技术产业发达地区建立高科技孵化器,并以基金方式对其中有前景的项目进行资本投资,把相关孵化成果带回省内进行转化和产业化,形成"海外孵化＋中国资本投资＋广东产业化"的一体化模式,提升对海外创新资源的配置能力。

2. 构建链接国际资源市场的全球服务网络枢纽

顺应服务全球化、融合化发展趋势,大力发展支撑资源品牌增值、资源市场交易、资源配置管理等高端专业服务业,从末端推动资源价值提升和转化,实现资源最终优化配置。一是建设各类国际性大宗商品交易市场、金融证券交易市场、知识产权交易市场、高端人才市场等要素市场,为全球资源配置提供价格发现功能,促进全球资源在广州加速集散。二是发展创意、广告、营销、策划等国际高端专业服务业,为全球资源提供品牌塑造、营销设计等服务。三是举办更多的国际性高端展览会、发布会、行业峰会等,为全球资源宣传推介提供极具国际影响力的"广州舞台"。四是发展与国际标准高度对接融合的信息、决策、咨询、法律、会计等高端专业服务业,为全球资源配置提供决策管理功能。

(五)培育枢纽组织与企业,增强资源配置主体

构建功能强大、充满活力的枢纽型企业、枢纽型平台、枢纽型组织体系,强化资源配置的市场主体能力,提高全球资源配置的主导权。

1. 大力发展开放合作的枢纽型企业

围绕未来以"IAB"为代表的新型主导产业体系,汲取引进富士康、思科公司

等重大项目的成功经验，面向全球 500 强企业、世界知名媒体、行业领导型企业开展战略招商行动。围绕大型枢纽型企业，高标准建设国际性高端专业园区，对全球产业链上相关高端配套企业形成引力，拓展与国际配套商开放合作网络，着力构建若干集"产、学、研、商"于一体且具有国际范的产业集群枢纽，在全球范围内配置资源、开拓市场，拓展企业发展新空间。持续提高本土大企业素质，支持企业间战略合作和跨行业、跨区域兼并重组，提高规模化、集约化经营水平，形成一批枢纽型骨干企业，推动跨行业、跨区域的高效资源配置。

2. 大力发展虚实结合的枢纽型平台

顺应新经济发展趋势，重点推动"互联网 +"平台、要素市场交易平台、供应链服务平台、电子商务平台、社会资讯服务平台、社交网络平台、媒体平台、支付平台、搜索平台等实体平台和虚拟平台的发展，高效链接全球资源创造者和使用者两端，提升广州产业"组织者"角色和资源凝聚配置功能。加快促进各高端服务领域与信息技术服务、互联网服务的融合创新，充分整合各类信息资源，引进平台型企业探索开发新型商业模式，推动建立多层次、多元化的平台服务体系，增强对产业链、价值链、供应链的参与和主导能力。加快制定促进平台经济发展的总体规划及行动方案。

3. 大力发展强整合性的枢纽型组织

采取统一部署、分口负责的办法，加强与国际组织或商业机构的合作与交流，吸引部分国际组织在广州设立分部或代表处，吸引外国商协会等外国机构入驻广州；同时，利用策划举办国际活动的机会，发起设立新的国际组织，研究制定吸引国际组织及其分支机构的税收减免、准入落地、户籍管理、出入境和优先办理护照等政策措施。遵循国际惯例，重点培养一批运作基础良好和经验相对丰富的本土枢纽型非政府组织，搭建非政府组织国际交流平台，鼓励其积极参与国际事务，深度参与全球人力、物力和公共资源的整合分配。提高政府服务购买强度，给予枢纽型组织更多参与承办政府重大经济社会活动、对外交流活动等的机会，加速推动其成长。

（六）完善国际一流环境，降低资源配置成本

对标新加坡、香港等标杆城市，建立健全市场化、法治化、国际化营商环境，着力降低全球资源在广州流转、配置的成本。

1. 建立宽松的国际高端人才环境

完善海外高层次人才引进机制，缩短外籍高层次人才永久居留证申办周期。简化外籍高层次人才居留证件、人才签证和外国专家证办理程序，研究制定在穗高端国际人才收入税收优惠政策。建立国际人才引进绿色通道制度。探索建设海外人才离岸创新创业基地，开展创业项目海外预孵化。建立海外人才联络专门机构，大力推进并实施面向全球的人才招聘制度。完善外资设立人才中介机构政策，支持国际猎头公司或国际人才中介机构在自贸区设立合资或分支机构。建立学历、专业技术资格、职业资格国际互认制度。按照商品房数量一定比例配套建设人才公寓，打造与国际接轨的医疗、教育服务体系，加强海外人才集中居住的国际化社区建设。引入公共人事外包模式，制订政府购买服务政策，发展和规范各类人才服务中介组织，不断提高人才服务水平。

2. 建立严格的知识产权保护环境

引进国际知识产权先进经验和做法，加快推动中新广州知识城开展知识产权运用和保护综合改革试验，建立重点产业、重点专业市场和重点企业知识产权保护机制，争取建设国家知识产权快速维权中心，建立知识产权涉外应对和援助机制，实行最严格的知识产权保护制度，保证各类高端资源在广州的知识产权安全。完善知识产权评估定价机制、知识产权交易市场和知识产权转化机制，吸引全球资源在广州发现价值、转化价值和提升价值。

3. 建立便利的要素双向通关环境

借鉴迪拜自贸区和上海自贸区经验，依托南沙自贸区和临空经济示范区的开放优势，对标国际最高水平，进一步推动口岸监管系统智能化、信息化升级，实施更高标准的"一线放开""二线安全高效管住"的贸易监管制度，降低要素入关出境的时间成本和费用成本，促进各类国际高端要素在广州高效流转。

4. 建立国际化的资源配置环境

紧紧把握国际通行规则，推动改革创新行政管理体制、投资管理体制、贸易监管服务模式、社会信用和市场监管体系、国际商事法律服务等领域改革与创新，加快建设与国际高标准规则相对接的资源配置环境，促进各类国际资源在广州"无障碍"集聚与配置。积极参与国际投资、贸易和服务新规则的制定，强化在国际规则制定中的话语权，提升全球资源配置主导权。

第四章
增强现代产业引领功能，铸造国际大都市的内核动力

产业是城市发展的核心动力，也是支撑其他各项功能的物质基础，没有产业，城市的其他功能无从谈起。对于崛起中的国际大都市而言，要发挥在区域乃至全国的核心引擎作用，必须在现代产业体系建构和新兴产业的战略布局发展上起到引领、示范、带动作用。本章重点就广州迈向国际大都市的产业引领功能做深入研究。

第一节　世界产业发展趋势与全球城市的产业特征

一、世界产业发展趋势

当前，世界进入科技创新和商业模式更新互动耦合期，信息化和工业化深度融合的趋势加快，"互联网+"如火如荼，"新硬件时代"加速到来，智能制造蓬勃兴起，移动互联网、大数据、云计算、机器人、生物、新能源等新兴产业和新业态迅猛发展，从新的重大科学发现和学科演进、知识积累趋势看，信息、生物、新材料、新能源领域都在孕育新的重大突破，显示出广阔的发展前景。未来一个阶段，新兴技术在持续更迭演进的同时，与现有技术大量交叉融合，产生若干新应用和新

领域，产业跨界融合将是未来产业发展的主流趋势，这将为我国构建新一代产业体系提供更大的发展机遇，同时也对国内主要城市前瞻布局与建设未来引领性产业体系形成重大影响和考验。

（一）数字经济成为全球经济和产业转型发展的核心引擎

互联网时代的到来，让快速有效利用海量信息成为可能，数字经济由此产生。早在 2009 年，英国就推出了《数字英国》，伦敦借奥运会契机，提出"数字伦敦 2012"，打造全球智慧城市范本；纽约同样如此，原纽约市市长布隆伯格很早就提出"用数字管理纽约"的城市发展理念。当前，数字经济不仅是全球经济增长最快的领域，更是引领新兴产业发展和带动传统产业转型的主导性力量。智能制造和智能工艺、智慧服务、能源举措以及不受限制的通信和数据交换不仅能够让工厂和企业从中受益，还能够大幅提升城市和城市群的增长和发展前景。

（二）5G 技术成为大国博弈的焦点，对全球产业体系格局重塑产生深远影响

美国特朗普政府 2017 年 1 月正式上台执政后，在全球范围内掀起贸易战，世界主要大国和经济体纷纷卷入其中。在中美贸易谈判陷入僵局之际，特朗普政府宣布将在 5G 领域具有全球领导力的华为公司列入出口实体名单，要求美国企业不得向华为提供产品和服务，试图将华为踢出全球信息通信产业供应链，这标志着正在进入实际部署阶段的 5G 通信技术日渐成为大国博弈的焦点领域。作为战后秩序的主导者，科技创新力是美国实现全球领导力的关键要素，先进的科技实力会带来产业竞争力和国防优势。特朗普政府高度重视 5G 的发展，背后显然受到国防部、情报界等强力部门的影响，这些部门不断渲染 5G 对国家安全的重要影响和威胁，特别是中国在 5G 上领先将极大危害美国的国家安全。在这种情况下，中美贸易战成为全球贸易摩擦与冲突的集中体现，不仅深刻影响并改变了全球贸易格局，而且对全球供应链、产业链和价值链体系产生长远的冲击和影响，最终导致全球产业链体系的分化与重构。对中国而言，必须要适应在尚未做好准备的情况下跟美国进行对

抗，制定应对中美贸易战的持久战略，担当起新兴大国与贸易大国的国际责任，与主张和实施自由贸易政策的大多数贸易战受害国结成国际贸易统一战线，共同应对各种传统贸易保护主义与新兴贸易保护主义对全球贸易发展、产业结构调整与国际分工合作造成的损害和消极影响，而广州未来进一步谋划现代化产业体系势必要体现大国博弈新趋势。

（三）跨界融合成为产业转型升级的有效途径，新兴产业培育更加注重跨界创新能力和组织能力的提升

随着经济由外延式扩张向内涵式发展的转变，产业发展的动力除依靠技术创新外，也日益向产业之间的相互"借势"——互动融合、渗透增值的发展方向演变。尤其在互联网平台的支持下，相关产业之间通过资源整合、业态创新和产业链重构，逐步演化形成特色突出、优势互补的综合一体化产业链或融合新业态。当今发达国家跨国公司主动适应新科技革命的发展趋势，向不同的产业渗透，进行跨界竞争与合作，寻找新的利润增长点。在美国，微软公司利用大数据技术的平台，加强与能源公司合作，扩大其电脑软件在能源领域应用的比较优势。在法国，施耐德公司历经多次转型，至今仍保持着对时代潮流的高度敏感性，已由原先的电力电气企业转型为全球能效管理专家。在日本，许多企业正从B2C领域，逐渐向B2B领域扩展和转型。例如，松下电气从家电DNA，扩展至汽车电子、住宅能源、商务方案策划等领域。索尼公司虽然亏损，但参股奥林巴斯后，双方联合研发医疗内窥镜，已在该领域占据全球80%—90%的市场份额。日立公司的核电技术则向医疗领域渗透，核电中的阳子技术，可精准地控制距离，精准杀灭人身上的癌细胞，而不会伤害正常细胞。事实上，新技术、新产业、新业态、新模式不是独立发挥作用，而是在内容和形态方面相互渗透和融合的：一方面，体现为技术之间的融合，世界经济论坛执行主席克劳斯·施瓦布认为第四次工业革命的实质，就是人类将数字技术、能源技术和生物技术有机融合在一起，实现了新一轮重大技术突破；另一方面，表现为新技术与产业乃至产业之间的跨界融合，例如，在推动制造业服务化以及"互

联网 +""文化 +""金融 +"等行动计划中,便衍生创造出 3D 打印、云制造、全域旅游以及科技金融、文化金融、绿色金融、消费金融等大量的新业态、新模式。在这种趋势下,在具有一定的技术与产品的替代性或关联性的产业间的产业边界和交叉处发生技术融合,带来产业间产品的融合、市场融合,导致不同产业的企业间的竞争合作关系发生变化,使传统的产业边界模糊化或消失的现象,更多表现为你中有我、我中有你的融合趋势。

(四)产业生产方式从大规模批量化、标准化生产转向小批量、个性化、定制化精益生产

技术变革和产业转型是当前探讨制造业发展的基本前提,以生产为中心的经济正在逐渐向以交易、服务为中心的经济变迁。发展制造业需要以需求端个性化为导向,提供高品质深度服务,生产多品种、小批量个性化产品,促成具有把控性、创新性、及时性的服务竞争力。并且,随着市场竞争日益加剧,产品的质量成为厂家克敌制胜的法宝,而以准时生产、成组技术和全面质量管理技术构成的精益化生产技术是保证产品质量的关键。利用管理技术在空间上和时间上合理配置和利用生产要素,发挥以人为核心的整体制造系统效益。可以预见,在卓越全球城市中,精益化生产技术会越来越受到关注和重视。

(五)以技术创新为重要突破口,催生新模式、新业态、新产业迭代升级

新技术催生了新的商业模式并促进了现有经营模式的改变,如云制造模式(平台模式)、智慧生产模式,跨界生产服务模式、大规模定制模式。这些新的商业模式是技术与市场的结合,消除了技术对市场的"隔层"效应,带来了畅通的市场信息,帮助创新企业实现更多的盈利,盈利所带来的雄厚的资金能够保证技术创新投入的增加和研发的成功率,带动本土创新能力的提升,创新能力提升所带来的新产品和新技术,又能够进一步增强新商业模式在国际市场上的市场势力,如 3D 打印领域通过产品和服务创新,实现低成本、高效率的数字化服务和个性

第四章 增强现代产业引领功能，铸造国际大都市的内核动力

化制造；新型显示领域以领先的技术和装备水平，不断提升市场竞争力。各国政府纷纷出台许多关于促进技术创新的举措，如美国政府在继续推进脑计划、精准医疗、智慧城市和美国制造等重大科技战略计划的同时，还在无人机技术、5G技术、人工智能、无人驾驶等多个新兴技术领域制定了详细的政策，而德国政府在2018年发布的"高技术战略"基础上，又推出了"新高技术战略"。当前，机器人、M2M（machine to machine，机器对机器）、3D打印、物联网、云计算、储能技术、高温超导材料、有机发光二极管、可穿戴设备等新技术，已成为目前推动新经济发展的主要动力，未来一国或城市谋划与构建引领型产业体系，势必也要适应这种趋势的发展。

（六）新技术与服务业有机融合，产生新生产与消费方式并开拓新领域

新技术与服务业的融合主要体现在两方面。一方面，新技术提升了服务水平和服务效率。另一方面，新技术改变了服务方式。金融科技就是新技术与服务业融合的典型。美国的传统金融体系非常健全，也非常有意愿获取新技术来改善原有金融系统存在的问题，因此通过金融服务与科技的融合，催生出了"金融科技"。金融科技已经显著地改变了美国金融服务业的运作方式，该领域的初创企业也迅速成长，Square、Lending Club 和 On Deck Capital 等多家金融科技领域的独角兽企业均已成功上市。上海以新一代网络技术为平台，大力发展互联网金融、移动互联网和平台经济。互联网金融将互联网服务和金融服务结合在一起，形成许多新颖的服务类型，主要包括传统金融机构的互联网形态、移动支付和第三方支付、互联网货币、众筹融资等。另外，目前蓬勃发展的车联网、网络视听、互联网教育也是"互联网+传统服务业"新业态的代表。在这些新兴的服务领域中，通过互联网或者其他技术手段，消费者可以积极参与产品设计和工艺改进过程，或者迅速将需求信息反馈到生产商那里，呈现出以消费者需求为导向的发展特征，这就需要深刻把握消费升级的新趋势与新势态，而这些具有较大发展潜力的新领域，也将会是未来构建引领型全球城市产业体系所应重点关注与考虑的重要依据。

（七）新模式与制造业深度融合，推动价值链边界不断向外衍生

随着服务业分工的深化与服务创新，一方面，服务业的领域不断拓宽，另一方面，服务业与制造业之间的界线日趋模糊，服务技术和新兴服务模式在制造领域的应用，极大地提升了制造业服务化水平，提高了产业链从投入到产出的效率，并进一步丰富了其价值链向外衍生的范围，从而推动服务型制造业的快速发展。在制造服务化程度最高的美国，制造与服务融合型企业占制造企业总数的58%，通用电气"技术+管理+服务"模式创造的产值已经占到企业总产值的2/3以上。上海的M2M产业也是服务业和制造业融合提升价值的一个经典例子。M2M指机器对机器的通信技术，是物联网连接物体重要的组成部分。上海的M2M发展中就包括服务类M2M企业，例如远程医疗业务就可以帮助医生异地对患者进行诊断。随着经济全球化发展、制造技术日益进步和客户需求标准不断提高，先进制造业产业链的高附加值分布出现不断向产业链上下游两端转移的变化，由生产制造环节向技术开发、工程成套、维修及再制造服务等环节的转移，制造业服务化、服务业制造化成为产业能级跃升的显著标志，而积极顺应这一客观规律、促进先进制造业和现代服务业融合发展的行业细分领域，将是未来建构全球城市产业体系的重要支撑。

（八）产业载体趋向网络化、开放式和功能复合化，产业园区模式不断迭代升级，价值创新园区悄然兴起

与传统单一、孤立、封闭的产业园区不同，新型产业载体或园区日益突出知识共享、创新互动的特征，在内部突破相互间的交流壁垒，在外部组成广泛的多层面网络联结，创新活动能够在开放环境和多维网络中互动展开，通过社区、协会、非正式交流平台等网络实现有效链接，逐渐成为企业、大学、投资者、专家、政府机构等共同合作的知识生态系统。典型的如荷兰的埃因霍温高科技园区以"开放式创新"和"创造交流的空间"的特点闻名于世，园区设计者将公共服务设施都集中到"交流街"上，在建筑物内部创造了很多交流和碰面的空间，促使园区内的科技人员、企业家形成一个交流活跃的网络而激发创意，借助园区内IBM、英特尔、ABB、

第四章　增强现代产业引领功能，铸造国际大都市的内核动力

飞利浦等高科技企业遍布全球的创新研发网络，形成一个网络化、开放式的创新生态系统。此外，新型产业园区或功能区在规划设计上有别于传统的将城市空间划分为工业园区、商务区、商业区、公共服务区的分类规划思路，而日益侧重在某一区域内叠加商务办公、商业贸易、娱乐餐饮、生活居住等多重功能的融合，呈现出"你中有我、我中有你"的功能复合型特征，从而实现园区与周边区域的价值互溢。

在国内，最能体现上述趋势变化的产业载体就是近期兴起的"价值创新园区"。

所谓价值创新园区（Value Park），是国内近期在推动新一轮招商引资和产业园区转型升级背景下提出来的一个新概念。如何理解和把握这一概念的内涵与特质？我们需要从历史的维度加以阐释。

首先，价值创新园区是产业园区迭代升级的最新版。改革开放以来，我国的产业园区发展大体上经历了三代：第一代是20世纪80年代中后期经政府专门规划管理、依托优质政务环境与优惠政策支撑、以发展出口加工及外向型经济为主的经济技术开发区或大型工业园。第二代是20世纪90年代以来依托高校和科研院所集聚地为基地，以促进高新技术成果转化为目标，通过营造有利于创新创业的局部环境而逐步兴起的各类科技园区或高新区。第三代是进入21世纪以来国内顺应产业转型升级而逐步规划兴起的各类服务型园区（如CBD、创意产业园等），以及吸取过去经开区、工业园区生活及公共服务不足而多沦为"鬼城"的教训，逐步规划出的一些产城融合式经济功能区，如中新知识城、黄埔临港经济区等。应该说，以上三代产业园区总体上属于传统型产业园区，是与中国当时参与国际产业分工位势及作为"世界工厂"的地位相适应的。然而，近年来，随着我国在全球产业链价值链中的位势提升及互联网时代产业组织模式的变化，传统型产业园区已不能适应新一代产业培育发展的要求，在这种背景下，价值创新园区应运而生。因此，我们这里所提的价值创新园区，可称之为第四代产业园区或产业园区4.0版。

其次，价值创新园区是充分吸取传统型园区功能与运营管理缺陷而创建的。比如，过去的经开区或工业园区，虽经政府规划管理而具有较高的准入标准，但其主导产业不够突出、聚焦，生活和公共服务配套不足，最重要的是因缺乏龙头带动，

园内各企业之间未能形成有机的产业关联与协作，即未形成产业链，使其价值创造难以最大化。至于在大都市周边自发形成的专业镇，虽然其产业高度聚焦或专业化，产业链相对完整，但其产业档次及附加值明显偏低，宜居环境和公共服务配套也差强人意。而对于科技园区，其产业档次较高，但也有两个问题，一是产业大多不聚焦，如广州民营科技园、科学城、中新知识城等都宣称拥有四个以上的主导产业；二是产业链条短，主要限于创新链，未形成充分的四链（创新链、产业链、资金链、供应链）融合，创新价值外溢少；且主要限于技术创新，对业态创新、商业模式创新乃至管理创新关注不多。产城融合型园区虽部分地弥补了生活、公共服务配套之不足，但产业档次偏低、主导产业不聚焦且易出现房地产倾向。而价值创新园区正是在吸取了传统园区功能缺陷基础上提出来的，它是以价值创造为导向，以战略新兴产业为主导，以龙头企业为引擎，带动、吸引产业链上下游高关联企业、服务机构等聚集，构建形成具有完整的产业耦合关系、创新生态系统、生活服务系统的新型产业园区。

最后，价值创新园区一般具有六大显著特征：

一是高端引领。就是紧跟世界第四次工业革命趋势，重点引进培育人工智能、生物医药、新一代信息技术、新能源、新材料等战略性高端产业，并围绕高端产业吸聚资本、技术、管理、人才、信息等高端要素，致力于迈向全球产业链价值链高端。

二是龙头带动。就是园区主要由一个资源配置能力强、技术研发实力强、行业影响力大的世界知名领军企业来主导规划、建设以及后续的招商，并且主要围绕某一个战略性主导产业进行全球资源配置与协作配套，通过产业链补位、延长、做粗、增高，构建相对完整高效的产业链。

三是价值创新。这是价值创新园区的核心内涵。价值创新虽源于微观的企业现代营销理论，但这同样适用于中观的产业园区发展。这里的"价值创新"主要体现在四个方面：第一，与普通工业园区局限于"微笑曲线"中段相比，价值创新园区拥有更强的研发设计和总部经济功能，从而能创造更大价值；第二，价值创新园区一般具有更长的产业链，且与创新链、供应链深度融合，形成紧密高效的产业协同，从而获得更大的全产业链价值；第三，价值创新园区不限于产品或技术创新，还包括在人才、文化、服务、营销、品牌、管理等多方面的创新，因而能够带来更大的衍生价值；第四，价值创新园区具有更齐全的配套服务体系和更优的宜居环境，由此带动周边区域的协同发展，形成更多社会资本，从而带来园区的价值外溢。

四是全链集成。园区不仅围绕主导产业形成一条完整的产业链，而且围绕主导产业链部署、植入了相对完整的创新链（创客空间—孵化器—加速器等）、多类型构成的资金链（产业基金、天使资金、创投资金等）以及专业化、多品种、品牌化的服务链（技术交易、人才租赁、中介服务等）。

五是智能管理。充分运用互联网、大数据、云计算、人工智能等现代技术手段打造形成"智慧园区"，通过信息基础设施与生产设施、技术设施、基础设施的融合，实现园区生产、运营、管理的精细化、智能化。

六是三生融合。就是生产生活生态高度融为一体，园区在功能布局上充分叠加工业生产、科技研发、商业服务、金融服务、信息咨询、文化教育、医疗健康、娱乐休闲等多元功能，并充分植入多样化生态要素，实现绿色低碳生产方式和生活方式，实现职住平衡和产学研城融合一体化。

二、当今国际大都市产业发展经验、特征及启示

20世纪中期，国际大都市对城市功能进行疏解，但也带来了经济衰退、产业萧条空洞化等诸多内城问题。为此，发达国家开始推行"产业再造"策略，盘活、挖掘与整合存量资源，功能再造和产业转型升级成为着力点。由于资源禀赋、制度文化等方面的差异，产业转型呈现多样形态，如能源危机和环保压力下，创新创意成为产业振兴的新动力；城市土地及空间资源的限制，倒逼资金技术密集型产业发展；文化、艺术、科技多元素融合，培育出产业发展新动能和新业态；产业绿色低

碳化、数字化、智能化；等等。

（一）纽约：高强度开发、高度市场化及功能复合化

20世纪80年代以来，为解决城市的人口流失、经济衰败，纽约市政府实施旧城复兴，改善老城区基础设施、发展多样化住宅，除推出房地产税、商业房租税及电费方面的减免优惠外，还由政府组织发起城区业主与商业区联盟形成公私合作伙伴，通过对旧管道的改造利用，改善光纤线路实现高速数据传送等，为科技创新型企业发展营造良好环境。随着创新型企业集聚，城市产业得以复兴，硅巷也由此崛起，成为继硅谷之后的第二大互联网与信息技术中心。

（二）伦敦：加密、竖向紧凑型发展战略

伦敦市政当局在近几次城市规划中均将目光聚焦于伦敦中心区，提出把中心区建设成加密、竖向紧凑型区域的发展战略。过去几十年的发展中未能获益的中心区，尤其是靠近老金融城有着良好区位优势的东伦敦肖迪奇地区，借政府打造东伦敦科技城的东风迅速崛起，而核心区"硅环岛"更是发展成世界"潮科技"中心。借助互联网及信息技术，发展文化创意产业，吸引中小微企业形成新兴产业集群，促进公共艺术的蓬勃发展和文化市场繁荣，打造并推广本土文化产业和文化品牌，不仅塑造了识别性鲜明的城市文化特质，而且形成了强大的国际文化竞争力。

（三）巴黎：历史文化遗产与现代要素的碰撞

厚重的历史既给巴黎留下丰富的历史文化积淀，也对其城市空间和产业发展提出了挑战。20世纪60年代，巴黎通过对拉德方斯等新城和卫星城的开发，对城市人口和功能进行疏解。政府推行旧城局部改造，既要保护巴黎的历史文化遗迹，又要塑造充满活力的街区。通过将巴黎塞纳河岸Place Mazas滨水空间改造成文化活动聚集的新节点和风向标，利用老城区的建筑空间发展健身休闲运动产业，打造现代

化街区，在老旧工业空间的基础上发展商业办公空间等途径，使城市在既保持老城区中世纪历史风貌的基础上，又能够与新建筑协调共存，在传承城市历史文脉的同时也塑造了富有魅力的现代城市。

（四）东京：产业空间分布的圈层结构

为适应商业发展，东京20世纪中期产业发展采用了中心区与次中心区的层次并进模式，在这种模式下，改善居住环境、提高生活质量成为城市产业政策的指导思想，加上土地稀缺，以低能耗、低污染、占地少的产业，诸如金融、出版印刷、商贸，在城市聚集发展起来，而钢铁、电气、机械制造业等就逐步由中心区向内环和外环转移。21世纪以来，中心区以批发零售业与服务业为主导产业，产业空间分布呈现出较明显的圈层结构和区域落差，出版印刷及其相关产业在中心区制造业中占据很大比例。

（五）国际大都市产业转型发展的若干启示

观察国际大都市的成长之路，全球城市产业发展经历了三个阶段：服务业化，即从制造业向服务业主导转型；服务高端化，即从传统服务业向现代服务业主导转型；创新创意化，即从投资驱动向知识驱动、创新创意驱动转型。全球城市空间和产业布局从发散走向聚敛，产业结构从单一到多元，产业发展演变从重耗重污到绿色环保，产业属性从满足生活需要到提升生活品质和幸福感。应积极借鉴国际大都市"产业再造"的经验，注意避免疏解后城市的空心和产业衰退，抓住转型时机增强综合实力与核心竞争力，强化在全球城市体系中的地位。主要启示如下：

第一，改旧育新，盘活整合：改造提升传统产业。一是促进创新转型：提升城市产业附加值。技术、产品、管理、服务创新等都可能引起产业更新迭代。打造新兴产业集群是诸如纽约、伦敦等国际大都市提升城市产业附加值的普遍路径。创新型生产要素与传统产业的结合，有利于加速城市产业新陈代谢，带动经济结构整体的转型升级。传统产业为前沿性、领先性技术提供新的应用领域，通过将新材料、新技术、新服务应用到传统产业中，不仅能够提高生产效率，向社会提供高附加值、高层次的产品与服务，而且实现了对现有资源的高效盘活与利用，聚集更多创新创意资源，促使资本驱动向创新驱动转型。二是借力共性技术：推动城市产业智能化。智能制造与智能服务基于工业物联以及对大数据分析，掌控从消费需求、生产制造至产品服务的全过程，通过对生产端与消费端实现高效和精细化生产管理，进而促进制造业的智能蜕变。上海传统制造业智能化改造方面发展较快，在工业机器人、绿色能源等产业具备一定优势；德国鲁尔工业区开发利用智能技术系统并营造生产智能环境，以智能生产带动智能工厂的发展，促进资源集成，并在此基础上通过创新技术发展新兴产业，成为支撑"德国制造"崛起的坚实力量。

第二，综合竞争，软性较量：活化历史文化资源。一是提升综合实力：应对全球化竞争。国际大都市突破单单以金融、商务为主导的功能格局，向商务金融服务、创新创意、文化旅游等绿色、低碳型多元产业协调共进转变。例如，伦敦提出了"中央活动区"概念，不仅发展原先的金融和商务功能，更注重旅游、文化、休闲业等的发展；而汉堡对港口中心区的改造更是将产业区和生活区融为一体，将港口内城打造成一个集教育、旅游、休闲、商业于一体的现代新型城区。二是打造文化磁极：释放文创活力。深厚的历史肌理和文脉是对抗城市同质化竞争的软性资源，历史文化的共识特性蕴含了极高的潜在商业价值，通过对文化符号、文化素材、文化片段等的活化和再现，能够为区域复兴抢占先机。通过合理的商业植入，推动人文景观与商业建设的有机整合，营造城市的文化精神和调性，进而激活老旧城区的文化商业活力。文化艺术之都巴黎实行旧城区微改造策略，注重保护城市传统历史风貌完整性的同时，利用创新创意把历史文化与现代元素有机整合。波士顿则打造了一条串联16处历史文化遗迹的"自由之路"，每年吸引约400万游客，带动了周边服务业的发展。

第三，突出优势，特色竞争：培育优势产业与产业优势。一是强化区域优势：产业集聚效应。在城市产业格局的调整中，优势产业对要素和资源的凝聚力往往大

第四章　增强现代产业引领功能，铸造国际大都市的内核动力

于非优势产业。芝加哥通过实施与纽约错位发展的战略，大力发展期货和会展两个优势产业，跃身成为全球最大金融衍生品交易中心。再如东京中心区千代田区、中央区和港区很早就已经形成了以出版印刷为主的产业集群格局，在区位优势作用下，使得出版印刷及相关产业在中心区域高度聚集。靠近中心区的城东和城南也吸引了很多小企业的入驻。二是布局特色产业：因地制宜发展。纽约曼哈顿西南部苏荷（SoHo）区通过把艺术与商业融合，营造了对现代艺术包容的街区艺术氛围，使得苏荷区由后工业时代被废弃的破旧工厂区，转变为以独特艺术风格与时尚著称，集居住、商业和艺术于一体的世界级艺术和旅游胜地。上海市杨浦区的"环同济知识经济圈"基于杨浦百年的工业产业体系和教育资源，实现了科技园区与大学校区及公共社区的"三区联动"，这种空间与土地功能混合型的组合布局极大提升了杨浦区对创新型企业的吸引力。

第四，精准定位，系统扶持：厘清政府与市场关系。一是瞄准市场动向：量体裁衣保障企业发展。全球城市产业发展关联要素复杂，政府引导需要顺应市场发展动向，满足产业发展需求。如东伦敦老街在 2008 年时以低廉租金与便利交通就已经吸引了几十家科技公司，但基础设施不足，产业发展先天不足，伦敦政府为推进老街科技转型打造"技术之都"，推出 Tech City 方案，着力改善老街地区的营商环境：一方面大力完善基础设施建设，另一方面为鼓励创业和社会对中小型企业的投资，又出台多项税收减免政策，如种子企业投资计划（SEIS）、企业投资计划（EIS），这一点与纽约打造硅巷的做法异曲同工。二是联动多方资源：协力提升产业吸引力。在城市复兴和产业结构转型过程中，单方面依靠市场是很难实现的，而政府引导和决策往往起到很关键的带动作用。日本京都市政府组织成立地区价值联盟，这种以街区业主为主要服务对象，金融机构与专家和政府部门参与的组织体系，通过增强城区价值危机感共识，联合商业区各主体间在客户、业务、信息传送等方面的协调合作，打造提升地域价值的环境氛围。

第五，破除障碍，培育动能：发展新业态、新模式。一是突破产业边界：推动制造业与服务业融合发展。国际大都市在开发中注重从以生产为主向以服务为主转

枢纽之城：广州迈向全球城市的功能转型与蝶变

型，制造业与服务业的产业边界逐渐模糊，以研发设计、信息服务、物流运输、金融商务等为主的生产性服务业与制造业的融合、互动日益密切。如柏林对中心区的再开发就注重促进公共服务配套设施与经济发展的协调，发展综合多元化的服务型经济。而在服务业高端化阶段，国际大都市的产业发展又呈现出服务外包化趋势，这也是新一轮全球产业结构调整的表现。二是汇聚创新要素：培育创新街区。以高科技产业集聚形成的创新街区，成为国际大都市新的经济增长点，纽约硅巷和伦敦东城区硅环岛、波士顿创新区以及剑桥肯德尔广场等是典型案例。与城市郊区或远郊相比，中心区在基础设施、生活环境、创新人才及风险资本等方面有良好的城市资源积淀，能够为创新型企业提供更为完善的硬环境与软环境，成为中心区复兴的机遇区。政府减税等系列优惠政策与实施改善中心区营商环境的城市更新项目的组合拳，则进一步降低了创新型企业的综合成本，增强了中心区对创新型企业特别是初创企业的吸引力。

第六，空间整合，功能置换：提升城市空间生产力。一是挖掘空间价值：柔性调整城市空间功能。在产业动态发展过程中，城市空间功能势必应随之调整。公共艺术对城市更新及商业的介入和渗透，带动空间艺术产业的发展，实现用美学价值引领商业价值，已成为增强老城区活力、激发老城区复兴的触媒和潮流。迈阿密的艺术产业繁盛区温尼伍德就是挖掘城市空间艺术功能与价值的典型代表，街头涂鸦艺术激发了温尼伍德区域的复兴之路，浓厚的艺术创作氛围吸引了全球众多艺术家和艺术机构入驻，进而带动各类博物馆、画廊、艺术收藏和会展产业发展。二是激活商业密码：打造创新创业新平台。城市地理位置优越，存在一些闲置或没有被充分利用的场地空间，如废弃工业用房，这为创新提供了最佳试验场。如旧金山市场街南区（SoMa）闲置的大量旧工业厂房及仓库，租金廉价，空间可塑性强，吸引了诸如Twitter、Zynga、Instagram等热门创新创业公司，激活了经济；纽约布鲁克林科技三角区以将室内的科技创新体现在城市公共空间上的共享理念，对工业时代的仓库厂房、街区间的旧货栈、公共绿地等进行创意改造、打造共享空间，吸引众多轻工业和新型企业，成为纽约科创产业增长最为迅速的片区。

第四章 增强现代产业引领功能，铸造国际大都市的内核动力

第七，以人为本，消费拉动：回归宜居城区和文化中心。一是转变功能定位：提升发展软环境。软环境作为影响城市吸引力与竞争力的主导性因素，决定了城市集聚和活跃人才、技术与资本资源的能力。在原以生产为主，回归宜居和文化中心的国际大都市中，新加坡具有一定的典型性，其经济转型是在政府主导下，由外资推动实现的，20世纪90年代末受亚洲金融危机的影响，政府转变了以劳动力和资本维持经济发展和竞争力的传统策略，在发展先进制造业的同时，重点发展高端现代化服务业。进入21世纪以来，推出"文艺复兴城市"系列计划，大力发展文化创意产业，推动新加坡多元文化要素的融合，打造充满创新创意的文化中心区域，提升了城市魅力和宜居性。二是引导消费方向：形成产业发展新引擎。科技创新带来的新奇与便利，已成为刺激体验性消费、个性化消费的新热点，如曾作为海运贸易功能的克拉码头，是新加坡城市发展的重要历史街区，通过运用现代彩光照明技术，把克拉码头打造成新加坡著名的饮食及娱乐生活景点；同样以视听之娱引导文化消费的还有新加坡滨海湾金沙水幕幻影秀，通过多媒体技术和影像创意塑造有视觉冲击的水体景观。

第八，区域合作，一体规划：中心城市与周边区域联动发展。一是延伸产业触角：带动区域功能重组。中心城市产业拓展和布局变化，都会引起城市区域内或区域之间功能整合与重组。在功能拓展方面，强势产业形态往往通过整合弱势产业来延伸产业链，伦敦东区科技城在成长初期就已经聚集了大批高科技企业和创意公司，其发展势头好，产业链延伸需求强，而伦敦伊丽莎白女王奥林匹克公园在2012年奥运会结束后就成为东伦敦科技城规划的一部分，由原来城市休闲、艺术的绿地空间转变为科技创新中心的一部分。而在产业布局变化方面，新兴产业由于对空间和土地的发展需求，则会覆盖衰败落后产业，20世纪末西雅图市政府联合企业推进南湖区产业布局的转变，把以仓储为主要功能的南湖区打造成为创新型企业创业基地。二是中心外围协作：实现功能互补。城市作为一个有机整体，在强化核心竞争力的时候，也应着力辐射带动作用以及与周边城区的分工协作。芝加哥十分重视对产业和空间布局的层次性与协作性，即中心区侧重于发展金融、科技、文化与服务

枢纽之城：广州迈向全球城市的功能转型与蝶变

管理等方面；而郊区则形成区域的次中心，提升区域在物流、公共交通与生态保护等方面的服务。进入 21 世纪后，芝加哥致力打造全球城市，以协作、多样化、可持续理念推进中心区与社区复合式开发。

第九，多元均衡，优化配置：化解系统性风险。一是构建多元产业：注重产业均衡多样。城市的产业如果长期倚重个别企业或行业，忽视新兴产业培育，经济发展就容易陷入困境，"世界汽车工业之都"底特律的衰落就是先例。在第二次技术革命中，匹兹堡凭借煤炭、钢铁等重工业的发展而快速崛起，后由于经济结构过于单一，环境污染严重等问题导致城市日益衰败。通过在 20 世纪 40 年代至 80 年代的两次复兴，匹兹堡改变了资源依赖型单一经济结构，建立起商务会展、文化创意、教育科研、高新技术等多元化产业体系，成为美国中北部创新经济。二是优化资源配置：实现合理高效运行。合理配置资源和要素，充分发挥资源禀赋优势，实现区域资源及要素在生产和服务中的集约高效化，是增强城市综合承载和辐射带动作用的必然要求。但区域资源、资本的过度集中，反而因为独木难支和过犹不及产生负面效应。香港对房地产经济的过分倚重，导致投资和投机资本过度集中，扭曲市场资源合理配置，抑制城市其他领域的发展。近几十年来，首尔也面临着资源过度集聚、区域发展失衡的问题，政府着手在工业、住房等方面对城市功能进行疏解，并计划将中央政府机构搬离首尔，以推进均衡发展。

第十，硬化内核，防止空心：促进产业构造多层化、多元化。国际金融危机的巨大冲击，使众多位处全球城市体系顶端而经济高度服务化、金融化的城市深刻认识到：产业"空心化"不可取。由此，许多底蕴深厚的国际大都市显著强化了其全球科技创新和新兴产业引领发展的功能，其中部分城市甚至在战略上提出了"制造业回归"，以此促进城市经济多元化。典型的如伦敦，2004 年伦敦正式启动了建设科学城战略，英国三所顶级大学在伦敦市中心共同建设生物科技园，目前已取得重大发展。2011 年，纽约宣称其战略目标之一是成为"全球科技创新的领袖"，打造"21 世纪城市创新集群"，并开始在曼哈顿以东地区创建一个可与硅谷相抗衡的科技园区。此外，巴黎也提出了建设全球科技创新中心，东京更被公认为是世界头号高科技城市。香港在经历了1997年亚洲金融危机和2008年全球金融海啸冲击之后,其原有经济发展模式和产业空心化问题充分暴露,第三次产业结构转型不可避免。根据香港的资源禀赋和比较优势,其第三次产业结构转型的战略方向,是迈向全球性金融中心,金融业及其相关专业服务业仍成为其发展的领头产业,同时,巩固和提升其作为国际贸易及物流中心、国际文化旅游中心、国际创新中心的战略地位,构建"1+3"产业体系,从而继续保持和提升其在国际经济中的竞争力(冯邦彦,2015)。

第二节 广州产业发展阶段与现状分析

一、发展阶段

改革开放以来,广州的产业发展及其结构升级先后经历了五个阶段,实施了四次重大战略性布局调整,实现了历史性腾飞。

(一)第一阶段:1978—1985年,商贸搞活阶段

得益于毗邻港澳的地缘优势,广州以"敢为天下先"的勇气,率先对计划经济体制进行探索性改革,其中至为关键的一招是以流通体制和价格改革为突破口,积极兴办各类商品市场,着力改善流通环境,大力扶持私人企业和个体工商户发展,使商贸流通业得到了加快复苏,并进而激活经济全局,使得广州经济在20世纪80年代率先崛起,综合实力及城市地位迅速上升,并在全国兴起了改革开放的首波发展高潮。

(二)第二阶段:1986—2000年,轻纺工业主导发展阶段

在商贸流通渠道初步搞活之后,广州认识到"无工不富"的经济规律,并看到当时国内民生产品普遍短缺的现实,于是,顺应产业及市场发展趋势,充分利用国

内大多数轻纺消费品尚供不应求的市场契机,开始实施第一次产业战略性布局,通过大力引进外资、推动国企转型等措施,重点培育和引导以食品、饮料、纺织、玩具、家电等轻纺工业为代表的支柱产业群发展,造就了一大批享誉全国的轻工产品,使"珠江水""岭南服""广东粮""粤家电"享誉全国。

(三)第三阶段：2001—2008年,重化工业主导发展阶段

"九五"末期,随着以彩电、冰箱、空调为代表的一批家电工业逐步衰落,广州开始着手进行重化工业的战略性布局。亚洲金融危机后的几年,广州重化工业的先期探索为后期的发展在经验、体制和策略上奠定了良好的基础。进入21世纪之后,广州以国企改革改制为突破口,推动了国有企业战略性改组,基本实现国企三年扭亏脱困目标,成功解决了广州标志汽车和乙烯工程等困扰广州工业多年的问题,同时,大力强化在汽车、石化等领域的重大布局,加速推进工业重型化,由此以汽车、石化、钢铁、船舶、重大装备为主要内容的重化工业得到长足进步,重化工业也大大超过轻纺工业,并正式确立了汽车制造业、石油化工等重化工业支柱地位,其轻重工业产值比重由1995年的58∶42逐步调整为2008年的37∶63,整个城市经济形成了以重化工业为主导的发展格局,并以重化工业为主动力带动全市经济进入历史上最好的"黄金发展期"。

(四)第四阶段：2009—2015年,现代服务业优先发展阶段

2008年,国际金融危机的爆发对广州汽车、石化等重化工业产生了重大冲击,受金融危机影响,2008—2010年三大工业支柱产业投资规模明显下降。在这种背景下,广州又将眼光瞄准了新的经济增长点——现代服务业,由此广州开始有计划、有组织地对全市经济进行第三次产业布局,金融、房地产、信息、文创、现代物流、服务外包等现代服务业迎来了发展的"春天",使广州率先进入"服务经济"发展阶段和轨道,并成为全国第三产业比重仅次于首都北京的服务经济主导发展的特大城市。

（五）第五阶段：2016 年至今，高科技制造业主导发展阶段

2014 年之后，随着中国经济进入新常态，尤其是世界进入百年未有之大变局和发达国家开始加大对我国技术封锁的力度。在这样的背景下，广州开启新一轮产业战略规划，以"IAB+NEM"为标志，开始实施第四次产业重大布局，先后推出《广州市加快 IAB 产业发展五年行动计划（2018—2022 年）》等重磅发展计划，大力培育发展以新一代信息技术、人工智能、生物医药等为代表的高科技制造业，重振"广州制造"雄风，避免陷入香港那样的"空心化"陷阱。由此，广州开始转入高科技制造业为主导的新发展、新阶段。

总体上看，广州改革开放 40 多年来的产业演进大致遵循了世界产业结构演进的一般规律，即由轻工业转向重工业，由工业转向服务业以及由工业经济迈向新经济的演化趋势。同时，我们也清楚地看到，广州产业结构演化过程出现了某些偏差甚至失误，如重化工业持续时间太短，过早突出以服务业为主导的发展战略，未顺利完成产业升级以形成新的支柱产业，这些问题值得我们高度关注和反思。

二、现状基础

改革开放以来，广州产业发展经历了由轻纺工业主导到重化工业主导，再转向现代服务业、高科技制造业"双轮驱动"的发展历程。进入 21 世纪以来，广州经济迎来了历史少有的"黄金发展期"，重化工业高速崛起，汽车、石化、电子信息三大支柱产业初步成型并不断壮大，现代物流、金融、信息、会展、文化创意、旅游等现代服务业协同发展，一批国家级新兴产业基地（如软件产业、电子信息、生物产业、网游动漫等）挂牌运作。"十三五"之后，战略性新兴产业迎来发展"窗口期"，IAB、NEM（新能源、新材料）成为广州新一代产业标志，同时新经济、新业态、新模式不断涌现，跨境电商、直播带货、共享经济、新能源汽车引领全国，产业总体竞争力不断增强。经过 40 多年的改革发展，广州产业体系实现了历史性腾飞，三次产业结构由 1978 年的 12：59：29 演变为 2018 年的 1：27：72，第三产

枢纽之城：广州迈向全球城市的功能转型与蝶变

业比重超过了70%，初步达到了当今发达经济体的水平。

一是工业结构升级明显，形成三大工业支柱和五大千亿级产业集群。"十五"以来，随着中国加入WTO和全球产业大转移，广州工业高级化趋势明显，重化工业、高新技术产业比重持续上升，工业重型化快速推进，轻重工业产值比重由1995年的58：42调整为2018年的27：73，高新技术产品产值已占规模以上工业总产值的近"半壁江山"。与此同时，纺织、玩具、鞋业等劳动密集型产业转移和企业外迁趋势初显，其存量资源逐步向研发、设计、文化创意产业转型；依托现代工业基地的推动，一些工业园区逐步向工业—服务一体化园区转型，衍生发展出一批生产性服务业。到2019年，广州工业总产值21366亿元，工业增加值5722.9亿元，均居全国主要城市前列。先进制造业增加值为2466.38亿元，占规模以上工业增加值比重从2015年的52.8%提高到2019年的57.03%。三大支柱产业地位持续稳固，合计产值占工业总产值比重高达51.4%，全市逐步形成了汽车、新一代信息技术、生物医药与健康、新材料、重大装备制造等五大千亿级产业集群，其中汽车制造业在全市工业总产值中的占比超三分之一，成为全国名副其实的"汽车城"。

二是服务经济较为发达，产业质量与辐射能级实现历史飞跃。作为"千年商都"，广州在服务经济方面体现出明显的比较优势，2020年，全市服务业增加值18141亿元，居全国主要城市第三位，人均服务产品占有量高居国内大城市第二位，发展形成了批发零售、房地产、金融、信息服务、交通运输等增加值超千亿元产业集群，成为国内仅次于北京的服务业发达城市。其中，传统发达的商贸业实力雄厚，形成了以天河路商圈为代表的十大购物商圈，构建了"12345+10"外贸战略发展平台体系，优化建成了700多个专业市场以及塑料、钢材、粮食、煤炭、石化、木材六大大宗商品电子交易中心，打造了广交会、广博会、留交会、金交会、美博会等一批知名专业会展品牌，设立了以广东塑料、江南果蔬、鱼珠木材、黄沙水产等代表的商品价格指数体系，展现了国际商贸中心城市的风采、实力和全球辐射力。与此同时，现代服务业快速发展，2020年现代服务业占服务业比重达65%，以金融、信息、专业、科技服务为代表的知识密集型服务业呈领先发展态势，网络约

第四章　增强现代产业引领功能，铸造国际大都市的内核动力

车、远程教育、在线医疗、电子商务、物流快递等新业态、新模式高速崛起，深刻改变了"广州服务"的内涵。主体能级大幅跃升，截至 2020 年全市拥有规上服务业企业 10656 家，中国服务业企业 500 强 45 家。全球辐射力显著增强，广州港港口货物、集装箱吞吐量上升至全球第四、第五位。一批重大服务业产业载体成为全国标杆，北京路文化核心区命名为国家级文化产业示范园区，天河中央商务区入选国家数字服务出口基地。一大批功能性平台加速成长，广州碳排放权交易中心累计成交量突破亿吨大关，稳居全国首位，广州期货交易所、上交所南方中心、中证报价南方中心、广东股权交易中心相继落户。

三是高新产业态势良好，战略性新兴产业实现跨越式发展。近年来，广州高新技术产业始终保持高速发展势头，在全国经济发展进入新常态的背景下，广州高新技术产业年均增长率仍保持在双位数的增长区间，天河软件园、国际生物岛、广州科学城、民营科技园等"一区多园"发展格局进一步巩固扩大，到 2020 年，广州规模以上高新技术产品产值接近 10000 亿元，占规模以上工业总产值比重达 50%，达到了历史新高。其中，战略性新兴产业实现前瞻布局和跨越发展，2016 年，广州专门出台关于战略性新兴产业发展"十三五"规划，明确重点发展新一代信息技术、生物医药与健康、新材料与高端装备、新能源（汽车）与节能环保、时尚创意等 5 个千亿级产业，并为此分别成立了总规模均达 100 亿元的生物医药、人工智能、轨道交通等产业发展基金。到 2020 年，广州战略性新兴产业（新口径）实现增加值达 6757 亿元，占全市地区生产总值比重达 27%，其中新一代信息技术、生物医药与健康、节能与新能源、智能装备制造、新材料与精细化工、文化创意与设计等产业分别实现增加值 988 亿元、1377 亿元、586 亿元、437 亿元、412 亿元、2149 亿元。"十四五"期间，广州在总体规划中明确把发展壮大战略性新兴产业作为经济工作的"首要工程"，在原有八大产业基础上，计划分三大板块：（1）进一步将新一代信息技术、智能与新能源汽车、生物医药与健康三大产业打造成为新一代支柱产业；（2）加快发展五大新兴优势产业；（3）前瞻布局未来产业，分层次、多组团、递进式培育打造战略性新兴产业新体系，构建形成"一核多点"新

兴产业发展新格局。

四是空间布局渐趋合理，产业集聚效应和联动效应逐步显现。广州产业空间布局已进入以"多中心、组团化、网络化"为特征的都市圈发展初级阶段，呈现出圈层布局与极化发展并重的发展态势。一般而言，中心城市产业分布由中心到外围遵循现代服务业—高新技术产业—制造业的圈层式发展格局。目前，广州的金融商务、会议会展、商业零售、文化艺术等功能主要分布在中心四区为主的内圈层，是现代服务业发展核心区；而广州科学城、大学城、国际智慧城、天河软件园、白云数字科技城等高新技术产业主要分布于白云、番禺、萝岗、天河东部等中圈层，成为高新技术产业的集聚载体；三大工业制造业基地主要分布在以广州开发区、南沙区、花都区为代表的外圈层。由此，广州在总体上形成了中心城区以服务业为主，外围地区以高新技术和先进制造业为主的发展格局，空间布局趋于优化。与此同时，各行政区错位发展格局亦初步显现，如白云区临空港、南沙区有港口、海珠区聚焦会展、天河主攻金融与IT、越秀区瞄准总部经济等，在此背景下，珠江新城CBD、临港经济区、空港经济区、海港经济区等一批区域增长极开始形成，极化发展态势逐步显现，彻底改变了以前老城区工业企业密集和集聚效应较弱等不合理状况。

第三节　进一步增强广州产业引领功能的战略重点

一、广州提升产业引领功能的实践内涵

广州在提升产业引领功能上应致力于"三个必须"：必须大力布局导入为先进制造实体经济提供支持的高端生产性服务业；必须凸显富有人文艺术价值、满足现代人品位消费的新业态；必须大力扶持掌控产业链高端、具有强大经济话语权、资源配置能力的产业。从现实意义来看，产业引领功能的内涵与特征主要体现为以下七个方面：

第四章　增强现代产业引领功能，铸造国际大都市的内核动力

内涵特征之一：产业提质增量，结构趋向高端。2019年6月通过的《广州市协同构建粤港澳大湾区具有国际竞争力的现代产业体系行动计划》提出，着力构建以高质量发展为主线，以先进制造业、战略性新兴产业、现代服务业、海洋经济、都市现代农业为主导，以九大行动为支撑、以六项措施为保障的"1596"现代产业体系。到2035年广州基本建成具有国际竞争力的现代产业体系，成为支撑国际一流湾区的核心引擎先行区。全球金融危机爆发以来，制造业（工业）作为国民经济的"压舱石"作用凸显，发达国家掀起了"制造业回归""再工业化"的热潮，并将制造业（工业）高质量发展作为主攻方向，工业占GDP比重近10年来总体呈现稳中有升态势。广州实体经济将有望再度振兴，随着《广州制造2025战略规划》稳步推进，前期密集引进的一大批千亿级、百亿级高端制造和战略新兴产业项目逐渐落地，广州制造业有望继20世纪80年代轻纺工业、21世纪初重化工业之后，成功实现以高科技智能制造为主导的"第三次崛起"。

内涵特征之二：创新驱动发展，动力更加多元。从增长动力来看，广州经济正从一般要素驱动向高端要素驱动加快转换。广州已从依靠低成本土地和劳动力驱动发展阶段开始转向依靠制度文化、高端投资和创新驱动发展阶段，产业体系已从轻型工业体系转向综合性产业体系，目前已形成了若干千亿级的产业集群。在全球城市发展中，"科技+金融"型的发展模式已成为当今主要全球城市崛起与发展的"标配"。广州不宜采取纽约、伦敦、巴黎、香港等这样主要依靠"金融+文化"等虚拟经济支撑引领发展的道路，而是应重点对标二线全球城市中的新加坡、旧金山、芝加哥等，实施以"金融+科技+文化"为特色、以"CBD+高新区"为形态的实体经济支撑发展的道路。从国际经验看，文化创意产业大都成为全球城市重要的支柱产业和经济增长极，从而为城市发展带来活力。在城市经济"硬实力"达到一定程度后，文化"软实力"的支撑作用将更加凸显。经过40多年的高速发展，广州已迈入世界一线城市的行列，但综合竞争力存在着比较明显的结构性失衡：硬实力相对突出，文化软实力明显滞后。广州要以深厚的中华文明沉淀为依托，吸收融合世界先进文明的成果，建设具有鲜明的民族特色、独特的人文魅力、丰富的文

化内涵和高尚的文化品位的全球城市。广州既要具备世界一流的经济实力，更要凸显和铸造具有鲜明特色的文化软实力。

内涵特征之三：四新特征凸显，推动出新出彩。金融危机以后，以技术进步为主要动力，在制度创新、需求升级、资源要素条件改变等多因素驱动下，聚焦于科技和产业的新一轮变革，通过新技术应用、业务分拆、组织裂变、跨界融合、价值链重构等途径或方式所产生的一系列新型经济形态，新技术、新产业、新业态、新模式层出不穷，新科技与产业革命呈群体迸发态势。通过加强四新经济的主体培育、载体建设、服务支撑和制度催化，推动形成新技术、新产业、新业态、新模式交融并举、互为支撑的发展格局，使四新经济成为广州现代化产业体系建设的动力源。四新经济保持 10% 以上的高速增长，成为改造提升传统产业和推动新兴产业发展的强力引擎。到 2025 年，广州四新经济发展体系趋于完善，产业创新活力整体跃升，战略新兴产业和高技术制造业占比稳步上升，传统优势产业实现"脱胎换骨"，科技创新与产业创新全面联动，基本形成有利于四新经济发展的市场环境、产权制度、科技金融、分配制度和人才育引机制，推动广州成功迈向全球高端"智造"中心和国际科技产业创新中心。初步形成一批具有广州特色的四新经济核心技术和代表性产业，在人工智能、新型显示、精准医疗与健康、机器人、物联网等领域打造若干具有国际影响力的产业中心，世界级工业互联网产业基地（集群）基本形成。

内涵特征之四：面向国际市场，融入全球网络。随着全球化和信息化进程的不断深化，创新链将打破国界延伸至全球，创新链组织的边界将变得更加开放，技术与市场的互动反馈将更加频繁，以企业为核心的参与主体之间的关系将由单一市场交易关系，逐渐偏向战略网络这样的网络或组织合作关系，并形成全球制造网络等新兴组织形态，为广州更好地运作国际创新资源带来机遇和挑战。作为改革开放的排头兵，广州理所当然要发挥优势，用国际眼光、开放观念，面向全球吸纳创新资源，主动融入全球产业网络。面对万物互联、跨界融合、绿色智能的世界产业发展新趋势，要突出引导发展"三网"产业：互联网—物联网—心联网，按照产业融

第四章 增强现代产业引领功能，铸造国际大都市的内核动力

合而非简单的比较优势的逻辑来规划产业。同时，广州自古以来作为"海上丝绸之路"的起点，要在国家"一带一路"倡议中承担起更加重要的角色。依托毗邻珠江独特的港口优势和广州外向型经济优势，面向"一带一路"沿线国家，重点开展产业发展、国际贸易、相互投资和人文交流四个方面的合作，构筑文化和经济全方位合作的战略发展平台。特别是要深化与"一带一路"沿线国家的产业合作，立足广州现有产业发展基础，对接沿线国家的需求，开展先进、适用、有效的产业合作，引导企业加大对沿线国家的相互投资力度，支持向外输送部分产能。

内涵特征之五：区域合作引领，再造产业优势。传统的、智慧的经济和政治权力将让位于节点组织的扁平化、个性化生产，已不局限于单个城市和地区，而是更加注重不同城市和区域的协作，形成典型的创新城市群，创新模式从单区域独立创新向跨区域协同创新转变，更加注重不同城市和区域的协作。粤港澳大湾区发展规划明确提出，构建具有国际竞争力的现代产业体系，加快发展先进制造业。广佛两市被确定为湾区的三个极核之一，"加快广佛同城化建设"成为极点带动的重要支撑，广佛两市必将谋求更高层次的同城化合作。从世界典型区域协同一体化的演进趋势看，一般会由初期的交通、产业、生态环境等"硬件"领域为主向制度、文化、战略等"软件"领域协同整合延伸，其中最高层次的是战略协同。随着信息技术的高速发展，全球城市能级不断提升，正逐步从大都市圈向强调功能网络联系的巨型城市区域演变，通过高度集聚财富创造、科技创新和资源配置功能，在全球竞争中掌握先机。佛山看重广州的高校、科研机构等创新资源及科技成果，而广州看重佛山制造业产业链齐全的优势，两地企业积极对接广州的大院大所，共谋重大科技专项共同研发，共促科技成果应用转化。从区域比较优势、湾区经济分工及国家政策导向看，推进协同创新成为广佛合作的重中之重，聚焦科技创新与先进制造业发展。充分发挥广州科技教育人才资源丰富、商贸服务体系成熟的优势，协同佛山制造业、民营经济发达的优势，共建先进装备制造、汽车、新一代信息技术、生物医药与健康等万亿级产业集群，在创新中做大做强城市主导产业。

内涵特征之六：园区载体发达，产业集聚发展。产业园区是广州对外开放、招

枢纽之城：广州迈向全球城市的功能转型与蝶变

商引资、管理创新的主要载体，也是推动高新技术产业发展、促进优势产业集聚的重要平台，其在科学研发、产业发展、区域合作、社会及经济影响等四大方面具有明显优势。广州拥有丰富的高水平的发展平台，比如国家自贸区、国家级经济技术开发区、价值创新园区及一批正在转型升级的专业市场、村级工业园和物流园等。未来，产业园区与城区在资金、市场、技术、科研方面的联系将逐步加强，园区与城区的发展会日益融合，形成集产业积聚、企业家交流，服务配套于一体的产城融合的模式。随着低效产业园区逐步被淘汰，优质产业园规模不断扩大以及相互之间合作的加深，未来产业园区必定由零散分布向集聚发展，形成形态更优越、分工更复杂、结构更合理的平台和载体。产业园区盈利模式将逐步转变为采取社会化运营与市场化结合，由过去过度依赖物业产权性收益，向产品服务化收益转型提升。随着经济趋势的变化发展，促进产业结构调整，转变经济增长方式，提升自主创新能力是产业园区未来发展整体趋势。

内涵特征之七：营商环境制胜，投资引力增强。在世界竞争格局中，底蕴深厚、魅力独特、创新力活跃的城市，往往能够成为全球高端优质人才、企业、机构等的向往集聚之地，容易成为世界城市网络中更高能级的全球城市。作为改革开放前沿地、先行者，广州曾引领全国风气之先，开创思想解放之先河。当前，要在城市竞争中脱颖而出，广州必须牢牢把握粤港澳大湾区建设重大机遇，坚定不移深化改革开放，建设国际一流的营商环境。在中央财经领导小组第十六次会议上，习近平总书记强调，北京、上海、广州等特大城市要率先加大营商环境改革力度。2018年10月，习近平总书记亲临广东视察指导并发表重要讲话，要求广州推动实现老城市新活力，在综合城市功能、城市文化综合实力、现代服务业、现代化国际化营商环境方面出新出彩。正确处理好降成本与便利化的关系，以企业和群众需求为导向，依托数字化转型进一步转变政府职能，强化服务意识，将企业感受、群众评价作为根本标准。审批流程再造围绕企业和群众需求在"减"字上下功夫，以办事全流程便利化为目标对原有以部门为基础的审批流程系统性重构。以服务对象便利办事的全流程为核心，整合原有各部门碎片化、条线化的政务服务事项前端受理功能，建立跨部门协同办理机制，进一步优化从"串联"到"并联"的审批流程。加快构建以国家政务服务平台为枢纽、以各地区各部门网上政务服务平台为基础的全流程一体化在线服务平台，建设全覆盖、全口径、全方位的政务"一网通办"总门户。以"按需共享"理念逐步实现数据有效归集和贯通，加快政务信息资源跨层级、跨地域、跨系统、跨部门、跨业务互联互通。广州持续推动贸易自由化、投资便利化，将打造成为全球企业投资首选地和最佳发展地。

二、构建迈向国际大都市的产业体系

（一）建设先进制造业强市

当前，新技术与制造业的融合主要表现在信息技术与制造业的融合上，引发制造业生产方式的变革创新。信息技术与制造业融合，主要指制造业的数字化、智能化，具体包括3D打印、智能机器人等。从国际经验来看，无论是美国的"再工业化战略"还是德国"工业4.0计划"，均把新技术与制造业的融合发展放在了十分重要的地位。美国政府先后推出了"美国制造行动议程"、《美国制造业促进法案》、"先进制造合作伙伴计划"等多项政策措施，并加大对先进制造业的投入力度，旨在加强制造业创新能力和竞争力，提升制造业的战略地位。德国也尤其重视信息通信技术和传统工业生产的融合，在智能工厂、智能交通、智慧城市等方面不断加大研发投入，并制定了长期的发展战略。技术创新也推动了上海制造业领域智能化、机械化、信息化程度的不断加深，特别是3D打印、机器人等12个行业快速发展，展现出以技术创新为引领的上海制造业转型发展的趋势。在3D打印领域，上海漕河泾开发区松江园区形成了3D打印产业集聚区，培育出多个年销售额千万级的优势企业；在机器人制造领域，集聚了一批机械传动、控制器、减速机等关键零部件制造企业和系统集成商，国际四大机器人装备生产商均在上海设立专门机构，形成了研发、生产、应用的完整产业链。

传统制造模式不断受到以3D打印、新一代机器人、大数据、信息化技术为代表的先进技术和制造工艺的强劲冲击,各种先进制造技术与工艺有效地解决了传统制造业"不能做、很难做、耗时长、成本高"等问题,而通过新技术降低成本、转变生产模式,也将成为广州未来传统制造业转型升级的重要方向。新形势下,广州建设先进制造业强市,要抓住全球创新资源流动融合的契机,以高端化、智能化、绿色化、数字化为主攻方向,以供给侧结构性改革为主线,坚持主导产业引领、龙头企业带动、产业生态支撑,推动制造业向产业链、价值链、创新链高端发展,加快构建现代化制造业体系,更好融入全球市场体系,实现经济高质量发展。

一是建设"中国制造2025"试点新标杆。实施制造强市战略,建设国家制造业创新中心,大力发展高端装备、智能与新能源汽车、机器人、能源与环保设备、轨道交通、船舶与海洋工程等先进制造业,培育一批千亿级产业集群。实施产业路径创新、智能制造示范和服务型制造三大工程,开展新一轮工业企业技术改造行动,加快建设一批智能工厂或数字化车间,推进工业互联网平台建设,深化工业云、大数据等技术集成应用,加快增城新塘、花都狮岭等特大镇传统产业转型升级,推动传统制造业数字化、智能化、绿色化升级。

二是激活制造业转型新动能。大力推动互联网、人工智能、大数据和实体经济深度融合,扎实推进制造业创新中心建设工程、智能制造工程、工业强基工程、绿色制造工程、高端装备创新工程,以数字化、网络化、智能化、绿色化、服务化为主攻方向,推动制造业向产业链、价值链、创新链高端发展。加大投入实施新一轮工业企业技术改造,集中力量突破一批关键共性技术,基础零部件、工艺和材料。鼓励创新研发,支持企业积极创建制造业创新中心,加快建设国家印刷及柔性显示创新中心、省级轻量化高分子材料创新中心、省级智能网联汽车创新中心和省级机器人创新中心等国家级、省级制造业创新中心。

三是打造世界一流先进制造业新集群。实施产业园区提质增效行动计划,鼓励产业园区及周边区域协同改造,通过"工改工"和"城市更新"提升土地利用效率,引入研发机构强化产业化创新实力,推动天使投资等基金资本"入园助企",建成一批以优势产业链为主导,关联性强、集约度高的产业集聚区。研究制定与粤

第四章 增强现代产业引领功能，铸造国际大都市的内核动力

港澳大湾区城市开展产业共建的政策措施，增强区域间产业有机融合，合作建设若干具有国际竞争力的先进制造业产业集群。

四是聚焦制造业结构调整新动向。优化提升汽车、电子、石化等传统支柱产业，大力发展智能装备与工业机器人、新能源汽车、轨道交通、高端船舶和海洋工程装备、航空与卫星应用、能源与环保装备、都市消费工业等先进制造业。加快建设基于宽带移动互联网智能网联汽车与智慧交通应用示范区，重点推动智能网联汽车产业发展，深化互联网与制造业融合发展，发展工业互联网，推进广东工业互联网创新中心等项目建设，推动工业企业"上云上平台"，支持阿里云工业互联网总部、树根互联、航天云网、海尔等龙头企业平台落地发展，形成示范效应。加快发展服务型制造，鼓励制造业企业发展定制化服务等服务型制造新业态，培育一批服务型制造示范企业、平台和园区。推进军民融合深度发展，探索搭建军民融合（公共）服务平台，建立军地对接机制，推动广州优势产企业、技术和产品"参军"。

五是打造智能制造专业化新平台。积极推动工业互联网发展，加速推动"标识解析"在汽车、装备、机械、新材料等优势行业的试点应用。加强与香港在智能测控装置、智能装备关键基础零部件、机器人、智能物流、智能港口等领域的合作，聚焦高端研发、精密制造和系统集成环节，加快建设香港科技大学霍英东研究院等一批智能制造平台，推动重大技术装备自主化。在汽车、电子、海洋工程装备等产业领域分类实施数字化车间、智能工厂、智能管理、智能服务等试点示范及应用推广，打造"智能制造＋智能服务"产业链。

六是培植千亿级新能源汽车新产业。推动汽车产业向智能网联、新能源方向转型升级。大力发展新能源汽车产业以及汽车后市场服务，加快建设广州国际汽车零部件产业基地。依托无人驾驶汽车龙头企业，充分对接南沙的汽车产业链，并引入上下游企业推动广州汽车制造企业与无人驾驶汽车龙头企业之间的合作。发挥香港便利对按国际科创网络和人才的优势，结合珠三角雄厚的汽车制造及电子信息产业基础，携手引进具有领先核心技术的智能网联汽车领军企业及项目，共建全球领先互联网智能纯电动汽车研发和制造基地。建立健全粤港澳产学研用协同创新机制和

服务平台，汇聚整合汽车和相关行业优势资源，构建智能网联汽车发展生态系统，打造具有全球竞争力的智能网联汽车产业集群。

七是创新"人工智能+"机器人新形态。聚焦机器人前沿技术、共性关键技术，整合粤港澳科研资源力量，共建一批机器人创新平台，组建专业化机器人创新中心。以智能生产、智能物流等领域需求为重点，大力发展工业机器人。围绕家庭服务、医疗康复、公共安全、重大科学研究等领域需求，重点发展智能型公共服务机器人。引进培育机器人应用系统集成商、综合解决方案服务商，充分利用外包服务、新型租赁等模式，拓展工业机器人和服务机器人的市场空间。

八是建设重型装备成套供应和"走出去"新基地。延伸拓展装备制造等优势产业的产业链、价值链，推动跨行业融合发展。依托龙穴岛造船基地，规划建设海洋工程装备基地。深入实施装备"走出去"工程，促进汽车、船舶、海洋工程装备、核电装备、轨道交通装备等领域的产品出口和国际产能合作。对接"中国制造2025"，加快发展节能环保、工程机械、轨道交通、智能制造等产业，推进一批重点项目落户投产。

（二）建设现代服务业强市

2018年10月，习近平总书记在广州视察时提出着力在综合城市功能、城市文化综合实力、现代服务业、现代化国际化营商环境方面出新出彩，实现老城市新活力的重要指示。为贯彻落实总书记的指示精神，广东省及广州市均先后出台了相关决定及行动方案，明确提出建设现代服务业强市的战略目标。"十四五"时期，是广州全面开启社会主义现代化新征程，着力建设国际大都市的关键时期，也是加快建设现代服务业强市、实现老城市新活力的重要窗口期。随着中国经济由高速增长进入高质量发展阶段以及粤港澳大湾区规划落地，广州经济也由传统的"千年商都"时期进入"全球资源配置中心"新时代，广州的服务业发展面临着新环境、新变量、新格局，也必须有新思路、新动能、新前景。

现代服务业指向社会提供高附加值、高层次、知识型的生产服务和生活服务的

第四章 增强现代产业引领功能，铸造国际大都市的内核动力

服务业，作为现代化产业体系的重要组成部分，以其高度创新性、广泛渗透性、深度产业关联性和效率倍增性等优势，能够有效地激发经济增长潜力。落实习近平总书记关于广州在现代服务业方面出新出彩要求，必须坚决破除制约现代服务业发展的体制机制障碍，改造提升传统服务业，推动生产性服务业向专业化和价值链高端延伸，推动生活性服务业向精细化和高品质转变，使新技术、新产业、新业态、新模式充分涌流，厚植"千年商都"传统优势，增创"现代商都"特色优势，建成具有全球影响力的服务业强市。

一是构建现代金融服务新体系。大力支持广州期货交易所建设，打造完整期货产业链，完善期现货联动的期货交易市场体系，建设期货交割库，提升重要大宗商品的价格影响力。提升上海证券交易所南方中心、深圳证券交易所广州基地和新三板华南服务基地服务功能。依托中证报价南方总部建设私募基金份额交易平台、私募股权跨境交易平台。依托广州金融资产交易中心，争取国家政策支持探索开展以人民币计价结算的金融资产跨境转让业务。鼓励广东股权交易中心完善中小微企业综合金融服务体系，建设"中国青创板""天使板"等特色服务板块。推动设立广州基础设施领域不动产投资信托基金（REITs）区域交易中心。推动建立广州知识产权交易中心，争取广州钻石交易中心、广东省珠宝玉石交易中心升级为国家级交易平台。加快花都绿色金融改革创新试验区建设，率先建立健全绿色金融制度和市场交易体系。加快建立与自贸区相适应的账户管理体系，在人民币跨境使用、资本项目可兑换等方面先行先试，构建与港澳资金互通和市场互联机制。支持符合条件的港澳银行、保险机构在南沙设立经营机构。

二是创新发展培育信息服务业新业态。加快琶洲互联网创新集聚区项目引进和产业导入，推进天河软件园提质升级，支持互联网龙头企业开拓城市交通、生态环境、公共安全、社会管理等领域市场，在大数据、云计算、区块链等领域加快形成新增长点。大力发展计算、存储资源租用和应用软件开发部署平台服务，以及企业经营管理、研发设计等在线应用服务，降低企业信息化门槛和创新成本，支持中小微企业发展和创业活动。积极发展基于云计算的个人信息存储、在线工具、学习娱

乐等服务。支持云计算与物联网、移动互联网、互联网金融、电子商务等技术和服务的融合发展与创新应用，积极培育新业态、新模式。

三是打造老城市商贸业提升发展新范例。按照"展销、储运分离，线上、线下融合，业态、模式创新、环境、功能提升"的总体思路，加快建设推广专业批发市场公共服务平台，分类推进中心城区专业批发市场转型升级，引导仓储、配送等环节向外转移，完成中心五区专业批发市场疏解和改造任务。优化提升传统商圈，把天河路、北京路打造成为国际一流商圈。引导大型商业综合体合理布局，积极培育、发展、引进新零售。

四是探索商展会、文体旅融合发展新模式。在空港经济区、广州南站地区建设专业会展中心，在南沙建设综合性国际会展中心，引进一批有世界影响力的会议、论坛、展览，推动广东21世纪海上丝绸之路国际博览会升格为国家级展会，推进申办2030年世博会可行性研究，加快建设世界知名的国际会展之都、国际会议目的地。推进全国旅游综合改革试点，创建国家全域旅游示范区，推进北京路文化旅游核心区、珠江沿线历史文化景观带等平台项目建设。推进与港澳共享旅游资源，共同拓展旅游市场，推动旅游休闲提质升级。围绕足球、羽毛球、舞龙舞狮等运动领域，组织策划一批大型赛事，打造若干具有国际影响力的职业赛事，大力发展健身娱乐、竞赛表演、体育休闲、体育培训等体育产业。做好亚运会和亚残运会珍贵遗产的征集、保护和集中展示工作，讲好"冠军故事"，提炼"广马精神"。

五是畅通"双循环"物流枢纽新通道。落实构建国内大循环为主体、国内国际双循环相互促进的新发展格局战略，推动广州加快建设"全球效率最高、成本最低、最具竞争力"国际物流中心。围绕交通枢纽同步布局建设现代化物流园区，完善港口集疏运和多式联运体系，大力发展航运物流、航空物流、国际中转。推动人工智能、云计算、大数据、物联网等先进信息技术在物流业的广泛应用，做大做强第三方物流、第四方物流、供应链物流企业，大力发展绿色供应链、智慧物流和冷链物流。依托白云空港、南沙海港、广州铁路枢纽建设，优化布局现代物流产业集聚区，促进交通物流产业深度融合发展。

第四章　增强现代产业引领功能，铸造国际大都市的内核动力

六是拓展幸福产业发展新空间。加大力度引进国际优质教育资源，鼓励和吸引民间资本投入教育产业，把教育产业打造成新的千亿级产业。加大在穗医疗资源共享和统筹利用，围绕精准医疗、中医药保健、智慧医疗等重点领域，充分利用大数据等新技术建立"互联网+健康医疗""人工智能+健康医疗"服务、健康管理与促进体系。鼓励和支持境内外企业在广州设立专业化连锁品牌养老、医养结合、专业护理服务机构，加快形成一批具有较强竞争力的养老机构和集聚园区，建立1—3个穗港澳养老产业合作开发示范基地。

七是发展科技服务业新模式。支持在穗高校、科研院所建设，组织跨区域、跨学科、跨部门、跨行业科技力量协同攻关。深化科技创新领域简政放权，推进科技经费"负面清单"管理试点，构筑专业化、公益性的科研成果转化服务平台，提高科技成果确权和转化效率。推进中科院广州科技服务产业示范园建设。建立多层次的技术交易市场，搭建开放型技术转移平台，建设专业化、市场化的科技成果转移转化机构，建立科技特派员、技术经纪人等成果转移转化人才队伍。推动高校、科研院所、产业联盟、工程中心等面向市场开展中试和技术熟化等集成服务。鼓励开展国际科技成果转移转化服务。

八是拓展专业服务业发展新空间。贯彻落实加快发展高端专业服务业的意见，加大政策扶持力度，大力引进港澳地区专业服务机构，加快发展会计、法律、广告、咨询等高端专业服务业，做大做强楼宇经济。聚焦工业、建筑、广告等设计产业，壮大时尚创意产业，打造"国际设计之都"。促进四新经济加快发展。顺应服务业制造化与制造业服务化的趋势，完善促进四新经济发展的政策体系，培育壮大分享经济、平台经济等新技术、新产业、新业态、新模式，建设云计算、大数据、物联网、人工智能、区块链等领域基础性业务开发平台，推动产业跨界融合，更好服务实体经济发展。

九是深化与港澳服务贸易自由化新体制。建设粤港产业深度合作园和粤澳合作葡语国家产业园，积极引进港澳金融、法律、会计、精算、酒店管理、知识产权等专业服务，进一步降低港澳金融、教育、文化、医疗等机构的准入门槛，促进与港

澳在服务标准、管理规则等方面的对接。加快天河中央商务区、琶洲国际会展中心省级粤港澳服务贸易自由化示范基地建设。

（三）培育发展数字经济产业

当前，人类社会正处在一个大发展、大变革、大调整时代，能否把握新科技革命发展趋势强化创新驱动能力，直接决定了全球城市的兴衰。当今全球城市的一个重大变化特征就是加速从过去的"全球生产网络"向"全球创新网络"升级，从资源、资本、商品的流量枢纽、控制节点向知识、信息、人才的流量枢纽、控制节点升级。

在信息化和互联网时代，以大数据、云计算、物联网、人工智能等为代表的新技术、新业态也对城市形态及管理模式产生了巨大影响。现阶段，许多世界发达城市乃至某些发展中国家的城市都提出了"数字城市"的发展计划或建设方案，智能交通、智慧医疗、智慧社区、智慧旅游等专项行动计划也纷纷推出，引领着全球城市向更加智能、高效、精准、共享的方向发展。

2020年12月，广州市人民政府办公厅正式印发《广州市推进新型基础设施建设实施方案（2020—2022年）》（简称《实施方案》），提出要建成全国领先的信息基础设施发展高地、构筑国内一流的创新基础设施集群、打造具有国际影响力的融合应用标杆城市三大目标，这正是广州顺应数字经济时代发展趋势的一种战略选择。

下一步，广州打造数字经济融合应用标杆城市，要紧紧把握全球科技革命和产业变革重大机遇，突出产业数字化转型，推动5G、互联网、大数据、区块链、人工智能等新技术与各领域各行业深度融合、广泛应用，着力在智慧政务、智慧交通、智慧教育、智慧医疗、智慧社区等领域形成一批数字化应用成果，大力培育数字经济新业态、数字化企业、数字化平台和数据交易市场，彻底改变传统生产服务方式，不断催生新业态、新模式、新消费，激发经济新动能，推动数字经济向形态更高级、分工更精细、结构更合理的阶段演进。在以下领域寻求突破：

一是抢占"工业互联网"新高地。推进树根互联、阿里云、航天云网、浪潮

第四章　增强现代产业引领功能，铸造国际大都市的内核动力

等工业互联网建设，发挥中设智控、机智云、裕申、中和等企业优势，形成以平台为核心、应用为根本、产业为支撑、网络为基础、安全为保障的工业互联网生态体系。加快工业互联网标识解析国家顶级（广州）节点和面向船舶、高端装备、新一代信息技术、生物医药、家居等行业的二级节点建设，构建高效稳定的标识注册和解析服务能力。推动组建特定行业工业互联网供应商联合体，开展产业集群工业互联数字化转型试点。支持服务机构为工业互联网产业发展提供协同研发、测试验证、咨询评估、培训推广、创业孵化等服务。

二是筑牢"数字金融"新优势。在广州科技金融路演中心、广州新三板企业路演中心成功运营基础上，利用数据精准挖掘方式，建设集金融供需对接、信用评价、线上抵押登记等功能于一体的"在线信贷超市"，促进金融机构深度对接科技企业多元化融资需求。推动线上申贷续贷还贷、线上投资理财理赔、线上便民缴费等金融服务，丰富智慧银行、网上银行、手机银行等线上渠道，支持金融机构基于新技术开展金融服务创新。大力发展智慧财富管理，开发推广智能投顾、智能投研、智能风控、智能监管等，深入推进保险服务创新，建设"互联网＋医疗健康＋保险"的一体化健康保险服务平台。

三是培育"数字互娱"新业态。提升广州国家数字出版基地建设水平，打造全国数字文化产业新高地。支持电子竞技类游戏发展，培育全国电子竞技中心。支持网络 IP 授权开发，打造移动互联网文化产业集群。加快传统媒体与新兴媒体融合发展，打造一批有国际影响力的传播平台和标杆型媒体企业。培育制作一批精品网络剧、微电影、网络大电影、网络综艺。促进虚拟现实产业、超高清视频产业健康有序发展，开拓混合现实娱乐、智能家庭娱乐等消费新领域，推动智能制造、智能语音、三维（3D）打印、无人机、机器人等技术和装备在文化产业领域的应用。

四是扶持"数字会展"新模式。探索"新业态＋会展"模式，推动数字化产业链等新兴产业与会展融合发展。加强三维虚拟仿真和体验技术、网络会展和交互技术、网络协作创新平台等技术的集成应用，推动虚拟会展、在线体验等新业态发展。支持琶洲与港澳会展产业的交流与合作，举办数字经济领域高层次会议。提升

枢纽之城：广州迈向全球城市的功能转型与蝶变

广州市场馆设施数字化、智能化、专业化水平，支持会展组织应用物联网、大数据、区块链、人工智能、第五代移动通信网络（5G）、虚拟现实（VR）等技术，发展"智能+会展"新生态。运用人脸识别、大数据分析、云计算等科技手段，提升展馆服务功能。

五是打造"数字贸易"新样板。依托琶洲人工智能与数字经济广东省实验室（广州）等重大创新平台，加快打造数字产业龙头企业总部建设。运用番禺大学城丰富的高校科研和人才资源，全面推进广东省大数据综合实验区建设。加快建设以区块链为特色的中国软件名城示范区，在黄埔区（鱼珠片区）加快布局工业互联网标识解析顶级节点等新型国际化基础设施。在广州国际金融城大力发展数字金融、数字创意以及各种消费新业态、新模式。支持南沙区加快建设粤港澳全面合作示范区，打造粤港澳大湾区产业和社会公共服务数字转型示范区。支持天河区加快建设广州软件园和中央商务区，打造国家级软件产业示范基地和国家数字服务出口基地。支持白云区加快建设白云湖数字科技城。

六是拓展"新型移动出行"新空间。打造智能网联汽车技术产业链，加速车路协同、无人驾驶等技术落地，推进智能网联汽车商业化场景应用，拓展汽车后市场服务，鼓励发展分时租赁共享汽车，探索自动驾驶出租车等出行新方式。推动加油站等发展"一键加油""一键倒车"等非接触式销售新模式。打造智慧出行平台，发展公共充电、分时租赁等新模式。加快北斗导航等空间位置服务技术与交通出行相融合。推进智能网联汽车商业化应用。提升智慧公共交通体系，开展智慧道路、智慧公交等示范工程建设。

七是布局"数字教育"新产业。深化与国家、省教育资源公共服务平台对接，将优质教育资源引入广州智慧教育公共服务平台。鼓励广州地区教育信息化企业开展智慧教育应用场景展示交流推广。推广线上线下深度融合、分散教学与集中教学结合的学习模式，推广翻转课堂、慕课等授课模式，打造"广州微校""空中课堂"等线上教育品牌。鼓励共享教育平台发展，采取"公益+市场"方式探索推广微课、云课堂等知识付费新模式，推进"5G+教育场景应用"。加强教育专网、教育

第四章 增强现代产业引领功能，铸造国际大都市的内核动力

云等基础设施建设，支持互联网教育服务和内容创新，推动"学分银行"建设，实现优质教育资源共享。规范发展"互联网+教育"，引导企业健康发展。

八是激发"应用场景开发"新潜能。依托琶洲人工智能与数字经济试验区、中新广州知识城、广州科学城、天河智慧城、广州大学城—国际科技创新城、黄花岗科技园、中大国际创新谷等重点区域，探索设立在线新经济应用场景实践区，聚焦重点项目和场景落地，建设集研发设计、数据训练、中试应用、科技金融于一体的综合服务载体。支持企业、行业协会、研究机构等各类社会组织，利用5G、大数据、人工智能、区块链等技术开展数据整合和应用。多维释放数据和技术应用场景，在交通、医疗、教育、金融、政务等优势特色领域遴选一批具有全国影响力的应用示范场景。

（四）壮大都市现代农业

广州是全国最早提出实现农业现代化的地区之一，并把农业现代化实现形式定位为都市现代农业。从20世纪90年代末开始，广州市委、市政府提出广州要从单一的农产品生产基地转化为具有多种功能的现代都市农业生产基地，广州由此开始了都市农业建设实践和探索。广州市委、市政府以科学发展观为指导，深入学习贯彻习近平总书记关于"三农"工作重要论述和对广东重要讲话精神，按照中央、省、市对"三农"工作的部署要求，推进农业供给侧结构性改革，加快转变农业生产经营、资源利用和管理方式，推动农业向产出高效、产品安全、资源节约、环境友好的现代农业方向发展。实践证明，广州发展都市现代农业，大的方向是高效生态，首要任务是抓好"米袋子""菜篮子"，保障主副食品市场供应和质量安全，核心是要提高农业生产效率，走规模化、科技化、设施化的道路，促进农业现代化与新型工业化、信息化、城镇化同步发展。

当前，广州农业发展环境正在发生深刻变化，加快转变农业发展方式，是广州率先实现农业现代化的必由之路。未来五年，广州发展都市现代农业，要围绕实现推进农业现代化总目标，加快农产品由数量增长向质量安全转变，把过去过度依赖

枢纽之城：广州迈向全球城市的功能转型与蝶变

资源消耗、主要满足"量"的需求，向追求绿色生态可持续、更加注重满足"质"的需求转变，由政府直接干预价格向市场决定价格转变，由单纯粮食安全战略向多重战略目标转变，兼顾生态保护、环境调节、能源优化、观光休闲、文化传承、国际竞争等多重功能。未来五年，高质量发展广州都市现代农业显得尤为迫切和重要：

一是培育新型农业经营新主体。着力培育一批以家庭农场、农民合作社、农业龙头企业为主体的新型农业经营主体，积极推进多种形式适度规模经营。大力发展以家庭成员为主要劳动力、从事专业化集约化生产、规模适度的家庭农场，以发展粮食生产型为主，支持粮经结合、种养结合、机农结合等类型。鼓励有条件的种养大户、农村经纪人和投身现代农业的高校毕业生登记注册成立家庭农场，通过规范经营管理、开展示范创建、强化支持服务，使之成为农业现代化建设的重要力量。加快推进农民专业合作社规范化建设，鼓励和支持农民专业合作社通过联合、重组等方式组建联合社，提高生产经营和市场开拓能力。

二是推进农村一、二、三产业融合发展新模式。以市场需求为导向，以完善利益联结机制为核心，以制度、技术和商业模式创新为动力，培育融合主体，创新融合方式，推进农业产业链和价值链建设，着力构建农业与二、三产业交叉融合的现代产业体系。鼓励农业新型经营主体把发展多种形式农业适度规模经营与延伸农业产业链有机结合起来。培育壮大农业产业化龙头企业，引导其重点发展农产品加工流通、电子商务和农业社会化服务，建设现代物流体系，健全农产品营销网络。结合美丽乡村和郊野公园建设，推进农业与旅游、教育、文化、健康养老等产业深度融合，规划建设一批具有历史、地域、产业特点的特色景观旅游镇村，打造休闲农业和乡村旅游集聚区，支持举办农业嘉年华等农事节庆活动，挖掘农业生态价值、休闲价值和文化价值。

三是开辟农业经济发展新空间。大力推动新技术、新产业、新业态、新模式等农业四新经济发展，支持农业生产"智造"新技术、农业服务业新产业、"智造+服务"新业态、农业跨界融合新模式等农业四新经济的发展，在农业生产、加工、销售、服务等产业链中形成新的经济增长点。支持新型农业经营主体建立融合电子

第四章　增强现代产业引领功能，铸造国际大都市的内核动力

商务、移动互联网、金融服务、信息管理、产品销售等模式的信息平台，建立以消费为主导的农业经营生产与发展模式。

四是实现农业产业化经营新突破。积极开展农业产业化经营，加快构建"产业市场化、经营规模化、主体法人化、生产标准化、服务社会化"相结合的新型农业经营体系。鼓励和引导农民、企业依法通过转包、互换、转让、入股、抵押等方式进行土地承包经营权流转，推行委托流转、股份合作流转、季节性流转等方式，推进整村、整组、整畈连片流转，多途径发展农业适度规模经营。鼓励各种社会力量创办农业服务组织，创新服务方式、手段和机制，完善公共服务等农业社会化服务体系建设，探索为农民和农业基地提供种子种苗、农资供应、农机作业、统防统治、粮食烘干、农产品保鲜及加工、产品营销、保险金融信贷等覆盖全程、综合配套、便捷高效、规范运作的社会化服务。

五是建设现代化农产品物流新体系。依托广州农产品物流中心地位和特大城市农产品消费需求，重点在白云、荔湾、番禺区等城乡接合部，发展农产品商品化处理和冷链物流产业，引导农产品流通交易集聚区完善冷链物流服务功能，合理规划集聚区内冷藏库、恒温库、冷冻库等设施的布局，建设标准化冷库、封闭低温装卸货台、温控理货区，促进制冷、温控、装卸、分拣包装等先进设备的推广应用。在增城、从化等产地市场建立农产品预处理中心和农产品加工综合园区等。

六是建设粤港澳大湾区"菜篮子"新工程。以立足广州、服务湾区、联结泛珠、辐射内地为定位，以"一个标准供湾区"为原则，构建以广州为枢纽的粤港澳大湾区"菜篮子"生产及流通服务体系，打造标准化、现代化、便利化平台，为粤港澳大湾区市场提供更多更优的食用农产品。以广州为枢纽，联结粤港澳大湾区以及国内其他相关城市，建设提供产品检验、检疫、通关"一站式"高效便利服务，集信息互通、会展交易等多种功能于一体的便利流通服务平台系统。

七是创建现代农业产业园新载体。发挥资源、产业、政策优势，按照"生产＋加工＋科技＋品牌"全产业链建设要求，加快生产要素集聚，整合提升现代农业产业园，推广高效节水灌溉技术，着力建设一批绿色化、规模化与标准化农产品生

产基地、农业园区智能化标准型微灌工程和高标准的工厂化种养示范基地，重点扶持、精心打造 1—2 个集现代科技引领、要素高度集聚、产业布局合理、生态循环生产、美丽乡村建设、旅游休闲度假、综合会议会展等多种内容于一体、"三生融合"的现代农业综合体。

八是创建生态循环农业新业态。推进畜禽废弃物资源化利用，支持适度规模化、现代化封闭养殖场建设，实施雨污分流，配套一定的固体、液体及气体的处理实施，实现种养协同发展，带动畜禽养殖绿色发展。推进病虫害专业化统防统治和绿色防控，推广高效低毒农药和高效植保机械。加大对粮油作物秸秆和茭白等蔬菜秸秆的综合利用力度。采取连片整治的推进方式，完成基本农田保护地区规划保留农村的村庄改造工作。

三、广州推动产业创新发展的主要着力点

（一）倾力打造大湾区新经济增长新引擎

制定与粤港澳大湾区城市开展产业共建的政策措施，增强区域间产业有机融合，合作建设若干具有国际竞争力的先进制造业产业集群。实施 IAB 产业发展五年行动计划，深化与香港、澳门的创新协作、产业协同，围绕新一代信息技术、高端装备、绿色低碳、生物医药、人工智能、数字经济、新能源新材料、海洋经济等战略性新兴产业，实施一批集聚发展工程和示范应用项目。对接综合性国家新兴产业创新中心、先进制造业创新中心布局，争取更多创新平台落户，打造粤港澳大湾区国际科技创新中心广州创新合作片区。积极争取国家支持，组建粤港澳大湾区国际商业银行，加快推进创新型期货交易所筹建工作，积极参与大湾区联合投资开发机构和发展基金建设，推动粤港澳大湾区发展基金注册落户广州。推进与港澳金融市场互联互通，加强跨境金融业务合作，拓展移动金融在穗港澳三地的应用，提升跨境支付服务水平，促进个人跨境金融服务便利化。携手港澳稳步发展会计、律师、广告、咨询、金融、科技服务等高端专业服务业，鼓励港澳知名品牌高端专业服务

第四章　增强现代产业引领功能，铸造国际大都市的内核动力

企业到广州发展。

（二）推动产业链、创新链、资金链、政策链的新融合

强化人工智能、3D打印、机器人、下一代信息网络、智能网联汽车等具有新技术含量的创新产品的培育发展。强化"制造＋互联网＋服务"的新模式、新业态培育发展，加快制造业与服务业融合发展。强化数字技术、信息技术、智能技术向各行业各领域覆盖融合，推动卫星导航、物联网、智慧医疗等新经济领域发展。积极培育平台经济、网络经济、知识经济、数字经济等新经济业态发展。强化"互联网＋传统服务业"的新模式培育发展，催生服务新业态。强化"互联网＋传统制造业"的新业态培育发展，以新技术新模式推动制造业升级，推动工业互联网、智能制造、智能网联汽车等领域发展。动态把握技术成熟状态，实时调整产业政策，提高产业政策的"精准度"，加强产业规划与统筹，探索产业发展新路径，实施产业创新工程，增强经济发展新动能。促进金融资本与科技资源的对接，完善科技金融支撑体系，吸纳、集聚、整合国际国内资金、技术和人才等优势要素，建立完备的金融服务体系和科技创新体系。

（三）打造跨界、共享、协同的产业新生态

政府牵头组织政产学研联合组织，进行联合攻关，大力加强对基础技术、关键共性技术、前沿引领技术、颠覆性技术创新的研发，特别是与卫星通信、移动互联网、云计算、大数据、物联网、智能终端相关的新技术。推进由政府引导、企业主导、高校和科研院所参与的协作联盟发展，设计多方受益的运行机制，激发参与各方的积极性和创造力。鼓励大型企业和技术龙头企业制定开放式创新机制，构建大中小微企业合理分工的协作式创新体系。有针对性地加大财政投入，创新财政支持方式，构建全链条创新孵化体系，通过专项资金支撑推进机构、创新网络的设立和重点项目的拓展。加强研究成果推广、转移与转化，引导高校、科研院所建立健全专业化技术转移服务机构。加快建设粤港澳大湾区区域协同创新体系，加强研发创

新的国际交流与协作，积极融入全球创新网络，形成创新策源能力强、创新资本密度大、创新人才黏度高、市场创新力量足、创新生态环境优、创新创业"场效应"突出的区域创新生态系统。

（四）促进金融资本向战略新兴产业、新经济聚拢

做好科创板准上市企业的筛选和服务工作，对登陆科创板上市的企业，市级财政分阶段给予奖励。做大做强资本市场中介服务机构，建立起规范的中介服务机构平台。加强审核科技创新企业容易出现的信息披露虚假或失真现象，淡化行政管制，强化市场监管，明确信息披露规范和失信惩戒机制。完善金融服务支撑体系，建立知识产权资本化交易制度，加大知识产权保护力度，提升知识产权评估能力，加快发展科技保险。推广商业银行科技支行和科技银行的形式，形成独立的带有"科技金融"性质的专营机构，以"放水养鱼"的理念更多发放长期贷款。吸引国外科技企业并集聚海外风投资本，进一步创新完善风投基金退出机制。消除科创型企业和风投企业间的信息不对称，加强科技创新企业信用体系建设，搭建各类信息平台。

（五）培育一批层次结构合理、功能完备的产业新载体

聚焦网络视听、大数据、智慧照明、集成电路、机器人等产业重点领域，依托创意产业集聚区、生产性服务业功能区等优势产业园区，打造一批具有国际竞争力的产业创新基地。开展价值创新园区建设三年行动，高标准建设10大价值创新园区，谋划建设番禺国际健康产业城等一批新的价值创新园区，将广州市建成世界显示之都、国际软件名城、国际工业互联网基地、国际一流的人工智能应用示范区和具有全球影响力的生物医疗健康产业高地。大力发展市场化、专业化、集成化、网络化的众创空间，鼓励和支持创客空间、极客空间、创业咖啡、创业训练营、虚拟孵化器、创业社区等新型孵化器及科技创业苗圃、科技企业孵化器、科技企业加速器、小企业创业基地。鼓励社会资本投资建设创新型孵化器、加速器等各类新经济

第四章 增强现代产业引领功能，铸造国际大都市的内核动力

孵化培育载体，支持各类创新型孵化器与加速器、大学科技园、产业园、创意园等载体合作对接。

持续打造价值创新园区。一是加快制定价值创新园区认定标准，鼓励各区按照标准通过新建、转型升级等形式创建并申请成为价值创新园区，建立健全动态考核与退出机制。二是实施分类推进价值创新园区建设行动计划，做好全市产业规划引导和空间布局，按照规划新建一批、转型升级一批、超前谋划一批、协同共建一批，制定分类推进价值创新园区名录。三是健全价值创新园区联合招商机制，鼓励龙头企业提供主导产业链招商目标企业清单，并与政府联合进行靶向招商，建立由发改、科创、工信、工商、环保、国土、财政、税务等部门共同组成的项目评估审批和落地服务机制，高效引进高端优势企业。四是加强价值创新园区的品牌塑造与推广运营，借鉴上海张江高科技园和北京中关村国家自主创新示范区经验，采用"一区多园"模式整合打包全市各个价值创新园区形成一个整体品牌，建立价值创新园区展示馆，积极向社会推介各个价值创新园区建设成效、动态及愿景构想，加快园区品牌的传播和宣传。五是强化价值创新园区的政策支持，叠加发改、工信、科创、国土等部门的政策，率先复制自贸试验区、自主创新示范区、临空经济示范区、综合保税区等特殊区域政策经验及模式，建立价值创新园区建设绿色通道，对于经认定价值创新园区，探索试行新型产业用地地块分类、创新型产业用房配建、产业用房产权分割转让等土地政策。

（六）实施龙头企业和独角兽企业"繁星工程"

以企业成立年限、私募融资与估值、近三年收入或净利润的平均增速等为主要指标，结合技术平台、知识产权、研发团队等创新能力指标，制定广州准独角兽、潜在独角兽遴选发现评价标准体系。建立准独角兽、潜在独角兽企业数据库，对已遴选发现入库的准独角兽、潜在独角兽企业的生产经营、融资估值等信息数据，实行动态更新和跟踪管理，及时准确掌握准独角兽和潜在独角兽企业的发展动态，提供精准政策扶持。加快在超大规模集成电路、新材料、新能源、石墨烯、微纳米、

机器人、5G 移动通信、金融科技、VR/AR 等领域出台专项支持计划，推动"黑科技""硬科技"独角兽企业发展成长。保持高新技术企业数量稳定增长，推动一批规上企业升级为高新技术企业，支持更多高新技术企业成长壮大为规上企业和行业标杆企业。

（七）打造新技术、新经济、新业态、新模式不断涌现的新平台

加快创新资源公共服务平台建设，充分发挥本市优质高校科研基础设施、科研院所、检验检测认证机构、实验室等资源优势，为初创期科技型企业提供联合研发、委托研发、检验检测认证、中试试验等个性化服务定制。对接企业技术转移转化需求，强化技术创新供需对接服务，加强创新创业培训、技术服务、信息和中介服务、知识产权交易、标准化专业服务、检验检测认证、国际合作等公共服务平台建设，构建网络化、特色化、专业化的科技创新公共服务支撑体系。充分发挥产业联盟、行业协会等社会组织平台的作用，促进企业发展需求与创新资源共享的有效对接。建立以市场为导向、企业为主体的科技创新成果的合作共享机制，打破产业链上下游壁垒，实现全产业链发展和产业融合发展。加快推动信用中介服务机构发展，逐步构建以信用中介服务机构为主体的市场信用服务体系。开展全过程信用管理试点，发挥信用信息的风险甄别、筛选和预警作用。

（八）构建科学规范、系统完备、运行有效的新制度

降低创业门槛，为创新活动创造宽松高效有序的体制机制环境，大力支持"双创平台"建设。推进政府监管职能和方式从依靠事前行政审批向注重事中事后监管转变，增强事中事后监管措施的系统性和协同性。统筹推进科技、教育、财税、金融、行政等领域的改革，营造有利于创新驱动、高质量发展的软环境。切实降低实体经济成本，进一步加大减税降费力度，清理和规范各项涉企收费，降低制度性交易成本。针对以应用研究为主的研究机构，探索采用相对灵活的管理模式对本地科研机构进行改制试点改革，通过完善考核机制、落实激励机制，不断激发科研院所

第四章 增强现代产业引领功能，铸造国际大都市的内核动力

和国企创新活力。加大政策支持力度，着力解决人才普遍反映的安居、子女教育、医疗等问题，为各类人才创造宜业宜居的良好生态。推动土地要素优先向新兴产业、中高端环节配置，以适应产业发展新需要，保障产业项目及时落地。

第五章
强化综合门户枢纽功能，构建全球城市网络大型节点

随着全球市场要素加速流动和产业链价值链供应链加快重构，掌握国际资源配置话语权的全球城市加速崛起，依靠强大的枢纽门户和网络连通功能，控制着资本、科技、人才、信息等高端资源的集聚和流向。作为国家重要中心城市，广州应大力弘扬逢山开路、遇水架桥的开拓精神，按照高水平国际化城市建设理念推动广州综合城市功能出新出彩，加快建设成为高水平对外开放门户枢纽，力争在城市能级、经济规模、创新带动力、要素集聚力和集中力量办大事能力等方面有明显提升，经济中心、枢纽门户、科技创新、文化引领、综合服务、社会融合等功能取得新突破，为发展大局提供有力支撑。

第一节 综合门户枢纽的内涵、特征与标准

一、综合门户枢纽的内涵

"枢"，据《说文解字》，"户枢也"，本义是传统建筑中门的转轴或承轴臼，是便于门窗开合的装置，泛指主制动、开发的机关，引申指事物中心的、重要的、起决定性作用的部分。"纽"，据《说文解字》："系也。一曰结而可解"，本义指

第五章 强化综合门户枢纽功能，构建全球城市网络大型节点

可解的结、操纵的机键，比喻控制事物的机键、系结事物的中心部分。"枢纽"（hub），据《辞海》，"比喻冲要的地点，事物的关键之处"，《汉典》中对"枢纽"的认知，多是从其发挥的作用入手，指主门户开合之"枢"与提系器物之"纽"，具有控制、扭转、调节、调度等功能，是事物关键的部分、联系的中心环节。在现代社会，对枢纽的认识，多是从交通枢纽层面来理解，一般地处路网各大通道或线路的交叉点，是交通运输网的重要组成部分，是运输过程和为实现运输所拥有的设备的综合体，也是路网客流、物流和车流的重要集散中心。近年来，枢纽一词的应用范围也不再仅仅限于交通领域，枢纽一词逐渐显露出其本义，成为各行各业重要节点、中心位置、关键环节、制动机关等的代称，比如经济枢纽、贸易枢纽、科技枢纽、技术枢纽、文化枢纽、物流枢纽、资本枢纽、信息枢纽、人才枢纽等。

门户（portal），据《辞海》原意是指正门、房屋的出入口、途径、门径，比喻出入口或必经之地，对事态发展具有开合控制、导向转折、通道路径的重要作用，后被衍生出家世、门第、关键部位、网络门户等多重含义。门户城市（portal city），是一个区域对外连接交流的出入口、必经之处、窗口门户和各种货物服务的集散地。城市的门户主要分为地理物理意义层面的有形门户和政策法律层面的无形门户，有形门户指城市对外交流、交通的节点区域，如机场、汽车站、高铁站、港口码头、领事馆、政务服务大厅和签证中心、会展大厅等，无形门户指城市在区域政治经济社会开放发展中的制度性定位功能，如自由贸易试验区、综合保税区、改革试验区、国家中心城市等。

从综合城市功能层面来看，门户枢纽城市指在经济、金融、信息、科技、文化等领域外向性、联系度、国际化程度高，具有区位上的中心位置、关键节点优势，具有资源汇聚、整合、控制、调度、配置能力，具有创新策源、制动功能，在一定范围内具有很强的集聚力、辐射力、吸引力和影响力的城市。

二、综合门户枢纽的特征与标准

理论上来看，综合门户枢纽在世界城市网络中是各种能量流最密集、内外联系度最复杂、功能作用最核心的超级节点。从传统平面思维来理解，节点是两条以上线的交叉、交织或交融，超级节点已经突破了物理或平面上的意义，而应该以多角度、各层面、立体式的视角来理解，是地理、交通层面的物理节点，也是信息、资金、产业层面的经济节点，是多条线交叉、多层面交融形成的节点，继而不同节点之间叠加、融合，从而产生化学裂变反应和生物突变反应的"超级节点"。正如美国全球战略家帕拉格·康纳在《超级版图：全球供应链、超级城市与新商业文明的崛起》中指出的："人类社会正在发生根本性的变革，功能性基础设施，而不是国界，将主导世界的运转。""基础设施的连接程度就跟人口结构、资本市场、劳动效率和技术水平一样是全球经济发展的源泉。""一个国家的重要性的根本决定因素不是其地理位置或人口规模，而是其互联互通程度，即在地理互联、经济互联、数字互联层面上是否深度参与全球资源、资本、数据、人才和其他价值的资产流。"21世纪的人类社会，世界成为人流、物流、信息流、技术流、资金流、能量流相互交织、融通而形成的一个巨大的网络空间，全球范围内的单个国家、组织、城市或区域，按照其联通等级高低、联系度松紧、辐射能级大小等，相应地在全球的生产组织、资源配置等价值链中占据一定的位置或位次。一般来说，哪个城市能占领铁路、公路、机场、港口等特定地缘通道和对外开放门户，就能获取资源使用、收益和再分配的控制力和影响力，谁就能占据全球城市网络体系的中心节点位置，从而成为国际门户枢纽。纽约、伦敦、东京、新加坡、香港等全球门户枢纽城市无不从拥有良好的区位优势、交通设施、资源配置能力和营商环境，进而在世界范围内重构、重塑产业链价值链，控制、配置资源，从而引领辐射世界。虽然综合门户枢纽的基础条件、自然禀赋和发展历史各异，但它们之所以能成为全球门户枢纽，具有一些可溯源、可比较、可检验的共性特征和标准，主要如下。

（一）具备得天独厚的区位优势

目前公认的全球门户枢纽城市主要有6个，包括纽约、伦敦、东京、香港、新加坡和迪拜。其中纽约地处美国东北纽约州东南哈德森河口，紧邻的哈德逊河让纽约享有航运之便；伦敦位于英国的东南部，有泰晤士河流经，东临北海，南临英吉利海峡；东京位于日本关东平原南端，面向东京湾，位于日本列岛中心；新加坡地处马六甲海峡，在"东方十字路口"，区位优越；迪拜位于中东地区的中央、中亚非交界处，面向波斯湾；香港是中西方的桥梁和纽带，维多利亚港是水深港阔的天然良港。从中可以看出，全球门户枢纽城市大部分处于沿海地带、江海湾区或三角洲地带，通江达海、联系全球的距离较短、成本较低，往往成为国际贸易的重要节点，并依托广阔腹地的土地、市场、人力资源等要素，发展成为一个国家或地区的政治、经济或文化中心。

（二）具备高等级的枢纽设施

一切有形资源的集散是通过中心城市与目标区域之间的港口、机场、公路、铁路等交通运输网络实现的。交通工具从畜力、人力驱动的马车、黄包车，到蒸汽驱动的火车、汽车、轮船，再到石油电力驱动的飞机、高铁，压缩、拉近了空间区域距离，让全球城市连接成网络。一切无形资源的集散都是通过电话、传真、电视、移动通信、互联网等通信网络实现的。综合门户枢纽城市，拥有通达全球的海港、空港，是国际交通运输网络体系中的重要节点，也是全球信息网络的中枢和关键节点。

（三）具备强大的链接结网能力

一个城市在全球范围内的战略重要性主要靠它的链接结网能力来体现和衡量，城市链接世界、组织世界的能力越强，在世界资源要素的流动中占据的位置就越显要。全球城市的竞争不是求资源为其所有，而是但求为其所用，已不再是简单地争夺资源，而是以超级枢纽链接更多的资源，打造更大的"朋友圈"。综合门户枢纽城市，应是资源联动组织、功能集成的超级节点、磁场，用它高超的控制力、组织力，让资源在裂变与聚变、收敛与发散、连通与融合中进入指数级增长，从而也能对外发挥辐射引领作用，牵引周边城市和区域围绕其同步运转、协同发展。

（四）具备强大的创新能力

创新是资源要素流动增值的关键，创新能力决定了一个城市资源配置的效率与位势。资源总是流向那些创新能力出众的城市，因为它能给资源持有者带来更大价值。创新能力强的城市，不但集中了全球最顶尖的高等院校、科研机构、文化机构、传媒品牌及创新人才，而且在技术创新和扩散、制度创新和控制、信息创新和传播、文化创新和渗透等方面，在全球发挥着重要的引领作用。

（五）拥有庞大的资源流量

作为全球综合门户枢纽城市，一般具备庞大而高能级的资源流量，在全球网络中联结点越多，这个城市可支配的资源流量就越大。在工业化时代，城市发展注重规模、数量，城市竞争力主要看内部资源承载量，如资源禀赋、经济实力等，是一种资源"存量"竞争；现在伴随信息产业、智能文明对工业经济的改造，传统竞争因素逐渐让位于城市的联系度和流动性，是一种资源"流量"的竞争，充当门户的枢纽型城市往往具有巨大的流量规模。资源流量结构是动态变化的，如工业化早期时代中占主导地位的是港口物流，工业化中后期随着投资贸易的大规模兴起、金融流在世界地位中上升，进入现代信息社会，科技流、数据流和通信流成为全球资源流量构成中最重要的部分。

（六）拥有国际化、法治化的营商环境

从国际经验看，构建一个高度市场化、法治化、便利化、国际化的营商环境，实行国际通行的制度、规则、惯例及标准，是城市顺畅、高效、无障碍开

展全球性资源配置活动的必要前提,这将增强资源持有者及投资者的信心和预期,亦将大幅降低资源配置的成本。实证经验表明,一个城市的经济实力尤其是人均经济发展水平代表了这个城市的经济成熟度,它往往与营商环境质量呈高相关。

综上所述,全球综合门户枢纽城市,一般具有优越的区位,处在与周边国家或区域海陆空联通的通衢位置,建设了四通八达的枢纽型、网络型综合交通系统,并具有国际化、法治化、现代化的营商环境,强大的创新能力让城市的运作高效、便捷,从而成为世界范围内人流、物流、信息流、资金流交汇转换的中枢、纽带和资源配置的中心。

第二节 广州建设综合门户枢纽城市的基础条件与区域格局分析

广州是公元前214年秦朝统一岭南设置南海郡时郡治的所在地,迄今已有2230多年的历史,城市选址中心一直以来未发生重大变化。广州在唐末是全国三大商业城市之一,在唐代是中国第一大港、世界贸易大港,在清朝康熙雍正乾隆时期是世界十大城市之一,鸦片战争前对外贸易居全国之首,"十三行"曾独揽中国外贸近百年,到新中国成立前一直是华南地区的政治、经济和文化中心,新中国成立以来至改革开放前是华南地区中心城市,2000年以来成为国家中心城市,并于2016年进入世界一线城市行列。

广州基础设施投资中交通路网投资额最多,占比最大。特别是2011年以来,广州加大了对交通类基础设施的投资力度,投资额一直最大,占比上升并稳定在高位水平。"十二五"期间,广州"交通运输、仓储和邮政业"投资额平均占比达到48%左右,2016—2019年占比进一步上升,达到51%左右。"水利、环境和公共设施管理业"也是广州基础设施投资的主要领域之一。

表 5-1 广州市 2006 年以来基础设施投资情况一览

单位：万元

年份	基础设施投资额合计	电力、热力、燃气及水生产和供应业		交通运输、仓储和邮政业		信息传输、软件和信息技术服务业		水利、环境和公共设施管理业	
		投资额	占比	投资额	占比	投资额	占比	投资额	占比
2006	5486487	1027261	18.72%	2584536	47.11%	323481	5.90%	1551209	28.27%
2007	5396237	823335	15.26%	2395913	44.40%	231485	4.29%	1945504	36.05%
2008	6058585	721278	11.91%	2993037	49.40%	310452	5.12%	2033818	33.57%
2009	10205364	1921535	18.83%	3755212	36.80%	1018626	9.98%	3509991	34.39%
2010	13322053	2300961	17.27%	4498051	33.76%	898385	6.74%	5624656	42.22%
2011	9977291	891065	8.93%	4274037	42.84%	1864116	18.68%	2948073	29.55%
2012	10650125	1241487	11.66%	4568369	42.89%	1229343	11.54%	3610926	33.91%
2013	11371899	1016015	8.93%	5935429	52.19%	1037231	9.12%	3383224	29.75%
2014	12466576	1227907	9.85%	6707111	53.80%	1251867	10.04%	3279691	26.31%
2015	13390770	1105701	8.26%	6316844	47.17%	1816401	13.56%	4151824	31.01%
2016	15164507	1603562	10.57%	7922729	52.25%	1110701	7.32%	4527515	29.86%
2017	16842963	1573871	9.34%	8832349	52.44%	1060190	6.29%	5376553	31.92%
2018	17619987	1665621	9.45%	9140573	51.88%	1002888	5.69%	5810905	32.98%
2019	21934686	2936260	13.39%	10609024	48.37%	1218183	5.55%	7171219	32.69%

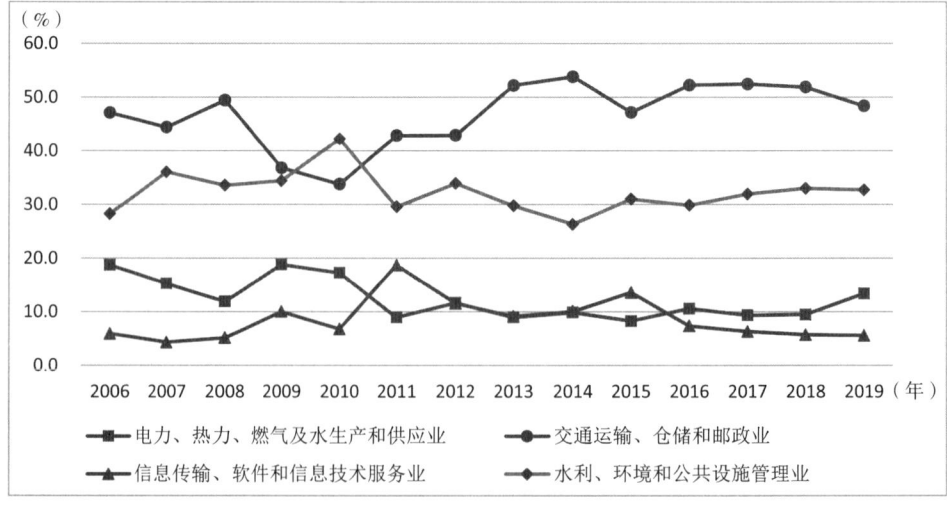

图 5-1 广州市不同类型基础设施投资额占比情况

第五章　强化综合门户枢纽功能，构建全球城市网络大型节点

广州凭借其得天独厚的地理位置及包括国际机场、港口、铁路枢纽、公路站场、集疏运网络等海陆空层次分明的交通体系，形成了覆盖东南亚、连接欧美澳，辐射内地各主要城市的网络优势，成为我国涵盖海、陆、空各种运输方式的典型枢纽代表，是全国三大综合交通枢纽之一，是华南地区最大的进出口岸。近年来，广州按照《粤港澳大湾区发展规划纲要》和《广州市交通发展战略规划》对广州的定位和要求，积极投入、扎实开展建设全球重要综合交通枢纽各项工作，加快建设国际综合交通枢纽，提升全球城市网络联通性，拓展城市影响空间和国际交往格局，综合交通枢纽地位得到了进一步巩固。广州建设综合门户枢纽城市，具备良好的区位优势、基础条件和发展前景。

一、各种交通方式齐备，形成布局合理、功能完善、衔接顺畅、运作高效的基础设施网络

广州枢纽基本具备了区域间以民航、干线铁路、海港、干线公路为依托，区域内以城际铁路、公路、内河航运为支撑，枢纽内以城市轨道为骨干的辐射服务能力。基本形成了以广州白云国际机场、广州港南沙港区为龙头，以广州站、广州东站、广州南站、江村铁路编组站为核心，以公路客货运枢纽站、地铁枢纽站为补充的空间和功能布局，整体结构基本合理，支撑了广州市城市空间拓展和布局的优化。

二、枢纽布局科学合理，辐射能力和支撑城市空间作用明显

广州白云国际机场是我国三大国际航空枢纽机场之一，现有三条跑道，飞行区等级为4F级，充分发挥国际中转、对外门户、国内枢纽功能，已经形成了覆盖亚太地区、辐射全球的航线网。2020年，广州白云国际机场国际通航点95个，连通"一带一路"34个国家的61个城市，国际通达性进一步增强，旅客量达到4376.81

万人次，首次登顶全球第一位，成为全球主要的国际航空枢纽。广州港沿珠江两岸至入海口依次分布着内港、黄埔、新沙、南沙等四大港区，积极拓展国际国内航线，开通集装箱航线226条，集装箱驳船航线近200条，是全国沿海主枢纽港和集装箱干线港、国内最大内贸集装箱港，是连通非洲、地中海和亚洲地区的重要枢纽港，成为全球物流链中重要的一环。"十三五"期间，广州港累计完成货物吞吐量约30.1亿吨、集装箱吞吐量1.08亿TEU（标准箱），较"十二五"期间分别增长25.8%和36.7%，货物吞吐量先后超越天津港、新加坡港，集装箱吞吐量先后超越釜山港、香港港。2020年，广州港货物吞吐量6.36亿吨，全球第四，其中内贸4.9亿吨，全国第一；集装箱吞吐量2350.5万TEU，全球第五，其中内贸1445万标箱，全国第一；新华·波罗的海国际航运中心发展指数排名由2015年的全球第28位跃升至2020年的第13位。广州铁路枢纽是全国重要的、华南地区最大的铁路枢纽，是粤港澳大湾区铁路交通中心，已形成以广州南站、广州站、广州东站为主，广州北站为辅的"三主一辅"客运格局，拥有京广铁路、广深铁路、广茂铁路、广珠铁路、南广铁路、贵广铁路和京广高铁、广深港高铁，广珠城际、广佛肇城际等。广州在"十三五"期间实现了区区通地铁的目标，截至2020年底，建成了地铁线路14条，运营里程531千米，有轨电车2条，运营里程20.5千米，衔接了广州白云国际机场、广州站、广州东站、广州南站等主要客运枢纽。广州公路枢纽是华南地区最大的公路主枢纽，拥有京港澳高速、大广高速、二广高速、广深高速、沈海高速、济广高速等高速公路，交通运输发达。

三、信息枢纽设施建设基础扎实，信息资源配置能力和产业发展效果较好

作为国家重要的中心城市，广州信息基础设施发达，是国内三大通信枢纽、互联网交换中心和互联网国际出入口之一，智慧城市建设水平走在全国前列。"十三五"期间，广州加大了信息基础设施的建设力度，实施"光网城市"工程、

推进数字新基建发展三年行动计划等，信息化水平继续稳步提升。广州按照"5G网络建设为基础、5G融合应用为牵引、5G产业创新为核心"的发展思路，截至2020年7月，已建成约2.5万个5G基站，培育130余项"5G+"示范应用，规模和生态氛围居全国前列。在推进智慧灯杆试点模式、5G基站建设模式等方面打造了一系列典型和样板。在5G场景应用上，广州重点在无人驾驶、智慧物流、智慧城市、智慧金融、工业互联网、智能装备、高清视频等领域，发挥5G赋能作用。成功打造了全球首个基于3.5GHz频段5G网络覆盖的机场、全省首个"5G智慧河涌"应用场景、全国首条常规公交5G运营线路等。在新一代信息技术产业领域，新型显示、人工智能、集成电路、新一代移动通信、虚拟现实等在广州发展迅猛，为广州新一代信息技术产业加速发展增添了新动力。在集成电路领域，泰斗微电子是国内首个集成了射频、基带与闪存的"三合一"解决方案的厂家；润芯的北斗卫星导航芯片各项技术指标和销量名列前茅。在新一代移动通信领域，京信通信引领全球小型化多制式基站天线技术，移动通信天线产能全球第一，市场占有率第二。在卫星导航领域，广州卫星导航企业数量约占全国的1/5，海格通信、中海达、南方测绘、广州润芯等一批技术领先企业聚合成北斗产业"广州军团"。

第三节 广州完善综合门户枢纽功能的战略重点

步入新发展阶段，应按照全面开启社会主义现代化国家建设新征程的战略部署，把握构建以国内大循环为主体、国内国际双循环相互促进的新发展格局总体要求，应用新技术，适应新需求，创建新模式，推进铁路、公路、机场、港口、隧道等基础设施建设，加强大洋航线、道路网络、网络电缆、电网等互联互通，完善面向全球的航空航运网络、面向亚欧大陆的铁路班列，不断提升连接效能，转变传统交通运输发展方式，持续提升服务全球的国际运输能力和影响世界的国际交通网络，实现12小时全球航空交通圈，全面提升战略支撑和引领能力，将广州打造为在全球范围内实现货物资本等要素集散、市场拓展的空间载体和管理中枢，构建支撑人和商品国际交流持续发展的现代化枢纽城市，聚集掌控资本流动和文化话语权的雄厚实力。

一、提质国际航运枢纽

珠江口"三江汇流、八口入海"（三江：西江、北江、东江；八口：蕉门、洪奇门、横门、磨刀门、鸡啼门、虎跳门、崖门、虎门八大口流入伶仃洋）的地理优势，让地处珠江入海口的广州，具有比较长的岸线、比较广的腹地，适于建设各类型港口，为航运发展带来极大的便利。广州应以广州港南沙港区为核心，打造丝绸之路经济带和海上丝绸之路的战略支点。

（一）完善航运枢纽布局

优化港区功能布局，促进港城协调发展，采用开放式、市场化手段，推动珠江口内及珠江西岸港口资源整合与合作，创新对接西部陆海新通道，打造世界级枢纽港区。支持广深两地深化港口基础设施建设合资合作，争取国际航运保险增值税免税政策落地，加快建设世界级港口群。重点发展南沙港区，重点建设南沙港区大型专业化深水泊位和出海航道，实施南沙港区四期和南沙港区国际通用码头等工程，实现港口货运功能向南沙港区集聚，建设南沙国际邮轮母港，加快培育邮轮旅游产业。推进内港港区和黄埔港区老港作业区转型升级，根据城市化发展逐步调整货运功能，转型发展邮轮、客运、滨水休闲功能。发挥黄埔港区、新沙港区的重要港区作用，推进技术改造，拓展增值服务，促进港口物流产业升级。内河港区主要服务城镇临港产业，重点喂给南沙航运物流枢纽，适度发展滨水休闲功能。

（二）完善疏港网络规划

进一步完善疏港多式联运体系，加快广州港深水航道拓宽工程、西江航道扩能升级工程等航道建设，提升船舶通过能力和航线辐射能力，进一步完善海水—水水联运。加快建设南沙港铁路，推进海铁联运，加强内陆无水港规划建设，形成广州至长沙、昆明、成都三大无水港运输廊道。完善集疏运公路网络，建设南中高速、广中江高速、虎门二桥、黄榄干线等公水联运通道，实现南沙港区与周边城市大型货运枢纽、主要货源点便捷高效连通。

二、拓展国际航空枢纽

21世纪，航空运输凭借其高速直达性，能建立城市间快速直接的客货运联系，扩大城市辐射范围，增强城市职能。航空枢纽对于城市对外开放、国际合作具有重要作用，将进一步促进城市的国际化和现代化，是21世纪城市发展的重要驱动力。广州应以机场为基础，融合高铁、城轨、高速公路等多种交通设施，扩大规模，拓展功能，依托广州白云国际机场，建设国际航空枢纽港，大力发展临空经济，建设成为国际领先的空港经济示范区。

（一）完善航空枢纽布局

紧抓我国实施"一带一路"、自由贸易试验区建设和加快民航业发展等重大机遇，着力提升白云机场国际航空枢纽地位，着力建设生态智慧现代空港区，着力发展临空高端产业，着力推进体制机制创新。围绕打造粤港澳大湾区世界级机场群，以广州白云国际机场为龙头，加快白云国际机场三期扩建，推动第四、第五跑道建设，拓宽航线网络，壮大临空经济示范区，构建国际航空枢纽体系。

（二）完善航线网络规划

积极推进空域管理制度改革，扩大广州白云国际机场空中通道能力，增加空中交通容量，争取尽快放开低空空域，提高空域运行效率和安全水平。搭建广州"空中丝路"，继续建设以广州白云国际机场为核心，面向东南亚、南亚、大洋洲的网络体系。大力开拓欧洲、美洲、非洲的国际航线网络，打造通达五洲的洲际航线网络体系。继续完善国内航线网络，构筑干、支线结合的航线层次结构。优化点对点航线网络，建设轮辐式航空网络，推进空铁联运发展，完善国际航空货运网络。推动广州白云国际机场与珠三角地区周边机场的协同发展，满足珠三角地区航空业务量增长的需求。

（三）完善集疏运体系

以构建"内通外联、内外循环"交通网络格局为目标，完善机场集疏运体系，统筹建设时序，促进城际铁路、城市轨道、高快速路及机场周边市政道路的无缝衔接。推进广州北站综合交通枢纽建设，规划广州机场站，研究广河高铁、广湛高铁、广中珠澳高铁和东北客车联络线引入广州机场站方案，加强广州北站和白云国际机场的交通衔接，实现空铁联运。加快推进机场第二高速、花莞高速等高快速路建设，完善空港道路集疏运网络。规划研究城市轨道引入广州白云国际机场新通道，加强空港与广州主城区、南沙副中心的快速联系。

三、打造世界级高铁枢纽

围绕广州建设全球交通枢纽的总目标，按照"四面八方、四通八达，客内货外、动内普外、多站布局、多点到发、高效换乘、互联互通，总体规划、分步实施，路地合作、互利互惠"的总原则，推进广州建设国际铁路枢纽，形成辐射国内外的大型放射状铁路枢纽。

（一）完善高铁枢纽布局

谋划建设广深第二高铁，推进广湛、广汕高铁等标志性骨干工程和广佛环线、穗莞深等城际轨道项目，加快广州地铁线网向周边城市延伸。按照多站布局、多点到发的站场布局和功能分工，以及互联互通、高效换乘的客运枢纽布局原则，规划

第五章　强化综合门户枢纽功能，构建全球城市网络大型节点

形成以广州站、广州东站、广州南站、佛山西站、白云站为主要客站，以广州北站、南沙站、新塘站为辅助站的"五主三辅"客运枢纽布局，预留增城站、机场站、知识城站发展为枢纽重要客运节点条件，规划研究广州东部新客站。按照多式联运、铁路物流融合发展的货运枢纽布局原则，形成以广州集装箱中心站为一级，以石龙物流基地、增城西物流基地为二级，万顷沙物流基地为三级的铁路货运枢纽布局，支撑广州市城市空间发展战略、广佛同城化、广清一体化发展及粤港澳大湾区世界级城市群建设。

（二）完善对外轨道交通网络

规划形成辐射全国10个方向"四面八方、四通八达"的对外战略通道格局，强化广州枢纽在国家铁路网的功能定位和国内外服务辐射能力。规划建设支线和联络线，加强枢纽内互联互通，提高广州铁路枢纽中转运输效率。枢纽内规划广深港高铁引入广州中心城区联络线、京广高铁引入广州站联络线（广州北—白云站）、广州北站至长岗站联络线、仙村联络线、赣深高铁南沙支线、广州站至广州东站增建Ⅲ、Ⅳ线工程等6条客运联络线。规划建设穗莞深城际琶洲支线、广佛江珠城际、广佛环佛山西至广州北段、广清城际广州站至广州北站段等城际铁路交通项目。

四、优化综合交通枢纽运营管理服务模式

综合交通枢纽运营管理是体现交通运输行业运营效率和服务质量的重要环节。广州综合交通枢纽规模巨大、主体众多、功能多元、信息分散，需要统筹协调整合，打造多模式多业态城市综合公共交通体系，持续增强城市综合交通精准动态协同服务能力，建设世界级都市数字交通体系。

（一）建立科学合理的运营管理模式

枢纽中各运营管理主体不仅要做好自身的运营管理，更要兼顾其他交通方式的

运营特点，做到运营过程既相对独立，又协调联动，发挥整合优势，为客货运输提供统一、便利和高效服务。广州客货枢纽中，特级、一类（级）、二类（级）枢纽由多种交通方式、多元投资主体和运营主体构成，原则上应朝专业化运营、一体化管理模式方向发展。除专业化业务（包括行车组织与管理、调度及客户服务、施工组织与管理、专用设备维护与管理等）由各部门独立运营外，共性化业务（包括内外部协调与管理、票务组织与管理、枢纽物业维护与管理、公交站场维护及管理、出租车场维护及管理、社会停车场维护及管理、共用设备的维护与管理、资源综合开发及管理等）应由枢纽运营企业实行统一管理，并建立专门协调机制和机构。三、四类（级）枢纽交通方式、投资主体和运营主体相对单一，原则上保留现有专业化管理模式。

（二）强化枢纽间的合理分工、单体枢纽内的分工协调和一体化管理

重点协调综合交通枢纽与区域经济发展、城市空间布局，发挥枢纽系统的整体效能，建立央地间、区域间、方式间合作机制，将综合交通枢纽作为交通运输协调发展的切入点，确保区域交通一体化保障机制的逐步形成和完善。在广州主城区既有车站进行改造后，结合车站和线路能力，将中短途高速动车的到发车站设在广州站、广州东站，平衡好中短途客流、中长途客流直接进入广州主城区的需求。综合衔接枢纽与城市公共交通系统运营服务，着手建立联动运营平台，实现各管理主体信息互联互通和信息共享，协调管理。建立公共安全、应急保障体系，有效实现客运枢纽与城市轨道交通、地面公交、出租车等方式的联动，提高客运枢纽特殊情况下高峰客流疏散能力。

（三）提升交通枢纽信息化水平

充分利用"互联网+"手段，通过建立公众出行和公共交通乘客信息服务平台，以及基于移动互联网的枢纽信息服务系统等，有效整合旅客出行、载运工具运行、配套服务等信息，实现各方式、各主体之间信息共享，便利公众出行，利用"大数

据"建立管理决策支持系统，保障客运枢纽顺畅运行。围绕网上运输交易，开发网上交易、合同确认、货物流转监管、网上支付结算等交易相关功能，提供运输物流服务整体解决方案。进一步开发信息服务、行政服务、物流技术辅助等增值服务功能，发挥整个枢纽系统的综合效能。

五、构建全球信息枢纽

美国学者帕拉格·康纳在《超级版图：全球供应链、超级城市与新商业文明的崛起》中提到，"全世界部署的高速宽带越多，就会有越多的民众和消费者从更快的信息访问、更低成本的产品以及更多的就业机会中得益"。发达的信息基础设施，诸如5G、区块链、云计算、物联网等是构成全球城市高度专业化和网络化的特有优势，信息时代的全球资源要素再配置能力是以信息网络为基础形成的，同时，全球信息网络的重要节点也支撑着全球城市的地理区位枢纽地位。广州应围绕强化数字转型、智能升级、融合创新支撑，布局建设信息基础设施、融合基础设施、创新基础设施等新型基础设施。坚持数字新基建与产业创新、融合应用、新消费、市场相结合，市区联动齐抓共建，兼顾广州既有基础和长远发展，以融合应用为突破，以创新项目为牵引，以数据内容为要素，以人才集聚为根本，以生态构建为支撑，催生广州市发展数字新基建的"头雁"效应。

（一）打造粤港澳大湾区信息基础设施领先城市

实施"宽带广州"行动计划，构建高速大容量光通信传输系统，加快建设未来网络试验设施，推动城域网向高速传送、灵活调度和智能适配方向升级。全面提升IPv6用户普及率和网络接入覆盖率，推进下一代互联网的超前布局和商用。加快"三网"融合进程，推动信息网络互联互通和资源共享。加快敷设5G网络，建设和完善高速、移动、安全、泛在的宽带网络以及大数据基础设施，加快光网城市和无线宽带城市建设，打造高普及、高容量、更互联的国际网络环境。围绕城市管理、智能制造、医疗教育、文化娱乐、体育休闲等不同方面，加大应用推进力度，推进5G与工业互联网、大数据、人工智能深度融合，努力成为辐射粤港澳大湾区的全国首批5G商用试点城市和综合型信息消费示范城市，城区5G网络连续覆盖，5G场景应用生态圈基本形成，5G赋能产业在重点领域实现集群化发展，5G发展走在全国前列，建成低时延、高附加值、产业链带动效应明显的数据应用区。

（二）构建全球顶尖的智能化"创新型智慧城市"

大力推动移动互联网、下一代网络、云计算和物联网等新兴技术的创新和应用，在全球范围内实现人与人、人与物、物与物之间的全面互联，促进经济与文化的更好沟通。重点发展下一代网络设备、软件定义网络设备和模块化数据中心成套装备，开发高速光传输设备及大容量组网调度光传输设备。加快部署5G创新示范网络，重点研制5G关键技术综合验证平台、移动通信系统设备、移动通信仪器仪表、移动终端等。研发安全可靠的高端服务器、大容量融合存储设备、大数据一体机、高可靠性工业控制计算机，发展面向金融、交通、医疗、能源等行业特色应用的专业终端设备。研发应用于不同领域的专用移动智能终端产品和具备智能交互能力的新型智能手机。打造粤港澳大湾区人工智能产业集聚区、国家级人工智能创新发展试验区、人工智能创新应用先导区，建设"智杆""智路""智车""智品""智桩""智园""智区""智链""智轨"，推动形成50个智能经济和智能社会应用场景，打造智能网联汽车、智能机器人、智能硬件等重点产业集群，努力培育50家以上人工智能技术、产品制造、应用和服务领域的全国领军企业。坚持正确的网络安全观，强化网络安全意识，加强关键信息基础设施安全保护，着力提升网络安全防护能力，筑牢网络安全屏障。

（三）形成全球跨界融合型"智造名城"

借鉴新加坡经验，深化与国内外互联网巨头战略合作，建设国家大数据综合试验区和国际性大数据中心产业园，吸引世界级的互联网及媒体公司在广州设立大数据中心，提供信息存储、数据内容、数据服务、数据分享、信息安全等系统解决方案，建立全球可信赖的大数据市场。依托《财富》国际科技论坛、国际金融论坛、世界港口大会、世界大都市协会世界大会、全球市长论坛等重大国际会议活动，在特定区域开展"5G+4K/8K+AI"实时转播试验等创新应用。深度参与国家多轨道宽带卫星通信网络建设，探索气球、飞艇等高空覆盖新方式，推动空天地网络一体化发展。形成国内领先的低时延、高可靠、广覆盖的工业互联网基础设施和各有侧重、协同集聚发展的工业互联网平台体系，推动标识解析国家顶级节点（广州）建设成为国家级网络空间核心基础设施，培育1—2家达到国际水准的跨行业跨领域工业互联网平台，培育300个左右面向特定行业、特定场景的工业APP（应用程序）和工业软件。建成全国智慧充电设施的标杆城市，电动汽车充换电设施数量充足、布局合理，能够满足全市电动汽车充换电需求。

六、建设"一带一路"重要枢纽城市

当前及未来一段时期，"一带一路"建设都将是我国统筹国内国际两个大局、加快新一轮对外开放的重大战略决策。广州是陆上与海上丝绸之路的重要交汇点、岸线经济与海洋经济的重要交汇点以及泛珠三角地区物流黄金大通道重要入海口，是"一带一路"建设中的枢纽城市，战略位置十分重要。在全球城市体系大格局当中，广州作为追赶城市，要在国家"一带一路"建设中扮演更加重要的角色。可以依托毗邻珠江独特的港口优势和广州外向型经济优势，面向"一带一路"沿线国家，重点开展产业发展、国际贸易、相互投资和人文交流四个方面的合作，构筑经济和文化全方位合作的战略发展平台。

（一）促进基础设施互联互通

畅通与"一带一路"沿线国家和地区的海、陆、空立体人流、物流通道，重点建设面向沿线国家的航空客货运国际中转枢纽，增加来往"一带一路"沿线国家的航线和航班，有序推进中欧、中亚等货运班列发展，推进中欧班列等跨国物流发展。大力拓展与"一带一路"沿线主要港口合作，加强能源及大宗商品贸易。推动"单一窗口"与港澳、"一带一路"沿线口岸互联互通，支持南沙建设全球进出口商品质量溯源体系。集成枢纽设施、枢纽型企业和国际商贸优势，着力建设商贸物流网络，重点围绕"一带一路"沿线设立境外货仓、代表处、办事处、联络办等网络连接点。携手港澳建设企业"走出去"综合服务基地。

（二）深化与"一带一路"沿线国家的国际产业合作

立足广州现有产业发展基础，对接沿线国家的需求，开展先进、适用、有效的产业合作，引导广州市企业加大对沿线国家的相互投资力度，支持向外输送部分产能。深化贸易往来和双向投资合作，推进在沿线国家和城市布局产业合作园区、重点投资项目和企业销售采购网络，加快推进名创优品"百国、千亿、万店"计划、中国-沙特吉赞经济城产能合作项目、广东-马六甲皇京港临海工业园建设。牵头推进成立中沙合资公司开展吉赞经济城招商工作，推进泛亚"石油化工化纤一体化"等重点项目加快落地。鼓励广州市国有企业与中交建、中铁集团等央企合作，积极参与境外产业集聚区、工业园区、经济特区等合作园区的建设、运营和招商，引导企业"抱团出海"。支持黄埔区建设"一带一路"创新合作区，创建拥有广州市级管理权限的创新城区样板。深化中新广州知识城合作以及中欧、中以、中日、中瑞（士）等科技和产业合作。加快推进与东盟地区的经济交往，出台深化与东盟合作行动方案，争取国家支持将更多与东盟经贸合作的平台放在广州，组织企业开展密切的经贸交流活动，力争成为东盟各国企业进入中国的桥头堡和首选地，促进东盟与我国的经济交往，为国家实施"一带一路"倡议提供"广州经验"。

（三）加强经贸互动和人文合作交流

积极利用"一带一路"国际金融平台拓宽广州市项目投融资渠道，争取亚洲基础设施投资银行、丝路基金等金融机构在广州市设立办事处，支持广州开发区与亚洲金融合作协会合作共建亚洲金融智库，支持金融机构结合"一带一路"建设，为"走出去"企业提供完善的金融服务。支持广州承办"一带一路"重大主题活动，推动海丝博览会升格为国家级展会。充分发挥海上丝绸之路申遗牵头城市的作用，推动海丝沿线各国联合申遗，促进广州市与沿线国家文化团体、优秀作品的交流展示，推动市属高校、中职学校与沿线国家和地区的教育交流合作，吸引沿线国家和地区优质生源留学广州，着力推广海上丝绸之路观光旅游线路。

七、打造粤港澳大湾区核心门户城市

在区域城市网络中，通过专业化分工形成功能互补，促进制造、金融、科技、服务和社会等功能链网分工合作，由此产生的网络正外部性极大提升中心城市的资源承载能力和吸引力。在依托区域支撑的基础上，中心城市实行更加开放的政治、经济政策，积极嵌入全球分工合作体系，促进产业链延伸、价值链提升和供应链优化，将能极大地激发城市自身的潜能以及增强其吸纳和控制全球其他城市或地区主要创新流、信息流、资金流、贸易流的能力。广州应抓住建设粤港澳大湾区重大机遇，携手港澳加快推进相关工作，打造国际一流湾区和世界级城市群。

（一）推进体制机制创新突破

促进与大湾区各城市间的基础设施联通、市场一体化发展、产业和创新协同，聚焦破解"一国两制""三个关税区"条件下制约要素便捷流动的体制机制障碍，率先推动在基础设施、投资贸易、金融服务、科技产业、生态保护和社会服务等方面创新湾区合作机制，完善便利港澳居民在穗发展的政策措施，积极推动"广州—深圳—香港"科技创新走廊建设，加速湾区金融合作。重点推荐粤港澳大湾区内人才流、资金流、信息流等高端要素高效配置，在投资贸易、运输、金融、科技、会展、教育、专业服务等方面创新大湾区合作机制。在对接穗港澳三地制度方面，研究推动港澳投资跨境登记全程电子化，探索穗港澳三地"单一窗口"对接与合作，完善海陆空联运体系；在高端人才便利流动方面，推出赴港澳商务备案便利措施，建设粤港澳人才合作示范区，探索简化港澳高层次人才准入审批管理；在辐射大湾区和泛珠三角间联动、省市区上下联动、多部门横向联动的协同发展和管理体制。

（二）促进大湾区要素流动

一是大力推进交通便利化。加快与港澳相关专业部门及公共机构协商，在逐步构建三地公交"大数据中心"和清分网络的基础上，尽快推动"岭南通"拓展为"湾区通"，渐进式推进三地车牌照证管理一体化，实施车、牌、证年审结果三地互认。二是大力推进货物通关便利化。在粤港澳大湾区建设领导小组统一指导下，发挥广州地方积极作用，带头协商推进三地"信息互换、监管互认、执法互助"大通关建设，积极探索推行"一地两检""一地三检"或"两地一检""三地一检"等。三是尽快构建统一支付平台和标准。拓展基于多币种金融IC卡为载体的移动金融在湾区内公共服务、旅游酒店、物业管理等领域的应用，发行统一标准的金融IC卡（电子钱包）。统一湾区居民个人跨境消费电子支付平台标准，便利港澳居民在境内使用二维码、电子钱包等移动支付工具。四是逐步推行广州地区科研项目申请向港澳开放。领头实施粤港澳大湾区科技合作试点，争取省内科研院所能够向港澳科技部门申请科研项目。率先推行广州市级财政科研项目向港澳机构开放申请，科研项目资金允许过境港澳。

（三）加快推进南沙粤港澳全面合作示范区建设

充分发挥南沙国家级新区、自贸区"双区叠加"的政策优势，加快建设粤港澳全面合作示范区、综合服务枢纽和共享发展区，推动南沙在促进投资便利化的营商环境建设中率先突破体制机制障碍，与港澳实现更高层次的开放合作，形成可向全国复制推广的经验。全力建设庆盛科技创新产业基地、咨讯科技园等重大平台，争取重大科技基础设施（实验室）落户；布局先进制造、第三代半导体、人工智能、生命健康、海洋科技、新材料等前沿领域，积极引进新型研发机构和科创团队，打

第五章 强化综合门户枢纽功能，构建全球城市网络大型节点

造广州科技产业创新枢纽的重要支撑、广深港澳科技创新走廊的重要节点、大湾区国际科技创新中心的重要载体。创新与香港港口通关模式，建立与香港机场海空铁联运通道，发展海空联运中转业务。争取设立大湾区商业银行和创新型期货交易所，建立与自贸区相适应的账户管理体系，在人民币跨境使用、资本项目可兑换等方面先行先试，争取设立全牌照合资证券公司，构建与港澳资金互通和市场互联机制。发挥自贸区法院、南沙国际仲裁中心、"一带一路"国际商事调节中心南沙自贸区调解室、粤港澳律师事务所等机构优势，打造粤港澳大湾区多元纠纷解决示范区。

（四）辐射带动泛珠三角地区共同发展

深入推进粤港澳大湾区城市同城化，全面加强高铁经济带城市间基础设施、产业发展、社会民生等方面的合作。强化广州—深圳"双核联动、双轮驱动"作用，深化产业、科技、金融、基础设施等领域合作，共同做优做强做大珠三角核心区。推进广佛同城化，强化广州—佛山极点带动作用，推动广佛全域同城化。深化与东莞、中山等周边城市的战略合作，推进广清一体化、建设广清经济特别合作区，建设广佛肇清云韶经济圈，加强与粤东西北地区经济协作，建设珠江—西江经济带等，支持广州与肇庆、云浮、韶关等城市加强商贸、物流、农产品等领域的合作共建。

第六章
增强科技创新策源功能，打造全球科技创新顶级枢纽

当今世界百年未有之大变局加速演进，科技创新成为国际战略博弈的关键杠杆和"胜负手"。与此同时，世界新一轮科技革命从蓄势待发进入群体迸发阶段，全球经济也加速从资本竞争向创新竞争转变，无论是传统的国际金融中心如纽约、伦敦等，还是曾经辉煌的重化工业名城如匹茨堡、伯明翰等，都在积极拥抱科技创新，抢占全球创新链的战略性环节。世界上的三大湾区，一般认为纽约属于"金融湾区"，东京为"产业湾区"，旧金山为"科技湾区"，实际上现在看来它们都属于"创新湾区"，强大的创新能力构成了这些湾区的真正内核。《粤港澳大湾区发展规划纲要》正式实施，规划提出七大战略任务，而排在首要的任务就是：深化粤港澳创新合作，建设国际科技创新中心。作为湾区四大中心城市之一，广州是广深港和广珠澳两大科技创新走廊的交汇点，在大湾区建设国际科技创新中心中被赋予重大使命。在此规划框架下，广州市委基于自身优势对其科技创新功能提出了一个新的目标定位——强化科技创新策源功能，并在政府层面出台了关于进一步加快促进科技创新的政策措施，即科创"十二条"，突出了广州作为湾区源头创新、创新引擎的地位。本章重点围绕广州提升科技创新策源功能进行深度分析。

第六章 增强科技创新策源功能，打造全球科技创新顶级枢纽

第一节 科技创新策源功能的基本内涵与特征

一、内涵界定

科技创新策源、策源地及策源功能的说法近几年逐渐兴起，较早提出创新策源相关理念的是上海市，其重要官方智库上海市人民政府发展研究中心在2015年的研究报告中，首次提出了"欧美发达国家凭借雄厚的科技资源和丰富的人才储备在全球创新体系中占据主导地位，成为科技创新和产业变革的策源地"的基本判断。2018年11月，习近平总书记在上海考察时明确指出，要在增强创新策源能力上下功夫。2019年3月，上海发布《关于进一步深化科技体制机制改革 增强科技创新中心策源能力的意见》，明确了上海建设国际创新策源地的目标和路径。近两年，中美经济战、科技战愈演愈烈，国内关键和核心技术"卡脖子"问题日益突出，以此为契机，增强科技创新策源能力被提升到国家战略的高度，并逐步成为国内顶级城市的目标追求。那么，如何准确理解科技创新策源功能呢？

从学术界来看，对创新策源功能的理解主要有两个视角。一是侧重于"源"，主要指的是源头创新或原始创新的能力，着力于推动创新链上游即基础研究、理论研究上的重大突破，包括产生学术新思想、科学新发现等。一般而言，科技创新可分为知识创新、技术创新和现代科技引领的管理创新（涵括宏观管理层面的制度创新和微观管理层面的组织创新）三大类，而源头创新或原始创新就是指知识创新，即提出新概念、新思想、新理论、新方法、新发现和新假设的科学研究活动。二是强调对创新资源"策"化或统合的能力，既关注基础研究，强调首创精神，要求提升源头创新能力，又突出应用研究、开发研究，通过对各类创新资源及活动的组织策划与体系创建，推动技术创新和产业创新，注重培育形成战略领先的现代产业集群和创新企业集群。

综合以上观点，本书认为，科技创新策源功能就是指针对科技创新的战略目标与对象，积极组织策划创新活动，汇聚相关资源，创造重大成果，进行有

效转化，支撑并引领未来产业和社会发展的综合创新能力，它既拥有强大的源头创新、原始创新能力，也包含作为"创新引擎"而组织统合创新活动的能力，是创新发源与创新组织两个含义的结合。根据上海市人民政府发展研究中心课题组的研究，科技创新策源功能一般应包括创新思想发源地、创新要素集散、创新主体集聚、创新项目策划、创新活动引领、创新成果转化以及新兴产业引擎等一系列子功能。

科技创新策源地，就是指那些以创新为核心驱动力，拥有丰富的创新资源、充满活力的创新主体、高效的创新服务、良好的创新创业环境，在全国乃至全球创新网络中发挥枢纽节点功能和占据领导支配地位的城市或地区。它一般承担五大功能角色：原始创新的主基地、技术创新的领先者、创新资本的供给者、创新活动的组织者以及全球新技术的扩散者。此外，从当今实践案例看，科技创新策源地一般可分为两大类，一类是功能相对单一的创新发起城市，比如像海德堡、牛津、剑桥、尔湾、圣何塞（硅谷）、特拉维夫等中小城市；另一类是功能相对综合的大型创新枢纽，不仅具有多元科技创新子功能，而且还与金融中心、知识中心、产业引领、信息枢纽、国际交往等其他类型功能相耦合，这主要指当今一些典型的全球城市，如北京、东京、纽约、伦敦、柏林等，它们一般具有创新中心城市的汇聚、筛选和释放三项子功能。

二、六大特征

进一步实证分析表明，作为当今世界重要的科技创新策源地，一般都具有如下一些基本特征或标准：

一是科研院所云集。纵观波士顿、纽约、东京以及我国的北京、上海等创新策源地城市，一个典型的共同特征就是重量级大学和科研院所云集，例如，硅谷周边就聚集了斯坦福大学、加州大学伯克利分校等全球顶级大学以及斯坦福直线加速器中心（SLAC）、帕洛阿托研究中心（PARC）等全球知名研究机构，为硅谷产业界源

第六章　增强科技创新策源功能，打造全球科技创新顶级枢纽

源不断地输送领先技术。据统计，斯坦福大学的师生和校友创办的企业产值占硅谷高科技产业产值的50%—60%[①]。波士顿地区则聚集了超过100所大学，其中麻省理工学院在本地的关联企业超过了1000家。而我国首都北京更是全球知名大学和科研院所密集、丰富、高端的城市，实力雄厚的科研机构——中国科学院及所属院所就坐落于此，正是在这些强大科研机构的支撑下，北京才快速成长为世界首屈一指的创新中心之一。

二是思想多元活跃、人才自由流动的区域。因为创新是要创造新的东西，所以头脑里不能有太多的条条框框和原则规定，不能拘泥于旧的东西和既定框架，如果研究者都不敢研究，不敢提出批评，不敢表达意见，怎么能够突破传统和旧制？怎么能够解决实际问题？怎么能够取得创新突破？曾经的巴黎、纽约、香港乃至国内的广州、深圳，都曾是产生革命新思想、科学新发现、技术新突破、制度新模式、做事新规则的地方，所以自由思考、思想活跃的空间是第一位的。同时，创新也需要自由宽松的文化环境，尤其是宽容失败的文化氛围及包容人才的自由流动，这是硅谷最终能够战胜发育更早、先天条件更优的美国另一创新中心——波士顿128号公路的关键秘诀，硅谷对失败的宽容氛围，使得人人都跃跃欲试，成为创业者，而加州浓厚的移民文化及较宽松的法律环境，也使得人才流动频繁，跳槽容易，伴随着人才流动的是信息的流动和知识的传播与分享，这无疑有力促进了创新创业活动。

三是完善的产权保护法律。首先是知识产权的保护，其次是私有产权的保护，因为创新需要承担风险和长期的投资，而这背后若没有对创新机构及其创新成果回报收益的充分保护，是没有任何机构和个人愿意长时期投入的。从发达国家的经验讲，诺贝尔经济学奖得主诺斯就写了《西方世界的兴起》，书里谈到西方世界为什么会兴起，或者说工业革命为什么首先发生在英国和荷兰？答案就是这两个国家创造了有效率的组织，他说有效率的组织主要是保护（知识）产权的

---

① 参见阿伦·拉奥（Arun Rao）、皮埃罗·斯加鲁菲（Piero Scaruffi）著《硅谷百年史》（全三卷）。

组织，因为只有保护（知识）产权，大家才会有动力去投资。如果一个人发明新事物得不到好处，谁也不愿意做这件事。正是因为有了保护知识产权的环境，所以，工业革命策源地首发于英国和荷兰，而不是发生在更早发达起来的葡萄牙和西班牙。

四是强大的基础研究实力。据统计，自2014年以来，中国科研经费投入持续增加，然而根据网上公开的数据，在基础研究、应用研究和实验发展三部分中，我国基础研究投入仅占不到5%，大部分投在了第三阶段的实验和发展。从近期愈演愈烈的中美科技战情况看，不重视基础研究是不行的，因为越高深、影响越长远的核心技术就越需要基础研究的支持，但由于基础研究短期内不能出成果，还可能会经常失败，不容易被考核，领导看不到成果，自然就不会多投资金了，而这种急功近利的思想和做法也直接导致了我们近期面临核心技术"卡脖子"的众多难题。作为科技创新的策源地，必然要在基础研究领域有所建树，具备较强实力和支撑力。

五是充裕的风险投资。作为科技创新策源地，还应成为创新资本的供给者，这其中风险投资在创新链和新兴产业孕育中扮演着关键角色。硅谷、波士顿、特拉维夫等全球科技创新策源中心的风险投资都非常发达。根据《2018硅谷指数》和《全美风险投资协会2018年报》，2017年硅谷、旧金山风险投资额分别达140亿美元和109亿美元，两者合计占全美38.9%，而波士顿则是美国另一个风险投资集聚地。特拉维夫也是世界上风险投资最为密集发达的地区之一，1993年该国政府推出的风险基金"Yozma"计划值得我们借鉴，该计划提供保险给投资者，当创新目标失败时，可由保险去承受80%的风险损失，极大地促进了以色列的风险投资。在国内，北京、深圳、杭州是风投创投最为发达的城市，直接推动了这三个城市的创新崛起。可以说，风险投资的兴起改变了创新路径，成为国际科技创新策源地形成过程中的重要"催化剂"。

六是拥有高能级创新龙头及活跃的企业家精神。作为科技创新策源地，必然也是创新龙头企业诞生之地以及企业家精神极为活跃的地方。著名经济学家熊彼特指出，创新是经济发展最重要的驱动力，而创新的最大推手就是科技龙头企业、企业家和企业家精神。技术发明者固然是源头，很关键，但对产业创新活动而言，龙头企业和企业家才是创新资源、生产要素和生产条件的整合主体或"巧妙组合者"，没有优秀的具有战略眼光、富有冒险精神的龙头企业和企业家，创新不可能取得"最后一公里"的经济成果，也谈不上是真正的创新，更谈不上经济带动效应。科技龙头企业在发起和组织重大创新活动上具有显然的不可替代的强大能力。深圳、杭州在科技创新和战略性新兴产业培育上之所以能够实现逆袭，实现对南京、武汉、西安乃至广州等曾经辉煌一时的科教名城的超越而成为中国新的科技创新策源地，主要不取决于其拥有创新资源的多寡，而在于其培育出腾讯、华为、阿里等这样的创新龙头企业，它们在组织创新活动推动所在城市迈向全球创新策源地上功不可没！

第二节 当代全球科技创新发展的主要趋势

一、全球城市的战略方向

当前，人类社会正处在一个大发展、大变革、大调整时代，能否把握新科技革命发展趋势、强化创新驱动能力，直接决定了国家和城市的兴衰。当今全球经济的一个重大变化特征就是加速从过去的"全球生产网络"向"全球创新网络"升级，从资源、资本、商品的流量枢纽、控制节点向知识、信息、人才的流量枢纽、控制节点升级。从实践上看，国际金融危机的发生，加速了全球竞争从资本竞争向创新竞争的转变，也导致了全球城市体系的分化与洗牌，一批高端枢纽城市出现停滞乃至相对衰落，而一批以创新见长的城市脱颖而出呈现引领发展的能力。原来的国际金融中心相对衰落，但这些中心都在转型，如纽约、伦敦等城市，其科技人员数、科技服务业占比近年来都在大幅上升。科技创新已成为一国和城市发展的生命线，科技创新功能已日益成为全球城市的战略性功能。

二、十大趋势

那么,从全球范围来看,当代世界科技创新主要呈现哪些重要的战略性趋势变化?我们认为以下十个方面值得重点关注。

(一)全球科技创新中心从以欧美为重心向亚太地区扩展,多中心、多节点格局逐步成型

工业革命以来,世界科技中心先后集中在4个国家,分别是17世纪的英国、18世纪的法国、19世纪的德国以及20世纪的美国。20世纪80年代以来,随着全球创新网络的不断深化,科技活动规范和标准逐步统一,跨国公司研究与开发全球布局,以"大科学"项目为标志的国际科技交流与合作加强,科技全球化趋势加快,科技创新中心城市与新兴经济体中心城市开始打破固有全球城市格局,进入最具竞争力城市行列,全球科技创新中心多中心、多节点格局逐步成型。首先,从空间分布看,全球科技创新中心仍高度集中在欧美发达国家。澳大利亚智库2thinknow评选的2019年全球前100个创新城市中,西欧、北美城市分布有32个和45个。欧美发达国家凭借雄厚的科技资源、丰富的人才储备,在全球创新体系中占据主导地区,成为科技创新和产业变革的策源地。其次,随着世界经济重心的东移,全球高端创新要素加速向亚太地区集聚。2009—2016年,亚洲研发支出占全球比重从33.6%上升到39.1%,超过美洲居世界首位。从2thinknow评出的全球创新城市100强的变化看,亚太地区创新城市数量迅速上升,从2009年的11个增长到2019年的19个。可以预料,在全球创新格局深刻调整的趋势下,亚太地区必将诞生一批世界级的科技创新中心,这为新兴创新城市崛起创造了良好机遇。

(二)传统型国际大都市纷纷加大对科技创新的战略布局,"科技+金融"型全球城市加速崛起

早在2004年,伦敦即启动了建设科学城战略,英国三所顶级大学在伦敦市中

心共同建设生物科技园,目前已取得重大发展;2011年,纽约宣称其城市发展的战略愿景之一是成为"全球科技创新的领袖",并开始在曼哈顿以东地区创建一个可与硅谷相抗衡的科技园区。东京、巴黎也纷纷出现了这种趋势。总体上看,在全球城市体系中,"科技+金融"型的新兴全球城市正加速崛起。在信息化和互联网时代,以大数据、云计算、物联网、人工智能等为代表的新技术、新业态也对城市形态及管理模式产生了巨大影响,并在很大程度上改变着全球城市格局与城市形态。我们看到,许多世界发达城市乃至某些发展中国家的城市都提出了"智慧城市"的发展计划或建设方案,智能交通、智慧医疗、智慧社区、智慧旅游等专项行动计划也纷纷推出,引领着全球城市向更加智能、高效、精准、共享的方向发展。

(三)创新策源发动从跨国公司为主向跨国公司和中小企业协作转变,创新主体更趋多样化

随着经济全球化的深入发展,创新资源要素不断突破地域和国家的界限,在全球范围内自由流动和配置,对全球科技创新中心的形成发挥了重要作用,科技研发的全球链进一步加强。一方面,跨国公司在全球科技创新中发挥着主导作用。跨国公司通过在全球范围内布局研发机构和构建研发网络,实现全球创新资源优化配置。根据欧盟2016年的统计,2016年全球1400强跨国公司研发投入占全球研发总投入的比重为51.8%。近年来,跨国公司的海外研发投入不断增加,2010—2016年,外国跨国公司在美国的研发支出占美国企业研发支出的比例从11%上升到15%。另一方面,大量科技型中小企业成为研发活动的重要力量。研发活动的全球化催生了大量科技型中小企业,这些企业通过参与研发分工,逐步积累了较强的创新能力。比如,德国不仅拥有众多跨国公司,还有1000多家在细分行业领先的"隐形冠军"企业,如Nascatec公司的微系统与纳米技术产品、Tinox公司的太阳能设备镀膜技术,Mevis Diagnostics公司的图像诊断设备等,均拥有世界领先水平。东京91%的科技企业都是小微企业,恰恰是这些企业成为东京最重要的创

新活力来源。在跨国公司主导和中小企业自主创新共同推动下，许多新技术、新成果迅速孕育转化，并被许多企业跟随和模仿，从而推动了新兴产业的发展壮大。此外，除企业主体外，借助虚拟服务平台、实体服务机构或是产业联盟，也可以为创新活动提供个性化、高效率资源配置的服务方案，并将成为全球科技创新资源汇集的"枢纽节点"，获得全球科技创新资源的配置能力。

（四）随着互联网数字技术的普及应用，创新范式由封闭式创新向共生式创新、线性创新再向颠覆式创新转变

在互联网快速发展、经济环境瞬息万变的今天，创新呈现出许多不同于以往的特点，导致科技创新的运作方式发生新的变化。一方面，创新行为日益开放化、协同化，逐渐从封闭研发向开放式融合研发转变。在这一前提下，创新已经不是单个企业的行为，而是通过互补性协作，形成持续的创新能力。比如，苹果公司建立了以 iTunes、iOS 为软件平台，以 iPad、iPhone 为载体，以大量软件公司微生态 APP 应用为支撑的创新帝国。而全球科技创新城市为企业提供了一个在协作中创造新技术、新产品的环境，形成创新的集聚和外溢效应，成为区域竞争优势的源泉。另一方面，创新活动日益分散化、大众化。随着互联网、社交媒体的迅猛发展和外包、众包、P2P 合作等新商业模式的出现，越来越多的小微企业甚至个人成为创新的生力军。通过互联网平台，有技术需求的企业可以将原本由内部研发的科创项目，以自愿方式分包给非特定的个体来完成。比如，宝洁公司通过引入众包模式，把来源于外部的创新成果比例从 15% 提高到 50%，整体研发能力提高了 60%。宝马公司在德国开设了客户创新实验室，为用户提供在线工具，使用户共同参与宝马汽车的设计。总之，全球科技创新的参与者变得更加广泛，努力营造良好的创新生态和开放的创新网络，对提升区域创新能力意义重大。此外，颠覆式创新日益凸显。过去，基于经验和技术积累效应的渐进式线性创新是科技创新的主流模式，近年来，在互联网尤其数字技术的支撑下，世界科技发展呈多点突破、交汇融合的态势，数字技术高频应用，数字经济异军突起，颠覆性创新不断涌现，新产业、新业态、新

模式层出不穷，由此导致全球经济逐步从工业经济时代的线性增长转向数字经济时代的指数增长。

（五）创新内涵从单一科技创新向跨领域全面创新、融合创新转变，跨界集成式创新模式渐成主流

从世界上有代表性的科技创新城市来看，创新内涵正在从单纯的科技创新向产业、科技、文化跨领域协同创新转变。许多科技创新中心不仅在高科技领域处于领先位置，也是产业变革和商业模式创新的典范。比如，美国硅谷始终引领着全球高新技术产业的潮流，从20世纪60—70年代的集成电路IC产业，到70—90年代的个人电脑产业，90年代至21世纪初的网络IT产业，再到近年来异军突起的生物医药产业和新能源产业，一直是全球产业变革的前沿。事实上，真正的变革不局限于伟大的技术创新，而在于把新技术和恰当的商业模式相结合，形成驱动行业发展的力量。比如，2003年创立的特斯拉（Tesla）被誉为"新能源汽车的苹果"，其秘诀就在于从高端切入市场，利用常用的锂电池解决了电源系统难题，在新能源汽车行业异军突起。同时，科技创新与文化的融合不断深入，多元文化有力激发新思想、新理念、新规则的诞生，成为创新的内核力量。如硅谷文化崇尚变革与创新，约1/3的科学家与工程师在国外出生，这种异质性文化的碰撞促进了创新氛围的形成。正是技术创新、商业模式创新与文化创新的融合，导致硅谷、纽约这些地区具有强大的持续创新能力，成为全球创新浪潮的策源地和风向标。因此，当前的全球科技创新中心已经不是狭义的知识中心和科技成果转化中心，而是科技、经济、文化高度融合，创新、创意、创业相互交织的综合性创新中心。

（六）创新模式从单区域独立创新向跨区域协同创新转变，创新集群化日益凸显

随着大都市圈的形成和区域网络化不断深化，创新链组织的边界更加开放，某项创新活动已不局限于单个城市和地区，而是更加注重不同城市和区域的协作，形成典型的创新城市群。最典型的例子是世界知识产权组织发布的《2020年全球创新指数报告》中的全球创新集群百强榜,其中,深圳—香港—广州即作为一个独立的创新集群高居全球第二位,仅次于排名首位的东京—横滨创新集群,这充分展现了跨区域协同创新的现实趋势和强大实力。大体上看,这种创新城市群可以分为两种类型。一是核心城市以较强的辐射力带动周边城市发展模式,通过在国际大都市周边形成创新群落,推动区域整体创新。比如,伦敦依托生命科学等领域较强的创新优势,与周边牛津、剑桥地区紧密协作,形成了英格兰东南部生命科学研究"金三角"。纽约作为发达的国际大都市,依托金融业和专业服务业优势,与周边波士顿、华盛顿等地区有机协同,形成了美国东海岸创新集群。二是不同区域发挥各自优势,错位发展,形成协同创新的城市群。以柏林地区为例,柏林市与周边的勃兰登堡州实施了"联合创新"战略,建立了五个两地共建的创新集群,涵盖生命科学、创意经济、交通、新能源、光学等领域,成效正逐步显现。无论属于哪种类型,创新城市群通过不同城市的协作,在更大范围内统筹创新资源配置,都对区域创新能力提升起到了重要作用。

(七)创新动力从技术驱动向需求拉动转变,分散化、个性化需求将成为新的重要领域

长期以来,以发达国家为代表的科技创新活动,采用了从基础研究到技术开发再到市场推广的技术供给主导路线,并成为世界上最主流的创新模式。展望未来,随着经济与社会条件的变化,中产阶层的日益崛起,人类对更理想生活方式的追求将不断提升,人与人、人与世界的关系将经历更深刻的质的改变,人类对生存与发展价值理念必将不断更新演化,这一切都将直接引起经济、社会、科技、文化、管理等领域的新突破,并最终引导科技创新的发展方向。由于信息技术的普及,传统的、等级化经济和政治权力将让位于节点组织的扁平化、个性化生产。伴随这一过程,科技创新的核心动力将逐步从"科学家和工程师"推动模式转变为"创意者和设计师"拉动模式,即动力将来自人们对产品和服务的新需求。这些个性化、分散

化的少量需求形成的市场叠加，将会形成一个比流行市场还要大的市场。科技创新的需求主体，不在正态分布曲线的头部，而在正态分布曲线的尾部，主要来自长尾的小企业而不来自短头的大企业，这一转变将拉动国际产业链、价值链的集聚调整，推动跨国公司将生产、研发、物流管理、供应链管理等生产性服务业贴近市场布局。

（八）技术创新与制度创新有机结合，为新产业、新模式、新业态拓展了巨大空间

发达国家把新工业技术、技术标准、配套设施建设与制度优化相互有机结合，催生了新的模式和业态。如国际碳排放交易机制，催生出1400亿欧元的全球性碳排放权交易市场，推动了碳交易、碳金融、碳审计、碳中介等多种新模式、新业态的企业快速发展。德国几个大的协会组织共同组建工业4.0的平台，并制定了工业4.0的规范和标准，由此催生了工业互联网等新业态的发展。美国也由五个全球领先的公司创立，组建了工业互联网联盟，其中包括GE、IBM、Cisco、Intel和AT&T，中国的华为公司也加入了这个联盟。法国政府出台了一系列推广发展电动汽车的政策措施。如每购买一辆电动汽车最多可得到7000欧元的奖励。巴黎推出电动汽车租赁公共服务项目，倡导市民绿色出行。日本政府鼓励新型清洁节能能源开发，到2014年7月，利用微藻类生产的生物燃油已经开始在日本的公交车上试用。可以展望，无人机、无人驾驶等技术的突破，若辅以适当的制度规范，也必然在国内外创造出一个巨大的应用市场。

（九）主动适应新技术革命发展，跨界竞合模式悄然兴起

发达国家跨国公司主动适应新科技革命的发展趋势，向不同的产业渗透，进行跨界竞争与合作，寻找新的利润增长点。在美国，微软公司利用大数据技术的平台，加强与能源公司合作，扩大其电脑软件在能源领域应用的比较优势。在法国，施耐德公司历经多次转型，至今仍保持着对时代潮流的高度敏感性，已由原先的电

力电气企业转型为全球能效管理专家。在日本，许多企业正从 B2C 领域，逐渐向 B2B 领域扩展和转型。例如，松下电气从家电 DNA，扩展至汽车电子、住宅能源、商务方案策划等领域。索尼公司虽然亏损，但参股奥林巴斯后，双方联合研发医疗内窥镜，已在该领域占据全球 80%—90% 的市场份额。日立公司的核电技术则向医疗领域渗透，核电中的阳子技术，可精准地控制距离，精准杀灭人身上的癌细胞，而不会伤害正常细胞，这为公司找到了新的经济增长点。在国内，某些房地产巨头开始"造车"进入新汽车产业领域，比亚迪等新能源车龙头首次涉足医疗用品行业"造口罩"，并在特殊时期赚得盆满钵满。

（十）科技创新推动了城市功能实现方式的虚拟化

在当今全球化与信息化交互作用的背景下，基于现代信息技术全球网络体系的形成，正深刻地改变着城市的面貌和城市的空间结构形态，最为突出的表现就是促进了城市功能实现方式的虚拟化，使城市空间结构的发展受地理形态的影响越来越小，很大程度上推动了单核心的空间聚集转型为多中心的空间分散，从而导致城市空间结构从传统的圈层式走向网络化。

第三节　广州在大湾区创新网络中的优势与格局分析

党的十九大报告指出，创新是引领发展的第一动力，是建设现代化经济体系的战略支撑。广州拥有良好的生态宜居发展品质、城市文化魅力和创新创业环境，对外部创新资源引力不断增强。广州本身也具有丰富的基础科研创新资源，科技创新后发优势明显，科技创新能力快速提升，与此同时，广州正在加快建设穗深港科技创新走廊和东部"创新轴"，布局建设"一区三城"和一批价值创新园区，建成后也将有力支撑创新型产业集聚发展迈上新台阶。因此，强化提升广州科技创新策源地功能，既是全球和国家发展趋势使然，也有充分的现实条件和依据。

第六章　增强科技创新策源功能，打造全球科技创新顶级枢纽

一、优势条件

从粤港澳大湾区建设国际科技创新中心和国家知识中心的角度看，广州建设科技创新策源地具有如下主要优势和条件：

一是科教及人力资源较为丰富。作为国家重要中心城市和华南科技中心，广州集中了全省70%的科技人员、97%的国家重点学科、77%的自然科学与技术开发机构，到2020年广州拥有国家、省重点实验室分别达21家和241家，分别占全省的70%和61%，设立新型研发机构达52家，居全省第一，中国科学院驻广东下属各分支机构几乎全部布局于广州。同时，作为区域文化教育中心，广州高等学院校达82所，约占全省的2/3，在校大学生118万人，居全国城市第一位，集中了全省所有的一流大学（2所）和一流学科（18个）。人力资源相对充沛，拥有国家千人计划以及研究生毕业人数等虽逊于北京、上海，但相对于深圳、杭州等城市仍具有明显的相对优势。

二是高科技企业集群充满活力。经过多年的培育和发展，广州先后涌现出网易、微信、视源、金发、天赐材料、小鹏汽车等全国知名科技创新企业，截至2020年，广州拥有高新技术企业超1.3万家，仅次于北京、深圳居全国第三位，高新技术企业数量相当于2个苏州、2.8个杭州、3.6个成都；科技创新企业规模不断扩大，总数超过20万家，国家科技型中小企业备案入库数位列全国城市第一。技术创新、模式创新、业态创新的创新型企业不断涌现，先后有数十家创新型企业入选年度"中国最佳创新公司50强"和"德勤高科技高成长中国50强"，数量上居全国城市前列。企业建立研发机构日益增多，年主营业务收入5亿元以上企业基本实现研发机构全覆盖，依托龙头企业的国家先进高分子材料产业创新中心、国家印刷及柔性显示创新中心分别获批组建。

三是科技创新平台多元成熟。截至2020年底，全市建成众创空间、科技孵化器总数分别达294家（国家级53家）、405家（国家级43家），孵化面积超过1000万平方米，优秀国家级孵化器数量连续三年居全国前列。在5G通信技术、通信芯

片、新型显示、网络安全、大数据应用等领域推动企业牵头组建了140家产学研技术创新联盟，成员单位超过1800家。知识产权体系不断完善，全市知识产权调解机构62家、仲裁机构5家、快速维权及援助机构28家，省内第一个知识产权交易机构——广州知识产权交易中心投入运营，中国"科交会"永久落户广州。初步构建"1+4+4+N"高端战略创新平台体系，形成了"一区三城"整体布局，围绕深海、深地、深空等科技前沿领域，启动冷泉生态系统、动态宽域高超声速风洞、人类细胞谱系、极端海洋环境综合科考系统等国家重大科技基础设施建设，为粤港澳大湾区原始创新尤其全球顶尖科技研究提供了有力支撑。

四是科技研发实力可圈可点。"十三五"期间，广州在专利产出上实现了跨越式发展，五年累计申请专利85万件，年均增长34.8%；专利授权45.9万件，年均增长31.4%。截至2020年底，全市拥有有效发明专利7.1万件，每万人发明专利拥有量达到46.6件，是全国平均水平（15.8件）的3倍。同时，国家知识中心地位不断巩固，2019年，广州发表SCI论文36164篇，同比增长20.57%，论文总量高于东京（35052篇）、巴黎（34443篇）、悉尼（23301篇）、香港（18295篇）、新加坡（17059篇）及深圳（16769篇）。此外，广州出台《广州市重点领域研发计划实施方案》，重点支持新一代信息技术、生物医药等重点领域关键技术攻关，先后研发出全球首款石墨烯电子纸、首款载人无人机、世界首艘2000吨级新能源电动船、国内首个可单次给药的溶血栓国家一类新药等新产品，在世界级技术领域开始取得突破。同时，积极承担国家级研发计划项目，2019年牵头承担国家重点研发计划项目18项，占全国的5.49%。2019年，广州输出技术成交额达1225亿元，同比增长74%。总体上看，广州依托重点研发计划开展关键核心技术攻关，重大科技研发全面推进，知识创造能力和技术输出能力显著提升，科技创新策源地功能逐步凸显。2020年，广州位列《自然》杂志全球科研城市第15位。

五是国际创新合作网络广阔。由于地处开放前沿，广州在构建全球科技合作网络上具有先天优势，先后引进斯坦福国际研究院、美国冷泉港实验室等国际科研平台，深化与英国伯明翰大学等政府间框架合作伙伴交流合作，成立了驻美国硅谷、波士顿、以色列特拉维夫等多个办事处，不断深化与港澳台在创新创业领域的合作，加强与"一带一路"沿线国家和地区合作，先后同乌克兰国家科学院、白俄罗斯国家科学院建立新型科技合作模式和机制，中乌巴顿焊接研究院成为首个成建制引进国外科学院所的国际研发平台。同时，广州成功举办《财富》全球论坛、《财富》国际科技头脑风暴大会、中国创新大会、创交会、海交会、中国风险投资论坛、小蛮腰科技大会等一系列高层次、高水平的会议活动，拓展了全球科技交流网络。此外，在中新知识城建设基础上，广州还进一步谋划建设中以、中欧、中日等多个创新合作园区，先后推动中以生物产业孵化基地、中以智能制造合作基地、中瑞合作基地、中欧生命科技园等一批高端国际合作平台落地。

二、区域格局

近些年广州在科技创新上取得长足进展，这从国际权威评价2thinknow所编制的"全球城市创新指数"可得到印证。从榜单看，自2010年以来，广州多年保持在全球城市创新指数的"节点城市"层级，但从2017年开始，广州成功升级为"枢纽城市"层级，并在全球500个城市中首次迈入100强，2019年居第74位。同时，大湾区的另两个重量级城市深圳、香港分别居第53位和56位，在创新力指数排名上仍高于广州。不过，广州在创新链前端或基础研究领域的表现不俗，这从另一项国际权威榜单中得到了有力印证，世界著名科学杂志《自然》发布的"全球科研城市指数"排名显示，在全球200个科研城市中，广州2020年已成功进入全球科研城市20强，排名第15位。

从大湾区科创综合实力格局看，深圳无疑是创新的"领头羊"，但其创新链条和功能并不完善，主要局限于创新链中后端。香港在创新源头上的能力突出，拥有一批世界级大学、科学家及国际一流的科研成果，但受限于空间不足、产业空心化尤其是房地产泡沫的"挤出效应"而缺乏成果转化平台及产业化能力；澳门在现代中医药领域具备一定研发实力，但缺乏必要的产业基础。相比而言，广州科教资源丰富、基础研究出众、科创平台多样、产业体系完备、新兴产业勃发、应用场景广阔、国际合作网络完善，是大湾区中创新资源最丰富、创新链条最完整、创新功能最齐全的城市，这为广州承担大湾区科技创新策源地功能奠定了坚实基础。未来，根据其比较优势和区域分工，在由知识创造—技术创新—产品开发—市场转化等构成的创新链中，广州应进一步突出其知识创新、基础研究、科创服务及新兴产业主引擎、全球合作主枢纽的角色。

第四节　广州强化科技创新策源地功能的战略路径

坚持创新在城市发展和现代化建设中的核心地位，强化科技自立自强战略支撑，面向世界科技前沿、面向经济主战场、面向国家重大需求、面向人民生命健康，全面实施创新驱动发展战略，优化创新环境，集聚全球创新资源，完善全社会研发投入增长机制、创新型企业培育机制、人才激励机制、科技成果转移转化机制，提升新兴关键技术原创能力，共建粤港澳大湾区国际科技创新中心，提升广州国际科技创新枢纽能级，努力将广州建设成为大湾区乃至全国科技创新策源地。

一、从顶层战略上明确广州作为大湾区科技创新策源地的功能定位

（一）确立大湾区科创"组织者"角色，突出五大特色功能

由于国家中心城市及省会城市的历史地位，广州科研机构云集，国家、省市重大科研计划大多由此组织、策划并向外发包，跨地域科研合作网络也大都汇聚于此，这将奠定广州作为创新资源配置中心和创新活动策源地的地位。其次，广州产业体系完整，高新技术企业数量庞大，科技孵化资源丰富，拥有华南地区最多的国

家级众创空间、孵化器集群，完全有能力也有资源成为大湾区新兴产业的孵化基地，这其实体现了现代产业发展的一个重要规律：孵化兴则产业兴，创新强则产业强。此外，广州是我国三大国际交往中心之一，不仅国际人口和外籍人士众多，尤其外籍教师、外国留学生数量庞大，而且拥有全国仅次于上海的外国使领馆资源，加之中新、中以、中欧、中英、中日等科技创新平台和多所国际学校（分院）等一系列涉外机构纷纷入驻，由此广州理应承担大湾区乃至华南地区国际科技合作枢纽的角色。鉴于以上依据分析，未来广州在大湾区中应充当科创"组织者"角色，更加突出创新源头、创新总部的使命担当，具体来说就是争取成为湾区的资源配置枢纽、知识创新中心、创新活动策源地、新兴产业孵化器以及国际科技合作主枢纽。同时，对于这些功能定位，广州不仅应纳入五年规划乃至远期发展规划中，而且应该在城市国际形象塑造中加大宣传传播力度，形成中外共识和一致印象，全力推动广州城市功能形象由传统的"千年商都"向"国际科技创新策源地"和"全球创新高地"升级。

（二）制定建设湾区科技创新策源地行动计划

围绕"四个面向"[①]、战略性新兴产业发展需求和关键核心技术"卡脖子"难题，高起点谋划、高标准推进、高质量落实，实施全方位、全要素、体系化科研资源及平台布局，聚力突破一批产业核心技术。积极争取承接国家和省重大科技专项，引导一批重大科技成果在广州转化。同时，加强对前沿引领技术和颠覆性技术的探索引导，在工业互联网、干细胞、集成电路、量子通信、区块链、太赫兹、可燃冰、石墨烯等领域抢先布局，为大湾区未来产业发展提供前沿技术储备与支撑。

---

① 习近平总书记在2020年9月主持召开科学家座谈会时提出，要坚持面向世界科技前沿、面向经济主战场、面向国家重大需求、面向人民生命健康，不断向科学技术广度和深度进军。

二、优化创新发展空间布局，高水平建设"科技创新轴"

（一）规划建好广州"科技创新轴"和广深港澳科技创新走廊

以中新广州知识城和南沙科学城为两个极点，举全市之力规划建设链接广州科学城、天河智慧城、广州人工智能与数字经济试验区、广州国际创新城、南沙庆盛片区、南沙明珠科学园等全市域科技创新关键节点的科技创新轴，完善沿线产业规划、基础设施和生活配套，集聚国际一流的人才资源、科技基础设施、高等院校、科研机构和科技型企业。积极对接推进广深港澳科技创新走廊建设，实施推动广州科技创新主要载体和关键节点与深圳、东莞、香港、澳门等相关重大创新载体的对接合作，推动四地科技服务平台共建共享，推动财政科技经费跨境使用。

（二）聚力打造"一区三城十三节点"

全力建设广州人工智能与数字经济试验区，促进"一江两岸三片区"良性互动，建设粤港澳大湾区数字经济高质量发展示范区。同时，积极推动南沙科学城、中新广州知识城、广州科学城纳入综合性国家科学中心主要承载区，依托南沙科学城建设一批国家级重大科技基础设施和研发平台，力争将中新广州知识城建成具有全球影响力的国家知识中心，支持广州科学城建成国际一流的中国智造中心和"中小企业能办大事"先行示范区。此外，建设粤港澳大湾区科技协同创新引领区、黄埔硬科技创新先行区，探索将广州大学城、五山石牌高校区及周边地区打造成开放式科技成果转化的"科技创新特区"，共建珠三角国家科技成果转移转化示范区。通过规划建设"一区三城十三节点"，努力挺起广深港澳科技创新走廊的"脊梁"。

（三）着力构建"1+4+4+N"高端战略创新平台体系

按照"尖端引领、协同融合、开放共享、体制突破"的思路，积极引进"大院、大所、大装置、大平台"，着力构建以明珠科学园为主阵地、以4个重大科技基础设施为前沿研究战略支撑、以 4 个省实验室为原始创新主平台、以多个高水平创新研究院为技术供给主平台的"1+4+4+N"高端战略创新平台体系。

（四）科学谋划国家自主创新示范区空间规划布局

探索开展自主创新示范区区域调整工作，在广州高新区一区五园（广州科学城、天河科技园、黄花岗科技园、广州民营科技园、南沙资讯园）基础上，积极争取将中新广州知识城、广州国际生物岛、琶洲互联网创新集聚区、广州国际创新城、南沙明珠科学城等纳入国家自主创新示范区范围，落实推广国家自主创新示范区政策。

三、强化基础研究能力，谋划建设一批重大科技基础设施和研究平台

（一）聚力建设综合性国家科学中心

积极参与建设粤港澳综合性国家科学中心，加强与国家相关部委、中国科学院以及省相关部门的沟通衔接，积极争取国家和省重大科技基础设施、大科学装置、产业技术创新中心和重大科技专项布局广州，在石墨烯、区块链、基因检测、新型治疗等领域布局若干重大科技创新平台。围绕深海、深地、深空等科技前沿领域，与中国科学院合作共建冷泉生态系统、动态宽域高超声速风洞、人类细胞谱系、极端海洋环境综合科考系统等国家重大科技基础设施，引进和建立中科院广东空天科技研究院、广东智能无人系统研究院、大型水下智能无人系统、太赫兹国家科学中心等重大科技研究平台，促进重大科技基础设施开放共享，吸引集聚一批国内外优秀科学家和团队协同开展基础和应用基础研究，将广州建设成为居全国前列的基础科学研究中心和具有全球影响力的原始创新高地。

（二）谋划建设一批高水平实验室

聚焦国家战略和广州优势领域，对标国际先进实验室建设，努力打造一批国家

实验室"预备队"。依托广州医科大学广州呼吸中心、广州呼吸疾病研究所和中国科学院广州生物医药与健康研究院，合作创建呼吸疾病国家实验室，实现广州零的突破。加快再生医学与健康、南方海洋科学与工程、人工智能与数字经济、岭南现代农业科学与技术等4个省实验室建设。以诺贝尔奖科学家、两院院士等为核心，鼓励在医学、生物、通信等领域建设伙伴实验室。创建国防科技创新试验中心，打造军民协同创新平台。配合省制定省实验室创新发展政策，争取省实验室在管理体制、运行机制上实现突破。推动新建一批在穗国家临床医学研究中心等创新平台，支持国（境）内外知名高等院校、科研院所和龙头企业来广州共建国家重点实验室或其分支机构、粤港澳联合实验室、国际合作实验室。

（三）建设有国际影响力的大学和科研机构

紧密对接国家一流大学和一流学科建设计划，大力支持在穗高校发展，建设若干国内一流、世界知名的高水平大学和学科。大力支持高等院校与港澳及国内外著名高校合作共建国际校区、研究院和创新创业示范基地等科教产"三位一体"综合体，加快建设香港科技大学（广州）和华南理工大学广州国际校区。全力打造高水平科研机构，壮大发展新型研发机构，持续推进广州市香港科大霍英东研究院、清华珠三角研究院、中国科学院广州生物医药与健康研究院、中新国际联合研究院等一批重点新型研发机构建设发展。

四、加强核心技术攻关，力争在重要科技领域成为领跑者

（一）着力推动原始创新

积极对接国家和省重大科技项目，引导推动广州地区高校、科研院所和企业参与国家重大科技计划、国际大科学计划或大科学工程，加强与科技部、中国科学院、中国工程院以及省科技厅的工作衔接，着眼国家和省、市重大科技需求，吸引集聚国家、省战略科技资源，探索以接续支持、联合支持、补齐支持、补充支持等

方式积极承接国家和省重大科技项目，共同推进重点领域研发项目实施，增强广州在全国乃至全球基础科学研究中的影响力。实施重点领域研发计划，瞄准量子通信、干细胞与再生医学、纳米科技、脑科学、航空航天等前沿领域，每年安排10亿元以上资金支持一批创新重大专项。以重大基础研究项目为牵引，充分发挥在穗高校、科研院所的优势和作用，采取科研众筹众包、难题招贤、揭榜等方式，加强重大共性技术和关键核心技术攻关，争取在生命科学、细胞治疗、集成电路、物联网、太赫兹等领域形成一批并跑领跑的原始创新成果，攻克一批"卡脖子"的技术难题。

（二）启动新一轮科技计划改革

聚焦新一代信息技术、人工智能、生物医药、新能源、新材料、海洋经济等战略性新兴产业发展，更加突出关键核心技术供给，调整优化财政科技经费的投入结构和投入方式，改革项目的遴选机制和实施方式，尊重科研活动的规律，建立随时受理、精准投入的支持机制，坚持需求导向和企业创新主体地位，扭转"发指南、广撒网、等申报"的项目征集被动局面，主动策划、精准遴选一批重点领域核心技术攻关项目，选准选对"卡脖子"技术研发项目和研发团队，力争突破一批关键核心技术。实施重点领域研发计划，支持人工智能、集成电路、智能网联汽车、生物医药、脑科学与类脑研究、新能源、新材料等关键领域核心技术研发，成体系解决核心基础零部件、关键基础材料、先进基础工艺和产业技术基础等"卡脖子"问题。实施国产技术市场化行动，编制广州市创新产品目录，建设新技术应用场景体验推广体系，鼓励高新技术企业互购创新产品。

（三）建设一批科技成果转化集聚区

制定实施全市促进科技成果转移转化行动方案。制定支持高校和科研院所创新发展的政策措施和释放大学城创新资源的专项政策，促进其创新成果在价值创新园区转化。建设华南技术转移中心和港澳技术成果产业化集聚区、高端产业对接核心区。建立健全"首购首用"风险补偿机制。试点建立智能交通示范运行区，在智慧城市、自动驾驶汽车、在线医疗、新零售、智能家居等行业推进新技术的应用场景。

（四）优化基础与应用基础研究资助体系

继续参与国家自然科学基金–广东省联合基金，争取承担更多国家自然科学基金项目；加强与省科技厅对接沟通，积极谋求与广东省基础与应用基础研究基金合作，成立广东省基础与应用基础研究基金广州市联合基金，省市联动支持重点前沿领域基础研究。在充分调研基础上建立产业目标导向的重大科学问题库，有计划分阶段纳入重大基础研究计划予以支持。在前沿、新兴和交叉学科领域遴选建设一批重大科学研究平台，构建有利于开放合作的协同创新机制，给予持续稳定的经费支持，培养造就一批在国际科学前沿和重大应用基础研究领域占有一席之地的科学家和团队，着力实现前瞻性基础研究、引领性原始创新成果重大突破。

五、以高新区和高新技术企业为引领，强化科技创新策源地核心动能

（一）推动广州高新区在全国排名争先进位

充分发挥广州高新区作为全国首批双创示范基地、国家级产城融合示范区、纳入世界一流高科技园区建设序列的优势，优化完善管理体制和运行机制，全面提升单位产出水平，实现高质量发展。集聚高端创新平台和项目，加快广东省新一代通信与网络创新研究院、清华珠三角研究院粤港澳创新中心落地建设，推动广州高新区与北京协同创新研究院共建粤港澳大湾区协同创新研究院，积极引进太赫兹研究院等重大平台及项目。将广州高新区打造成为创新创业沃土，高水准举办官洲国际生物论坛、中国创新创业大赛生物医药行业总决赛等活动。

（二）实施企业创新联合体计划

强化政产学研金协同创新，促进各类创新要素向企业集聚，支持构建由大企

业搭建协同创新平台、中小微企业成为创新重要发源地的模式。深化分层分类服务科技创新企业做优做大做强行动、高新技术企业树标提质行动，壮大一批头部科技企业，培育众多高成长性中小微科技型企业。

（三）发挥龙头企业的带动作用

聚焦广州新一代战略性新兴产业，选择若干细分行业、支持一家龙头企业、打造一个研发平台、设立一支创投基金、组建一个产学研技术创新联盟、建设一个特色园区。充分发挥龙头企业孵化带动与辐射作用，引导龙头企业利用自身的专业、资金、人脉、经验等优势，通过投资、参股、担保、合作、共享等多种途径，推动优势中小企业裂变式创新发展，培育更多瞪羚、独角兽和专精特新企业。

（四）加强对中小企业创新的支持

加大对种子期、初创期企业普惠性激励力度，做好科技型中小企业评价，积极支持初创项目和中小企业创新项目发展。优化提升孵化育成载体，确保孵化企业留得住、发展快、长得大。鼓励科技型中小企业通过科技信贷风险补偿资金池贷款、进行上市或在"新三板"、广州股权交易中心挂牌融资。

（五）着力提升创新主体质量

加大力度引进一批、通过技改壮大一批、着眼长远培育一批，分类精准施策，把创新主体数量优势转化为发展优势和质量优势。促进政产学研金介紧密合作，发掘和储备一批未来独角兽企业，力争独角兽企业实现数量倍增、超级独角兽企业实现零的突破。继续实施高新技术企业树标提质行动，在保持高新技术企业规模稳定发展的基础上，坚持高新技术企业数量扩张与质量提升并举、提高企业创新能力与壮大企业规模并重，壮大高新技术企业集群。从知识产权创造、高新技术产品出口、企业所得税优惠、企业技术改造、国有企业转型升级、高企从业人员积分制服务和申请公租房政策、科技中小企业融资等多个方面对高新技术企业发展提供支持。推动企业建立研发机构，支持有条件的企业与高校、科研院所等全面对接，共建工程技术研究中心、企业技术中心、院士工作站、博士后工作站等各类企业研发机构。支持大型骨干企业采取并购、收购或者直接投资等方式，在全球布局建设具有国际影响力的海外研发机构。

六、发挥财政资金杠杆效应，建设具有国际影响力的风投创投中心

（一）建立财政科技投入稳定增长机制

按照更加聚焦、简单、有效、刚性的原则，进一步调整优化财政科技经费投入方向和投入方式，引导全社会加大创新投入。

（二）鼓励企业和金融机构加大研发投入

将企业研发经费支出占主营业务收入比重作为政府对企业政策扶持和资源配置的重要依据，在政策、资金、项目、土地等方面予以考虑，引导企业转变自身发展方式，转向高质量发展。联合深港合作构建多元化、国际化、跨区域科技创新投融资体系，完善科技金融服务网络，引导银行机构设立更多科技支行，集中力量建好广州金控、越秀金控等产业、创新投资机构。

（三）建设具有国际影响力的风投创投中心

继续实施科技金融三大行动计划，发展股权、信贷、资本市场三大平台，确保创新在不同阶段都能得到金融产品的有效服务供给。加快集聚天使投资、风险投资、创业投资等各类机构，充分发挥科技成果产业化引导基金作用，吸引国内外优秀投资机构在穗设立各类创投子基金。扩大科技信贷风险补偿资金池规模，增加合作银行数量、创新科技信贷产品，推进投贷联动、投保联动。以新三板挂牌为主要抓手推动科技企业进入多层次资本市场发展，促进更多科技企业在创业板、中小板、主板上市。

七、打造粤港澳大湾区建设主引擎,形成全面开放创新新格局

(一)推动粤港澳大湾区协同创新

积极对接粤港澳大湾区规划纲要、粤港澳大湾区国际科技创新中心建设方案,争取将广州市重大平台和项目纳入省实施方案中,依托珠三角国家自主创新示范区、南沙自贸区、"广州—深圳—香港—澳门"科技创新走廊等载体,加强与港澳的科技创新合作互补,促进穗港澳人才合作与交流,推动穗港澳创新要素互联互通;加强与珠三角城市和泛珠三角城市在科技功能、产业分工上的协同联系,加强科技创新合作互补。

(二)深度融入全球创新网络

拓展与发达国家、地区以及"一带一路"沿线城市的创新合作,鼓励外资企业在广州设立研发中心,加强与美国、欧洲、新加坡及"一带一路"沿线国家在研发创新等领域开展合作。筹建广州国际交流合作中心,继续办好小蛮腰科技大会、《财富》全球科技论坛、粤港澳大湾区创投50人论坛、中国创新创业大赛等高端创新会议活动。设立海外科技创新中心,集聚战略高端人才,建设新型科技智库,借助中国科学院、工程院院士智库提供战略性指导和咨询。

(三)加快汇聚全球高端创新人才

以"高、精、尖、缺"为导向,实施"羊城人才计划""红棉计划""广州市高端外国专家项目""岭南英杰工程"等人才项目,着力引进一批站在世界科技前沿、处在创新高峰的领军人才和创新团队,打造具有原创能力和成果转化能力的创新创业人才队伍。健全人才服务保障体系,妥善解决高端创新创业人才在居留、落户、医疗、保险、住房等方面的困难和问题,强化城市吸引力。围绕科技重点发展领域,实行柔性引才机制,鼓励创新团队整体引进。办好广州科创学院、创投学院,加强对企业家的培训。

（四）营造世界一流创新创业生态环境

强化知识产权运维与保护，加快广州市知识产权维权援助中心、南沙维权援助中心和花都快速维权中心建设。落实《广州市促进科技金融发展行动方案（2018—2020年）》，发挥好科技成果产业化引导基金作用，吸引国内外优秀投资机构在穗设立各类创投子基金，推动科技信贷风险补偿资金池规模扩大到10亿元。完善孵化育成体系，鼓励孵化机构开拓国际业务，设立海外孵化器，加强与国外高校、研究院所和国际技术转移机构的合作。

八、持续深化科技体制改革，在关键重点领域探索重大突破

（一）改革科技管理机制

推动政府科技管理职能重点向科技发展战略、规划、政策、布局和监管服务转变。凡是不违背法律法规，有利于激发创新创业活力的政策措施，都可以积极探索、大胆实践。大力创新项目遴选方式和形成机制，推动核心技术基础研究攻关项目往高端、往深处、往前沿发展。研究出台广州市合作共建新型研发机构财政经费使用"负面清单"，放宽科技经费使用门槛，提高经费使用绩效，赋予科技项目负责人更大的人财物支配权和技术路线决策权。落实和承接好国家与省下放的审批权限和行政许可事项，推动试点省实验室、大型骨干企业、科研院所或省级新型研发机构、三级甲等医院正高职称自主评审权下放。

（二）优化成果转移转化机制

改革现有评价体系，把技术转移、成果转化作为重要评价标尺，建立以科技创新质量、贡献、绩效为导向的分类评价体系。支持高等院校、科研院所对创新成果通过合作、技术转让、技术许可、作价入股等多种形式实现科技成果市场价值，探索确权改革，推动高校、科研机构通过变更专利权人或新申请专利等方式将科技成

果所有权赋予科研人员。完善科技成果转移转化报告制度，将科技成果转移转化报告列为申报科技计划项目和后续支持的重要依据。

（三）创新资源配置方式

改革和创新科研经费使用和管理方式，合理设置科研经费结构。聚焦重点领域和政策，投入更多经费支持，推动资源向优质企业和产品集中，进一步提升科技经费的使用效果。推动以政府直接投入为主转变为配套支持、基金引导、政府跟投等多种支持创新方式并重。加强财政科技经费对全社会研发投入的引导，带动研发经费提升。开展财政资金纵向切块管理试点，对于产业集聚度高、行业辨析度强、企业研发实力优势明显、具备突破形成领跑并跑技术潜质的项目组织单位，开展财政科技资金纵向切块管理试点。

（四）创新开放共享协作机制

开展跨市财政科技项目和人才项目相互申报，鼓励重点领域科技计划项目向全省和港澳开放申报，促进创新人才、技术、平台、成果等资源共享。建立专利行政执法协作机制，试点知识产权跨市联合执法，形成司法、行政、仲裁紧密衔接的知识产权保护体系。

第七章
增强国际文化交往功能,提升国际大都市形象软实力

习近平总书记在 2013 年 12 月 30 日中共中央政治局就提高国家文化软实力研究进行第十二次集体学习时强调,提高国家文化软实力,关系"两个一百年"奋斗目标和中华民族伟大复兴中国梦的实现。加强文化强省建设,繁荣发展社会主义先进文化,要激发文化创新创造活力,塑造广东特有的文化优势和文化形象,打造一流文化地标,实施人文湾区纽带工程,推动文化产业高质量发展,做强文化市场主体,培育新型文化业态。中国正迈向世界舞台的中央,致力于塑造一个负责任世界大国形象,也必然要助力国家塑造强大的文化软实力和国际交往功能。在这一系列战略进程中,作为国家中心城市和对外开放前沿地,广州在中华文明塑造、文化传播及国际交往中无疑扮演重要角色。本章将重点就广州国际文化交往功能进行深度研究。

第一节 世界百年大变局下的国际文化交往功能

从世界发展历程和趋势看,国家之间的竞争正朝着资源竞争—资本竞争—技术竞争—文化竞争的方向演进,谁占据了文化发展的制高点,谁就能够掌控全球话语权,也就能拥有可持续发展的竞争优势。当前,世界正面临百年未有之大变局,其

第七章　增强国际文化交往功能，提升国际大都市形象软实力

核心内涵就是中国的迅速崛起改变了近500年来西方主导的国际秩序和全球力量格局。然而，从现实看，这种改变还是初步的，还主要限于科技与经济等硬实力层面，以中、印为代表的东方在全球治理体系和国际舆论上的话语权仍比较有限，这背后凸显了国际文化交往功能还不够强大。特别是从这次新冠疫情的国际舆论较量中我们看到，尽管中国在"抗疫"大战中表现极为优异和成功，并肩负起大国责任向全世界多个国家无偿输出抗疫经验和大量医护物资，可谓全球抗疫的先锋典范和各国抗疫的"大后方"。然而，在西方主导的国际舆论战场中，一些西方国家延续"冷战"思维，不断抹黑、污蔑我国，损害我国形象。这表明中华民族在实现伟大复兴过程中，迫切需要增强国际文化交往功能，迫切需要提升全球话语权。

在我国全方位崛起的战略格局中，逐步形成了四大经济圈，即京津冀、长三角、粤港澳、成渝"双城"经济圈。与其他三大经济圈明显不同的是，粤港澳大湾区尚未完成内部的制度性整合，且区域内部格局也在加速演化中。长期以来，香港独具区域龙头地位，带动了珠三角的经济发展，并逐步崛起为世界第四大湾区。在这一进程中，以粤语歌、港产片为代表的港式文化居主导地位，并一度席卷全国，成为中国流行文化的重要"引领者"。而近年来，伴随广州、深圳等内陆中心城市的经济崛起和功能延伸，湾区格局发生重大变化，香港一枝独秀的局面不复存在。特别是随着全球化退潮、国家倡导实体经济导向及香港自身结构性矛盾的凸显，在未来大湾区建构中，香港当然会继续发挥其国际通道的职能，但广州、深圳等新兴中心城市的引领作用会更加凸显，尤其在"人文湾区"建设中，像广州这样的历史底蕴深厚的城市将发挥更加重要的作用。此外，大湾区内仍存在三地间制度框架上的巨大差异，也就是说，三地已基本实现基础设施、经济体系之间的紧密联通，但还远未实现制度规则上的贯通融通，若没有制度上的高度整合，就不能实现大湾区的全面崛起和可持续发展，也难以证明"中国模式"的生命力和吸引力。而在这种制度差异的背后，往往是文化的差异乃至冲突。因此，在粤港澳大湾区和支持深圳建设中国特色社会主义先行示范区两大国家战略背景下，加快区域文化融合和提升城市的国际文化交往功能，不仅是促进湾区内制度融合的重要"催化剂"，也是促

进"人文湾区"建设从而崛起为世界一流湾区的必由之路。

在提升国际文化交往功能和打造"人文湾区"的过程中,中心城市无疑发挥着关键性的作用。从国际实践看,当今世界一流城市在城市战略中普遍重视和考虑文化因素、文化战略,高度重视文化在城市竞争中的催化作用,千方百计地抢占文化交往功能这一全球竞争的新制高点。纽约、伦敦、东京、巴黎乃至后起的香港、新加坡等全球杰出城市之所以能在激烈的城市竞争中脱颖而出,成为全球化时代的城市典范,不仅是由于这些城市紧紧把握住了经济全球化的机遇,还因为这些城市高度重视文化的作用和影响,注重国际文化交往功能的提升,并有效带动和塑造整个区域文化的风格与特质。

作为国家中心城市及拥有2000多年历史的文化名城,广州在"人文湾区""文化强省"建设中无疑将承担核心使命。从大湾区内部分工看,香港是名副其实的国际金融中心,深圳主打国际创新中心,而作为湾区最大中心城市的广州具有综合性城市功能,产业实力也较强,长期雄踞省会城市的地位,又是粤文化的发祥地和岭南文化中心地,科教资源发达,人文底蕴深厚,文化多样性兼备,被大湾区规划定位为"区域科技教育文化中心",在文化功能上具有明显的比较优势,这为其承担大湾区"文化母城"角色提供了坚实基础。未来,着眼于世界百年未有之大变局的应对,着眼于大湾区制度、文化的深度整合,着眼于改善城市自身功能结构性失衡的瓶颈,广州均应围绕夯实文化交往功能根基、传播当代中国特色价值观、展示中华文化独特魅力、提高国际话语权等方面为大湾区乃至中国的全方位崛起作出重要贡献,从而实现习近平总书记对广州提出的推动城市文化综合实力出新出彩的奋斗目标。

第二节 国际文化交往中心的内涵界定与功能构成

国际文化交往中心的形成必须依赖先进的文化,一般而言,文化有小文化、中文化、大文化、泛文化四种口径,本书的国际文化交往中心主要以宣传文化系

第七章　增强国际文化交往功能，提升国际大都市形象软实力

统涵盖的"大文化"板块为基准，适度拓展至城市战略、教育、城市外交等其他领域。从已有学术研究成果看，思想价值观、历史文化遗产、文化产业被公认为国际文化交往中心的三大基本来源，而社会各界在后续的广泛研讨中进一步拓展了国际文化交往中心的来源，包括传媒、品牌、科技创新、生活方式、民众素质、社会文明度、非政府组织与国际组织、移民等，都被认为是国际文化交往中心的重要体现和来源。从实践经验看，一个城市的国际文化交往中心主要体现为：彰显传统文化的独特魅力、创造富有感召力的城市精神与价值观、拥有强大的传播话语权、塑造令人神往的城市形象、培育出一批具有创新活力的文化产业、企业与品牌等。

基于以上分析，国际文化交往中心是反映城市在参与竞争中，建立在思想理论、传统文化、现代时尚、传媒、文化产业、制度环境等非物质要素基础上的，对社会公众的感召力、凝聚力、吸引力和影响力，是城市依靠其战略与制度的吸引力、思想价值观的感召力和城市形象的亲和力等释放出来的无形影响力。

我们观察世界上公认具有强大文化交往功能的国际大都市，它们不外乎都拥有良好的城市形象、强大的文化产业、著名的城市品牌、富有感召力的精神思想、传统文化的独特魅力、较强的国际传播话语权、较高的社会文明度以及制定富有前瞻性、吸引力的城市战略等。结合前面对国际文化交往功能内涵、层级构成与作用特点的分析，本书认为城市国际文化交往功能的主要构成要素如下：

1. 文化生产力。文化产业既是城市发展的新增长点，又是推动转型发展的新动力。一方面，发展主体要以当地文化资源、文化资本、人力资源、科技实力等为出发点，与城市定位相匹配；另一方面，要主动与其他产业形成互动与融合。

2. 文化创新力。城市文化创新性发展、创造性转化，主要体现在对文化的汲取、选择、消化、整合、引领的能力。文化创新只有立足传统文化，才能适应新时代需要，从而产生具有强大生命力与影响力的中国思想、中国声音、中国故事和中国艺术。

3. 文化吸引力。城市的文化根脉来自历史深处，它是城市的基因、灵魂和特

质所在，城市国际文化交往功能要反映、表达优秀传统文化遗产中的合理元素，并结合新时代特点进行创造性转化和创新性发展。

4. 城市外交力。城市是服务国家外交的重要主体，城市相互的交往也是生产方式、生活方式、发展理念方面的有效融通。在全球化时代，未来城市外交必然成为跨国人文交流与信息沟通的重要平台，对提升城市国际文化交往功能发挥重要作用。

5. 国际传播力。党的十九大报告指出，要推进国际传播能力建设，讲好中国故事，展现真实、立体、全面的中国。文化影响力不仅取决于其内容是否具有创新性和独特魅力，而且取决于其是否具有先进的传播手段和强大的传播能力。

6. 社会文明度。城市是人类文明的结晶，具有现代文明气质的城市才会吸引人心。对于城市发展来说，文化的功能和作用在于能够充分彰显和弘扬城市精神文明，确立城市共同价值。强调人的素质的提高，强调社会文明程度的提高，是城市国际文化交往功能的重要组成部分。

7. 形象塑造力。城市形象是一种文化感知，是公众对城市的整体印象，良好的城市形象越来越成为城市的无形资本，它是城市最亮的名片，体现了一个城市的文化风貌，凸显了一个城市的价值底蕴，凝结的是一种无形但重要的软性竞争力。实践中，那些具有较强形象塑造力的城市，往往具有远超其实际城市地位的影响力，如国际上的巴黎、波士顿、法兰克福以及国内的杭州、成都等。

第三节　广州建设国际文化交往中心的基础优势分析

近年来，广州坚决贯彻党中央关于加快发展文化建设的方针政策，认真落实省委、省政府的战略部署，文化事业成就熠熠生辉，文化产业支柱性地位日益凸显，文化体制改革纵深推进，城市居民家庭人均文化娱乐消费支出跃居全国第一，多项文化新业态领跑全国，文化影响力和国际形象大幅提升，岭南文化中心地位进一步巩固提升，文化事业朝着高质量发展不断迈进。

改革开放初期，广州坚持"两手抓、两手都要硬"，在加快经济建设的同时，

第七章　增强国际文化交往功能，提升国际大都市形象软实力

大力推动精神文明建设，东方宾馆开设国内第一家音乐茶座，成为新中国文化市场兴起的标志，展示岭南都市文化风采和改革开放时代风貌的《雅马哈鱼档》《情满珠江》《外来妹》等电影电视作品在全国引起强烈反响，《弯弯的月亮》等流行音乐广为传唱，太平洋影音公司开创新中国音像事业先河，广州日报 1996 年组建国内首家报业集团，广告收入连续 23 年蝉联中国平面媒体第一名，成立全国首家图书发行企业集团——广州新华书店企业集团，广州大剧院等一批标志性文化设施相继建成开放，广州图书馆跻身世界公共图书馆前列，2009 年、2011 年两次获得全国"文化体制改革先进地区"荣誉称号。

党的十八大以来，广州全面推进文化强市建设，城市文化综合竞争力稳居全国第三位，三次获评全国文明城市，建成市、区、街（镇）、社区（村）四级公共文化服务网络和城市"10 分钟文化圈"、农村"10 里文化圈"，完成大型城市历史文献《广州大典》一期编纂出版工作，南粤先贤馆、广州粤剧馆等一批文化设施相继建成使用，广州日报建立全国首个全媒体编辑部，融合传播力位居全国党报第三，珠江数码成功上市，城市交换云平台"花城+"走在全国城市广电媒体融合发展前列，网易等一批知名互联网文化企业做强做大，动漫游戏、新闻出版、版权交易等位居全国领先水平，文化产业占全市地区生产总值比重不断增加，产业增加值约占全省文化产业总量的 1/4。

作为国家历史文化名城，广州是海上丝绸之路发祥地、近现代中国革命策源地、岭南文化中心地、改革开放前沿地，百越楚庭，汉唐明珠，中外文化在这里融合发展，是千年不衰的商贸名城，非物质文化遗产丰厚，粤剧、广绣等享誉世界，具有领风气之先、海纳百川的优秀人文传统。辉煌厚重的历史文化传承，既是广州独有的荣光，也是历史留给我们最宝贵的资源财富，是支撑国家中心城市地位的重要功能。

广州文化具有古今同框、中西合璧，开放包容、低调务实，导向健康、以人为本，契约精神、规则意识强等一系列突出特点。具体来看，广州在国际文化交往功能方面具有八大优势。

一、丰富多元的文化资源

一般城市都会拥有独具地域特色的传统文化，如西安的"大唐文化"、苏州的"姑苏文化"、成都的"蜀文化"等，某些先锋城市可能拥有近现代革命文化或红色文化，如武汉、上海等，而基于特殊历史承载的原因，广州在拥有上述两类文化基因基础上还叠加了许多城市所没有的海丝之路文化、改革开放前沿地文化等，从而留下了以"四地"文化为代表的丰富多元的文化资源。事实上，在中国历史上，广州是中国城市体系中世界性特点最显著的城市之一，由此也塑造了其多面开放的城市品格。

二、开放包容的城市精神

国际文化交往功能不仅体现在资源赋存上，还体现在城市的精神力量上。首先，"开放包容"可谓广州城市精神的核心标签，这也与纽约、香港、迪拜等当今世界名城曾有的文化精神是一致的。事实上，广州是一座最有道家气质的中国城市，本土百越文化、外来异域文化和南下中原文化相交融，调和成百花齐放、各美其美的多元包容文化。同时，作为一座千年商都，久受商业文明的熏陶，广州的精神气质里还拥有中国传统文化中非常难得的"规则意识"，这种"规则意识"转化为市场经济中的契约精神，降低了整个社会交易成本，带来了经济的持续繁荣。此外，广州人相对低调务实的作风，也为城市带来了较高美誉度。

三、国际一流的文化设施

近十年来，经过多方努力和持续投入，广州市先后建成广州歌剧院、广州图书馆、广州国家档案馆、广州新电视塔、南越王宫博物馆、粤剧艺术博物馆、广州国际媒体港等一批重大标志性文化设施，形成华南地区最完备的重大文化设施体系。

第七章 增强国际文化交往功能,提升国际大都市形象软实力

其中,广州图书馆建筑面积近10万平方米,成为世界上以城市命名单体面积最大的图书馆,各项指标在全国均居首位,跻身世界著名公共图书馆前列;广州新电视塔则是中国第一高塔、世界第二高塔,它与珠江新城、花城广场、海心沙岛相联动,已成为广州城市的新地标,并逐渐形成广州最具魅力的4A级旅游新景区。

四、相对发达的传媒产业

据统计,目前广州文化产业规模在国内各大城市中居第四位,低于北上深三市,但其传媒产业实力则稳居全国前三位,拥有6家具有全国影响力的传媒集团和19家境外媒体记者站,三大报业集团继续保持全国综合排名前十位,广州日报至今保持着中国报业发展史上7项"第一",其品牌价值仅次于人民日报、新华社等央媒,纸媒全部构建起"报+网+微+端+院"全媒体矩阵。与此同时,广州新媒体产业异军突起,相继涌现出网游、社交媒体、融媒体、泛娱乐等新业态。其中,基于互联网的游戏产业总营收占全国三成以上,全国互联网企业百强中广州占8席,网易、微信、酷狗音乐、UC等全国知名互联网企业在广州诞生并发展壮大,其中微信日活跃用户高达10亿人次,UC浏览器服务150多个国家和地区,在印度和印尼两地的市场份额分别达55.4%和47.5%,具备了全球性影响力。

五、引领全国的文化生活

公共文化服务体系日益完善,基本建成市、区、街(镇)、社区(村)四级公共文化服务网络,形成城市"10分钟文化圈"和农村"10里文化圈"。重大文化活动品牌凸显,举办迎春花市、广府庙会、波罗诞、乞巧节、广州国际马拉松赛等群众文化艺术节系列活动,反响热烈。倾力打造"花城"城市品牌形象,"广州过年,花城看花"金字招牌越擦越亮。文化消费活跃,广州城市居民家庭人均文化娱乐消费支出达到5040元,位列全国第一。无人售票、饭后打包、AA制、

赏花等，这些当年让初到广州的人觉得新鲜的行为习惯，如今已渗透推广到了全国。

六、城市文化影响显著提升

近年来，广州市打造重大文化品牌聚集高地，举办中国音乐金钟奖、中国（广州）国际纪录片节等国际性文化活动，多角度展现了广州特色，彰显了城市魅力。打造高端文化产品供给高地，以广州大剧院为阵地，打造华南高端演艺市场中心，广州大剧院每年上演各类优秀演出达 340 场，成功引进世界经典剧目。打造文化传播交流高地，成功举办"汤显祖·莎士比亚广州戏剧文化年"等国际性文化活动，积极展现了广州城市的多元文化生态，搭建了中外文化交流的新平台。

七、城市精神文明水平实现质的飞跃

近年来，广州市大力推动创建文明城市工作，市容市貌得到了极大改善，群众性精神文明创建活动深入人心，志愿服务工作走在全国前列，未成年人保护工作有序开展，建成一批国家、省、市级文明单位和文明村镇，涌现出诸多先进人物和感人事迹，市民文明素质持续提升，城市友善包容、开放进取的品质已经形成，全面推进社会主义核心价值观建设，深入开展中国梦宣传教育，深化爱国主义、集体主义、社会主义教育。扎实推进社会主义核心价值观建设融入社会生活，推动社会主义核心价值观进机关、进企业、进农村、进社区、进学校，建成一批社会主义核心价值观主题公园、主题广场、主题景观，形成核心价值观"抬头可见、随处可读"的良好氛围。

八、文化"走出去"成效显著

广州文化走出去一直以来走在全国前列,涌现出一批高水平的文艺精品,树立起一批文化品牌,培育了一批文化贸易企业,对外文化交流日渐繁荣,在国际社会引起积极反响。一是成功打造"花城"城市品牌形象。广州在自身自然景观和历史文脉资源的基础上,倾力打造"花城"城市品牌形象,"广州过年 花城看花"金字招牌越擦越亮,极大提升了广州的文化传播能力与国际影响力。二是结合国际重大主题策划宣介活动。频繁亮相达沃斯论坛、世界经济论坛年会、博鳌亚洲论坛、中国发展高层论坛等重磅国际会议,通过举办"广州之夜"等活动,向世界集中展示岭南文化元素与广州城市形象。

第四节 广州建设国际文化交往中心的总体构想与对策思考

文化活力作为城市文化发达的标识元素、文化形象的生动演绎、国际文化交往功能的重要指标,日益受到关注。所谓文化活力,概括地讲,是指一个城市在非物质层面表现出的对内向心力、融合力、凝聚力以及对外亲和力、吸引力和影响力。广州是一座令世人瞩目的活力勃发的城市,开放包容的环境让传统文化与现代文化、高雅文化与通俗文化、外来文化与本土文化、一元文化与多元文化等千姿百态的文化在此集聚和释放,形成了独有的历史文脉与活力。2018年11月,习近平总书记赴广东视察时对广州提出了实现老城市新活力,着力在增强城市文化综合实力上出新出彩的重要指示,强调要注重文明传承、文化延续,让城市留下记忆,让人们记住乡愁。面对习近平总书记调研广州提出"老城市"焕发新活力的新要求,以及在增强城市文化综合实力上出新出彩的新目标,广州文化活力基因要更好培育,活力源头要持续拓展,活力资源要快速集聚,活力环境要改善优化,活力效能要加快释放,形成城市文化活力元素涌流、全面迸发的崭新格局,前提是转换文化活力思维，关键是丰富文化活力内涵，重点是创新文化活力方式，根本是构建文化活力机制。

文化活力是城市的新发力点。让文化活起来，是实现广州由世界文化大市向世界文化强市目标转换的战略选择，是让市民更充分获取文化体验、感知文化美好、成就文化梦想的需要。文化新活力从何而来，前提在于盘活文化资源，核心在于用活文化人才，根本在于激活文化基因。一座城市是否具有文化活力，最终要体现在高效的体制机制中、丰富的文化产品中、优质的文化品牌中、一流的公共服务中、浓郁的文化氛围中、包容的文化环境中、开放的人才高地中和美好的文化体验中，"注重文明传承、文化延续，让城市留下记忆，让人们记住乡愁"，这也是在增强城市文化综合实力上出新出彩的应有之义。

一、战略愿景

当前，广州建设国际文化交往中心面临的新环境形势：国际文化格局依然是西强我弱，西方发达国家主导着国际舆论，影响着国际文化流行和消费趋势，左右着网络空间的信息流动和发展方向。特别是中国越发展、国力越增强、海外利益越拓展，面临的外部矛盾和摩擦就会越多，各种压力和阻力也会增多，文化影响力与经济影响力相比还有较大差距的这一"短板"也就越发突出。展望未来，广州将致力于建设成为中国特色社会主义引领型全球城市。要实现这一宏伟目标，离不开国际文化交往中心的支撑。

国际经验表明，但凡全球城市，必然拥有与之功能地位相匹配、充满活力、特色鲜明、引领全球的文化生态。在世界竞争格局中，底蕴深厚、魅力独特、创新力活跃的城市，往往能够成为全球人才、企业、机构等的向往集聚之地。在这种趋势背景下，广州建设国际文化交往中心，必须对标纽约、伦敦、东京等世界城市的经验，以及北京、上海、深圳等国内大城市文化建设的成果，把握好保基本、促升级、现代治理三者之间的辩证关系，在培育文化新主体、新业态、新载体方面做出

第七章 增强国际文化交往功能，提升国际大都市形象软实力

更大努力，在国际品牌、国际交流、国际融合上形成对外开放的升级版效应，对城市文化资源、城市文化战略、国际文化趋势进行深层次的思考和全方位的把握，确保国际文化交往中心建设不断取得扎扎实实的成效，可归纳为：

积极适应新时代、新形势、新要求，以习近平新时代中国特色社会主义文化思想为指导，全面贯彻落实党的十九大关于"坚定文化自信，推动社会主义文化繁荣兴盛"五项决策部署，围绕广州建设国际文化交往中心的战略目标，坚持以文化自信促文化融合、以文化实力助广州发展、以文化繁荣塑国际形象，发挥文化引领风尚、教化人民、服务社会、推动发展的作用，着力塑造"导向鲜明、活力迸发、丰富多彩、文明自信"的城市文化，着力提升传播话语权，着力彰显岭南文化中心的魅力，着力提高文化多维创新力，着力培育现代优势文化产业集群，力争三年初见成效、五年取得突破、十年塑成优势，致力于把广州建成独具特色、文化鲜明的国际一流城市、粤港澳大湾区"文化高地"和向世界展示习近平新时代中国特色主义思想的重要"窗口"，为全省及广州市实现"四个走在前列"提供人文支撑和精神动力。

现阶段，广州建设国际文化交往中心，最根本的是要学深悟透习近平总书记重要讲话精神，贯彻落实市委部署要求，提高政治站位，强化责任担当，把握战略机遇，树立"大文化"理念，将文化发展与教育、体育、旅游、营商环境建设和深化改革开放等一体谋划、系统推进，更好引领人文湾区建设，举全市之力支持深圳建设中国特色社会主义先行示范区，打响红色文化、岭南文化、海丝文化、创新文化四大品牌，打造社会主义文化强国的城市范例，推动城市文化综合实力出新出彩。面向未来，广州建设国际文化交往中心、推动城市文化综合实力出新出彩，主要体现为五个基本要求。

（一）领风气之先、立时代潮头

思想理论是城市创新之源，是文化活动之核，是文化繁荣发展的原动力，要敢于立时代之潮头、通古今之变化、发思想之先声，进一步解放思想、改革创新、敢

闯敢试。

（二）弘扬城市人文精神

梳理广州城市的文化基因和精神特质，提炼市民共同认同的价值观念，将新时期广州的城市精神融入广州城市发展的血液，使之成为城市发展之灵魂。

（三）辐射粤港澳大湾区

进一步打造岭南文化中心和对外文化交流门户，加强多元文化交流融合，促进岭南文化与其他文化的交流合作，彰显人文湾区多元文化交流功能，扩大岭南文化的影响力和辐射力。

（四）全面迸发城市新活力

要立足传统文化，结合新发展趋势与潮流，适应新时代需要，更好培育城市文化活力基因，拓展城市文化活力源头，形成城市文化活力元素涌流、全面迸发的崭新格局。

（五）满足人民美好生活需要

要更加注重社会主义文化繁荣兴盛，更加注重精神文明与物质文明协调均衡发展，努力提供更丰富更优质的精神文化食粮，更好满足人民日益增长的美好精神文化需求。

二、目标定位

到 2035 年，广州将建成社会主义现代化先行区，成为经济实力、科技实力、宜居水平达到世界一流城市水平的活力全球城市。到 2050 年，广州将全面建成中国特色社会主义引领型全球城市，成为向世界展示中国特色社会主义制度巨大优越

第七章 增强国际文化交往功能，提升国际大都市形象软实力

性，富裕文明、安定和谐、令人向往的美丽宜居花城、活力全球城市。参照这一发展目标，未来30年，广州建设国际文化交往中心在每一阶段既要成为广州全球城市建设的重要支撑，更要成为全球城市的核心功能，实现"树立一标杆，打造四亮点"，具体表现为以下五大方面。

（一）弘扬社会主义核心价值观的标杆

以"中国梦"为引领，在全市广泛传播社会主义核心价值观，大力弘扬中华优秀传统文化，增强广州市人民的文化认同度、文化归属感、文化责任心。提升全市人民的社会凝聚力、主人翁意识和人文素质。让社会主义主流文化的正能量广泛深入人心，使得广州成为人文精神最为浓郁、文明正气最为彰显、社会风貌最为良好的先进城市。

（二）现代公共文化服务的模范

以均等化、特色化、现代治理相结合的现代公共文化服务体系，提升市民的幸福感，提高人均享有区域文化资源的综合水平。以多方参与、共享共赢的文化建设，提升广州市居民的文化素质，不断满足人民日益增长的文化需求，使广州市公共文化服务的主要指标，包括政府投入、公共文化设施的人均拥有面积、公共文化产品供给水平等处于全国领先地位。

（三）文化创新创意的高地

突出影视制作、演艺娱乐、创意设计、艺术品、时尚服务、文化旅游等重点文化创意产业，建设一批国家文化产业示范基地、重点文化出口企业和项目等优秀企业和项目，结合"互联网+"战略，发展文化产业新业态，促进文化产业与工业、旅游业、城市建设业等跨界融合，促进有市场号召力的大中型企业、富有活性的小微企业以及个体从业者等共同发展，使广州市文化创意产业的主要指标位于全国前列，形成集约化、规模化和专业化的优势。

（四）传承活化文化遗产的示范

完整传承广州城市的文化脉络，在历史纵向轴上体现广州在古代、近代、现代的三大形态，在空间横向轴上体现广府文化、红色文化、爱国文化、时尚文化、民俗文化的丰富形态，在活化开发轴上体现线上与线下、实体与虚拟、完整传承与活化开发、专业保护与大众体验、重点静态保护与成片动态保护相结合的多样举措，使广州成为广府文化的资源富集之市。

（五）全球文化融合创新的枢纽

以兼备国际交流"码头"和文化原创"源头"的胸襟，把广州打造成为全球多元文化建设主体融合的枢纽，使其成为创新活力最旺盛的国际文化大都市；通过整合、提升等举措，打造富有国际知名度和群众满意度的国际文化品牌，结合现代文化治理在全市打造更多、更美的文化空间，使广州成为代表国际文化大都市魅力和品质的标杆城市。

三、发展战略

未来，广州要始终坚持社会主义先进文化前进方向，始终坚持以人民为中心的工作导向，以"大力弘扬社会主义核心价值观、充分满足市民多元文化需求、大力提升城市综合功能和软实力"为着力点，成为推动岭南文化现代转型、融合中外文化创新发展的全球典范，成为世界文化的交流中心、创新创意中心，成为具有中国特色的世界文化大都会，在继承人类全部文明成果的基础上，代表中国真正开创新的世界城市文明模式，成为影响全球思维模式和价值取向、影响人类发展历史、影响世界未来的全球文明城市。

为了全面实现上述发展目标，广州建设国际文化交往中心必须加快实施六大战略。

第七章　增强国际文化交往功能，提升国际大都市形象软实力

（一）国家引领战略

传播当代中国价值观念，以国际文化交往方略顶层设计为指引，以党的十九届五中全会文化发展战略部署为指导，坚持中国特色社会主义文化发展道路，服务于建设社会主义文化强国、提升国际文化交往功能、坚守推进新型全球化、"一带一路"倡议等，秉承共商共建共享全球治理观，代表中国参与全球治理体系改革建设和推进构建人类命运共同体，为解决全球性难题贡献"广州力量""广州智慧""广州方案"，增加广州在国际社会的影响力、感召力和塑造力。

（二）价值主导战略

掌握价值观念的主动权、主导权、话语权，发挥社会主义核心价值观对国民教育、精神文明创建、精神文化产品创作生产传播的引导作用，彰显开放、包容、理性、务实的城市精神，将其聚焦到造就具有正确世界观人生观的社会主义建设者之中；倡导文明、健康、简约、低碳、环保的广式生活价值，推动广式生活成为全国人民美好生活的榜样；提升文化的经济价值，推动文化元素向经济领域渗透增值，将文化内涵融入产业活动中，使文化成为提升经济附加值的关键杠杆，满足消费多样化、个性化需求。

（三）创新驱动战略

实施创新驱动发展战略，落实创新发展理念，继续发扬"敢闯敢试，敢为天下先"的创新精神，以创新激发动力、增强活力、释放潜力，将文化创新放在突出的战略位置，利用技术对文化表现方式、传播方式、内容制作手段等进行创新，着力破解制约文化建设的机制和体制性障碍，广泛引进和吸纳世界各国的优秀文化资源和人才，加速营造人人崇尚创新、人人希望创新、人人皆可创新的社会文化氛围，形成崇尚创新的社会文化氛围，建设与现代化国际化创新型城市相匹配的文化强市。

（四）区域协同战略

发挥广州作为粤港澳大湾区"顶点城市"的作用，全盘统筹，协调发展，错位发展，优势互补，将广州打造成为整个粤文化的中心，系统研究粤港澳大湾区文化协同发展规划，明确各地文化产业发展定位及特色，形成文化产业合理分布和上下游联动机制，构建辐射整个大湾区的公共文化服务体系，推动湾区内部艺术院团共同打造具有地域特色的舞台艺术精品，培育统一开放的文化市场，共同将粤港澳大湾区建设成为内地与港澳文化深度合作的示范区，打造国际一流湾区和世界级城市群。

（五）品牌传播战略

打造"花城"品牌，弘扬"花城"精神，塑造良好城市形象，讲好广州故事，传播好广州声音，加大广州文化传播的力度，凸显以岭南文化为代表的东方文化神韵，展示岭南文化的特色与魅力，增强岭南文化的话语权和表现力，通过文化这个具有"特殊意义"的符号和形式来美化、宣传、推介广州，构建技术先进、传输快捷、覆盖广泛的现代传播体系，增强城市对外传播的说服力和认可度，谋求广州在全球城市话语体系中的有利地位，建构引领时代发展方向和世界潮流方向的话语权。

（六）开放合作战略

对接与融入"一带一路"，坚持"走出去"和"引进来"并重，统筹利用国际国内两种资源、两个市场，扩大文化对外贸易，提升文化产品输出能级，构建全方位、多层次、宽领域的开放型经济新体制；充分利用城市外交网络，实施岭南文化、广府文化"走出去"战略，在国际上凝聚广州力量、发出广州声音、弘扬岭南文化，促进与海外华侨文化的碰撞、认同、同化、融合；吸收借鉴国外优秀文化成果，创新对外传播、文化交流、文化贸易方式，广泛参与世界文明对话，为构建人类命运共同体贡献广州力量。

第七章　增强国际文化交往功能，提升国际大都市形象软实力

四、对策思考

广州建设国际文化交往中心，必须认真学习贯彻习近平总书记视察广东重要讲话精神，坚持传统文化与现代文明有机融合，提高城市规划建设管理品质，实现社会效益和经济效益相统一，坚持推进文化与科技有机融合，讲好讲活广州故事，增强人民群众体验感、获得感，打造文艺精品力作，弘扬坚定理想、百折不挠的奋斗精神，不忘初心、牢记使命、坚定信心、埋头苦干，推进改革开放再出发，推动广州实现高质量发展。

（一）坚持以习近平新时代中国特色社会主义思想和党的十九大精神凝聚共识

坚持将学习宣传贯彻党的十九大精神作为思想理论建设的重中之重，增强广大干部群众的思想认同、理论认同和情感认同，在学懂、弄通、做实上下功夫，通过读原著、学原文、悟原理，将习近平新时代中国特色社会主义思想和党的十九大精神，作为未来理论创新的重要指针与行动指南。组织一批政治素质过硬、学术造诣深厚的知名专家学者牵头组建研究团队，围绕习近平新发展理念和习近平文化自信思想两大专题开展深入研究，形成系列研究专著，推出一批有价值、有说服力、有感染力的思想观点和研究成果，出版一套在全国有影响、体现广州学术水平的理论丛书。围绕构建推动经济高质量发展体制机制、建设现代化经济体系、形成全面开放新格局、营造共建共治共享社会治理格局等重大理论与实践问题，组织高水平研究团队开展研究，扎实做好"大学习、深调研、真落实"工作，推出一批对实践有指导意义的高质量研究成果。挖掘利用广州红色文化资源，在中共三大会址纪念馆和广州农民运动讲习所纪念馆建设"红色文化讲习所"，邀请知名专家与党史专家开展红色文化宣讲，利用讲故事、快板、朗诵、短视频、知识竞赛等丰富形式传播红色文化，打造广州传承红色文化、开展党的创新理论宣讲的新阵地。

（二）以新型智库建设试点为契机，加快形成新型城市智库运作新模式

按照中央、省、市关于加强新型智库建设意见精神，统筹整合海内外优质学术资源，抓好58个人文社会科学重点研究基地建设，将十家新型智库建设成为具有一定国际影响力和知名度、与广州城市地位相匹配的新型城市智库，使其充分发挥咨政建言、理论创新、舆论引导、国际交往的重要功能，形成富有广州特色、定位清晰、支撑有力的新型智库体系，使其成为城市软实力的核心标志和重要载体。推动本土民间智库的组建与落地，积极吸引国际知名智库在广州设立分支机构。借鉴西方发达国家智库的成功运作模式，从新型城市智库建设需要出发，积极推动新型智库改革创新，允许智库在人员聘用、人才激励、成果奖励、薪酬制度、项目管理和对外合作等方面实行更加灵活的政策，探索实施智力劳动报偿奖励机制。建立完善政府购买智库咨询服务制度、重大决策意见征集制度和智库日常建言制度。启动智库与主流媒体的战略合作，准确解读政策，讲好广州故事，传播城市形象，鼓励智库举办论坛、讲座、咨询活动，传播主流思想价值，弘扬社会正能量。坚持全球视野，长期跟踪全球城市发展战略研究与实践前沿，紧紧围绕广州城市发展重大战略需求，开展综合性、战略性、前瞻性研究，形成系统化设计、专业化支撑、特色化配套、集成化创新的研究体系，提升研究层次和知识融通能力，结合广州城市发展在战略层面的需要，就若干专题和领域开展长期持续跟踪研究，掌握专题理论前沿和国内外研究动态，形成有质量、有价值、有影响的系列研究成果，为全球化背景下广州城市发展重大战略决策提供智力支持。组织开展城市重大发展战略问题专项课题研究，广泛发动广州地区高校、科研机构积极响应组织申报，解读广州实践，研究广州问题，发出广州声音，提高综合研判和战略谋划能力，提出专业化、建设性、切实管用的决策政策建议，形成广州研究的"战略枢纽"，构建城市研究的"全球网络"，提升广州战略问题研究的原创水平和影响力。

第七章 增强国际文化交往功能，提升国际大都市形象软实力

（三）建立强力高效的城市形象推广机构，全方位推进广州城市形象塑造

为了更好地推广城市形象，建议成立"广州城市形象领导小组"，形成包括宣传、新闻、外事、旅游等部门的工作机制或联席委员会，总体协调广州城市形象的定位和分工。设立"广州城市形象推广办公室"，具体负责城市营销，制订"广州形象"年度及系列宣传计划。在城市品牌形象塑造方面，不仅要关注传统的国际媒体，也要关注国际社交媒体（Facebook、Instagram、Twitter、Snapchat、Tumblr、Yik Yak、Medium等）对广州城市形象的塑造；不仅要开展文本和内容分析，还要针对本市居民、外地人员、外国旅游者、外国常驻人员等，定期开展网上调查进行比较分析；不仅要关注如何放大节庆赛事等活动的正面效应，也要精心研究如何化解负面事件、争议事件的不利影响，因势利导，反推广州知晓度；不仅要有政府主导的机构，也要有非官方的学术机构长期跟踪广州城市国际形象变化规律，形成与政府职能部门的良好互动关系。依据传播学规律，有必要设计广州统一的城市形象视觉识别系统，包括口号、别名、市徽、市歌、市树、市花、代表色、吉祥物等，并在对外宣传材料中尽量使用。通过城市视觉符号、营销口号的使用，逐步改善目前鲜明度欠缺、稳定性不够的城市形象标识，凸显广州城市形象的唯一性和独特性，增强游客的认知记忆和品牌识别，提升本地居民对广州城市的文化认同感与自豪感。

（四）适应国际传播趋势，推进国际传播能力建设，打好国际传播组合拳

树立"大传播"理念，从单向度的传播变为双向度的沟通，考虑海外受众在文化背景、风俗习惯、生活方式、宗教信仰等方面的不同，寻找利益交汇点、话语共同点、情感共鸣点，探索掌握跨文化传播技巧，运用海外受众乐于接受的方式、易于理解的语言，构建起既有岭南特色、又有国际气派的话语体系。推进国际传播能力建设，加强国际传播的协同合作，增强国际传播的主体力量，组建由政府、媒体、智库、企业等力量组成的传媒综合体，深化与中央媒体、国际主流媒体和海外华文媒体的合作，积极推进新华通讯社"广州城市国际传播创新基地"、CNBC广

州国际演播厅等建设，积极拓展与 YouTube、Facebook、Twitter、Tumblr、Yik Yak、Medium 等海外社交媒体合作，在国际主流媒体推出一系列广州经济贸易和文化信息，提升广州在海外主要国家的认知度和高覆盖率，形成国际主流媒体、网络媒体、社交媒体、自媒体全方位传播矩阵，形成传播合力，从而更好地向国际展现真实而全面的广州。

（五）提高重大议题议程设置力和新闻话题导向力，掌握国际舆论传播话语权和主动权

以全球视野来审视和考虑问题，围绕攸关城市发展的重大问题和前瞻方向，努力谋划相关重要议题，提高重大议题议程设置力和新闻话题导向力，使议题具有前瞻性、主动性、针对性和实效性，以创新议题提升传播效果。积极创造新概念、新论述、新观点，大胆推出"广州论述""广州观点""广州模式"，更多地发出"广州声音"，全力讲好"广州故事"，引导国际社会更加客观全面地认识和理解广州。密集关注社会上的热点难点和焦点问题，在深入分析研究的基础上搞清源头本质，找出破绽软肋，积极开展正面交锋，讲清事实真相，及时进行揭露和驳斥，化解"负能量"，疏导社会情绪，平衡社会心理。准确把握当前网上舆论总态势，深刻认识网上舆论传播的新特点，适应网络传播规律，运用新技术新应用，不断开创网上舆论引导的新方式。建立健全突发事件的应急应变机制，增强突发事件的新闻报道和舆论引导能力，确保在突发事件发生时，掌握话语权，赢得主动权。要重视网评员队伍建设，真正建设一支政治强、业务精、作风硬的队伍。

（六）探索文化消费新模式，培育文化消费的市场新业态

挖掘整合最具岭南文化特色特质的文化资源，将岭南文化元素融入城市空间格局、城市色彩、城市建筑和生态环境，加强历史建筑、传统风貌建筑、文化遗产的保护开发。加快推进北京路文化旅游核心区、天河路商圈时尚商旅中心区建设，推

第七章　增强国际文化交往功能，提升国际大都市形象软实力

动南海神庙文化旅游产业区、黄埔古港古村历史文化景区、海珠湿地、长洲岛文化旅游休闲慢岛等文化旅游休闲项目的整体开发，扶持长隆集团加快建设国际旅游休闲度假区。以"广州历史文化一日游"为主题，主推"最广州"特色文化旅游品牌形象，利用便捷发达的城市交通和智慧旅游导览系统，将广州从先秦西汉直至民国乃至改革开放之后的元素集合起来，凸显广州"四地"文化内涵。实施文化"互联网+"工程，建设网上博物馆和"广州云"旅游商务服务平台，培育文化旅游"O2O"模式，推动静态文化资源向动态展示型、体验式旅游资源转化。突出"组团—品牌—廊道"的形态，以重点企业、楼宇、广场、剧场、会展等为核心，以现代商贸、演艺会展、时尚购物、艺术品、旅游体验为特色，以文化事件为亮点，形成气韵联通、行云流水的产业大动脉，唤起人们对千年羊城的丰富记忆和想象。

（七）倾力打造一批富有国际知名度和群众满意度的文化节庆、文化旅游品牌

实施城市文化名片工程，精心打造"海上丝路""十三行""广交会""北京路""广州花城""食在广州""粤剧粤曲""珠江景观带"等城市文化名片。推进中国音乐金钟奖、中国（广州）国际纪录片节、羊城国际粤剧节、中国国际漫画节、中国（广州）国际演艺交易会、广州国际艺术博览会、广州艺术节等重大文化会展品牌建设，打造成有重大国际影响力的文化盛会。利用广州市场馆设施优势，加大国际知名文化展会的引进力度，着力打造好"文化广交会"品牌。统筹推动广州民俗文化节暨黄埔波罗诞千年庙会、广府庙会、岭南书画艺术节、广府文化嘉年华、广州乞巧文化节、广州水乡文化节等全市"一区一品牌"民间民俗节庆文化活动，大力培育具有广泛群众基础的醒狮、龙舟、飘色、南音、私伙局、咸水歌等特色民俗活动，形成一批具有国内外影响力的民俗文化活动品牌。支持从化荔枝文化旅游节、增城何仙姑文化旅游节、南沙妈祖诞文化旅游节、黄埔萝岗香雪文化旅游节等文化旅游节庆活动的品牌建设，不断提高国际化水平。

（八）强调文化交流双向互动，打造"全方位、多层次、宽领域"国际文化交流展示区

充分发挥对外文化交流协会等社会团体和中介组织的作用，促进不同文化的相互理解与尊重，培育多层次交流主体，扩展多种交流途径与平台，打造国际多元文化汇聚及交流中心。利用广州市商贸服务业、文化旅游业融合发展的资源优势，做好国际文化品牌入驻中国的品牌推广服务工作，吸引国际知名的演绎团体、表演艺术家访穗，吸引国际知名文化传播公司、中介服务机构在穗设立分支机构。积极参与国际级、国家级文化相关奖项的参评工作，鼓励有实力的文艺演出团体、文化公司开发文艺精品，积极与国际接轨，为承担国际文化展示交流奠定基础。承担高层次的外交外事活动和国际性经贸文化活动在穗举办，引进各类国际组织、区域合作组织、行业协会来穗进行国际文化交流活动，在广州建设种类繁多、层次分明的国际文化交流平台。搭建海上丝绸之路人文合作的重要平台，加强与"一带一路"沿线城市和南太平洋国家之间的文化交流合作，推进海上丝绸之路城市联盟建设、友好城市建设，建立城市联盟间多层次、常态化文化交流与合作机制，加强广州市海上丝绸之路历史文化遗产宣传展示。

（九）实施文化"走出去"战略，打造内容、渠道、平台、企业四位一体的对外文化交流合作新模式

支持核心文化产品和服务走出国门，鼓励文化企业通过新设、收购、合作等方式在境外开展文化领域投资合作。推动文化产品和服务出口交易平台建设，重点培育一批外向型文化内容出口企业和产业基地。推动新闻出版、广播影视、文化艺术、动漫游戏、创意设计等文化内容产业走品牌化、国际化道路，着力打造一批具有较强国际影响力、较高国际市场占有率的文化企业和品牌。鼓励和支持广州市内各演出团体、文化交流协会、文化组织等开展对外文化交流活动，开展对外宣传工作，积极扩大岭南文化影响力，树立良好的岭南文化对外交流形象。

第七章 增强国际文化交往功能，提升国际大都市形象软实力

利用移动互联网技术做好影视音像、文艺汇演、电子出版物等多形式的对外展示平台，充分利用广州市使领馆资源优势开展文化产品对外营销工作，积极做好文化品牌建设工作，加大对外文化人才培训、项目合作、文化资源共享等的深度合作。发挥南沙自贸试验区国际商品中转集散功能，支持南沙自贸区创建国家级对外文化贸易基地，发展保税文化交易、文化进出口仓储物流、国际文化市场信息服务等新业态。

（十）精心筹划系列外宣活动，加强对外文化传播，积极申办具有全球影响力的国际盛会

以筹办世界航线发展大会、《财富》全球科技论坛、未来城市峰会等重大活动为契机，积极运用国外主流社交平台，开辟宣传广州的新窗口。发挥世界大都市协会、世界城市和地方政府联盟（UCLG）等国际组织作用，推动多方面的交流与合作。推动广州与更多国际知名城市建立友好城市关系，参与孔子学院和海外岭南文化中心建设，定期开展学术交流和文化外宣活动，不断拓展对外宣传新平台。加强对外话语体系建设，不断创新方式方法，主动发声。围绕"一带一路"倡议策划重大外宣议题，把讲好广州故事作为对外宣传的基本方法，进一步传播好岭南文化。开展经典粤剧和优秀剧目境外巡演活动，搭建国内外优秀艺术院团的高端交流平台，推动艺术精品"走出去""请进来"。拓展互联网外宣阵地，打造立体化的对外传播平台，打造"广州微博微信发布厅"，进一步扩大覆盖面。加强境外媒体工作，做好在穗境外媒体和外国主流媒体的采访服务，推动市属媒体与海外华文媒体紧密联系合作。形成广州声音的本土化表达，更加精准地定位传播产品和传播对象。加大与中宣部、外交部等汇报请示力度，争取在未来申办或承办上合组织国际领导人峰会、中非合作论坛、中日韩领导人峰会等元首会议。

第八章
完善社会综合服务功能，建成国际"美好生活之都"

第一节 社会综合服务的内涵与主要功能

城市的主要矛盾是人与环境的对立统一，城市发展的核心目的是满足人类不断增长的物质和精神需求。城市的发展势必会导致一系列的社会问题和环境问题，如交通拥堵、治安混乱、环境污染、资源浪费等。宜居是全球城市的重要组成条件。一方面，完善的社会综合服务功能可以吸引更多经济和人文等方面资源的注入，提高城市的竞争力和影响力；另一方面，恶劣的城市生活和生态环境将制约城市的可持续发展和城市居民整体生活质量的提升，从而阻碍全球城市的发展。所以，广州要建成高品质全球城市，提升社会综合服务功能、优化生态生活环境、提高城市宜居度是不可回避的问题。

当前，提升社会综合服务功能已经成为世界主要全球城市制订未来发展计划的共同目标。例如，2010年，芝加哥提出了建设"宜居宜业、生态平衡、经济持续繁荣的可持续世界级大都市"的目标；2014年，新加坡在新一轮概念性规划中提出要建设"温馨的家和清洁、绿色、宜居的城市"；2016年，北京市也提出了建设"国际一流的和谐宜居之都"的目标愿景。广州是国内较早在城市发展战略中聚集社会

第八章 完善社会综合服务功能,建成国际"美好生活之都"

综合服务功能提升的城市之一,早在2000年,广州就提出了"一个适宜创业发展、又适宜居住生活的山水型生态城市"的城市发展战略目标。近年来,通过出台一系列措施,广州在提升社会综合服务功能上更是取得了不错的成效。在新一轮的城市总体规划中,广州在社会综合服务功能的定位上,提出了"美丽宜居花城,活力全球城市"的目标愿景。在《广州市国民经济和社会发展第十四个五年规划和2035年远景目标纲要》中,更是提出了聚焦打造美丽宜居幸福新广州的发展目标。

当前,国内外诸多学者均对全球城市社会综合服务功能的内涵进行了大量探讨和研究,但至今仍尚未形成统一的共识。主要原因在于城市的社会综合服务功能是一个综合的、系统的、动态发展的概念,不同经济发展阶段、政治体制、文化价值观以及利益主体等所产生的社会综合服务功能诉求均存在一定的差异性,因此所界定的城市社会综合服务功能的内涵与实践方向也并不相同。国外诸多学者提出了城市社会综合服务功能的概念,例如萨尔扎诺认为,城市的社会综合服务功能,应该是连接过去和未来的枢纽:既尊重所有的历史遗迹,同时也尊重未来的后代。埃文斯认为适宜居住和符合生态可持续发展的要求,是城市社会综合服务功能所包含的两个含义。帕莱杰认为社会组织的元素能够被保存和更新是城市社会综合服务功能的体现。自20世纪90年代吴良镛院士建立人居环境学科以来,国内很多学者对城市社会综合服务功能的关注度也逐渐提高。例如,学者张文忠认为,城市的社会综合服务功能,是宜人的自然生态环境与和谐的社会、人文环境的有机结合。李丽萍认为城市的社会综合服务功能,不仅是指适宜居住,还包括适宜就业、出行及享有充足的教育、医疗、文化资源等多项内容,主要包括经济持续繁荣、社会和谐稳定、文化丰富厚重、生活舒适便捷、景观优美怡人和公共安全有序几大内涵。

所谓城市社会综合服务功能,简单地说就是一个城市在发展过程中,能实现经济社会与环境协调发展、满足居民物质和精神生活需求、适宜人们工作、生活与居住所应具备的功能和发挥的作用。提升社会综合服务功能是全球城市发展的共同目标和追求,但是不同等级的城市追求的目标具有不同的层次。低层次的社会综合服务应该满足居民的安全、健康等最基本要求;高层次的社会综合服务还要满足居民的人文和自然环境的舒适性、公共服务的优质性、个人的发展机会等更高要求。全球城市所追求的社会综合服务功能，应该从可持续、安全、健康、便利、舒适等更多方面，来凸显对城市居民的社会属性及个人价值等高级需求的满足和实现。可以说，可持续、安全、健康、便利、舒适是全球城市社会综合服务功能的核心特质，优良的生态、生活环境则是城市社会综合服务功能的集中体现。本书认为，完善的城市社会综合服务功能，在内涵上可以概括为四个最基本的层面，即公共服务完善、生活舒适便利、社会安全和谐以及生态环境优良。

（一）公共服务完善

城市公共服务与居民日常生活关系密切，是城市社会综合服务功能的重要体现。从国际经验来看，全球城市都应当具备完善、均衡、公平、便利的公共服务设施和高水准的公共服务质量，具体包括拥有完善且优质的教育设施、文化设施、医疗卫生设施、民政设施等，能够充分满足城市居民就医、上学、运动、娱乐和休闲等各类需求，让城市居民幼有善育、学有优教、病有良医、老有颐养。

（二）生活舒适便利

给城市居民创造舒适便利的生活条件，是提升城市社会综合服务功能的重要目标之一。全球城市应该为居民生活各方面提供各种高质量的服务，例如出行服务、生活消费服务等，并使得这些服务能够被广大的市民方便地接受。同时控制生活成本、降低生活压力也是全球城市的重要任务之一，其目的是保证居民的生活处于轻松而惬意的状态。

（三）社会安全和谐

社会安全和谐是城市社会、经济、文化、环境协调发展的基础，是城市社会综合服务功能的重要保障。当前，社会安全已经成为衡量一个城市社会综合服务功能是否完善的重要指标。本书认为，社会安全和谐的城市应该是社会运行有序、社会

第八章 完善社会综合服务功能，建成国际"美好生活之都"

治安良好、财富分配公平、居民安居乐业的城市，应当具备安全的生活环境、健全的防灾与预警系统以及完善的法治社会秩序等系统性、现代化的城市安全保障体系。

（四）生态环境优良

提升城市的社会综合服务功能，应该符合生态可持续发展的要求，因此，环境优质、生态良好、景观优美已经成为世界城市共同追求的目标，也成为全球城市建设首要的任务。纽约、伦敦、巴黎、东京等城市在提升城市生态环境方面均提出了有效的对策，极大地提升了城市的可持续性。从国际经验来看，全球城市都应该具有新鲜的空气、良好的水质、舒适的气候、优美的绿化环境以及适宜的开敞空间等，以满足城市可持续发展的要求。

第二节 广州城市社会综合服务功能的国际比较

一、城市社会综合服务功能评价指标构建

基于上述分析，本书从公共服务完善度、生活舒适便利度、社会安全和谐度和生态环境优良度四个维度构建全球城市社会综合服务功能的评价指标体系，运用综合线性加权法对22个样本城市进行宜居水平测算。主要考虑如下：

（一）公共服务完善度

教育和医疗是城市公共服务的重要组成部分，也是当前受到社会关注最多的民生问题。反映城市教育和医疗的指标多种多样，但是由于研究涉及的样本城市较多，数据统计口径难以统一，给数据的获取带来很大困难。考虑到所有城市数据的可获取性和可比性，本书最终选取教育水平和医疗保障水平来反映城市公共服务完善度。教育水平数据来源于全球知名咨询机构 Arcadis 在 2018 年发布的 *Sustainable Cities Index*，该指数根据各城市识字率、大学排行榜以及大学学历人口占比计算得

来；医疗保障水平数据来源于 Numbeo 数据库 2020 年公布的调查统计数据，该指标数据根据医务人员的能力、诊断与治疗设备的现代化水平、对医疗机构的满意度等方面综合测算得来，是一项综合性指标。

（二）生活舒适便利度

交通便利是生活舒适便利的重要组成内容，其中，通勤时间的长短和公共交通系统的完善程度又是反映城市出行高效畅通的重要方面，因此本书选取平均通勤时间来反映城市出行的高效性，选取每万人地铁长度以反映城市公共交通系统的完善程度。平均通勤时间数据来源于 Numbeo 数据库 2020 年公布的调查统计数据，每万人地铁长度根据各城市官方网站以及维基百科公布的多种数据计算得来。另外，高昂的生活成本会给人们带来巨大的生活压力，因此选取生活成本指数来反映城市的生活舒适性，该指数是 Numbeo 数据库根据各城市物价、房价、房租等方面的成本 2020 年调查统计得来。生活便利性主要选取城市娱乐消费便利度，以反映城市娱乐消费的便利性，城市娱乐消费便利度采用专家打分的方法获取数据。

（三）社会安全和谐度

社会安全和谐的城市应该是人们人身安全、卫生安全、基础设施安全等多方面得到充分保障的城市。由于能够反映社会安全的指标往往具有主观性和难以获取性，因此本书选取安全指数和社会犯罪率来反映城市社会安全度。安全指数指标数据来源于经济学人智库 2020 年发布的《全球城市安全指数报告》，报告从人身安全、卫生安全、基础设施安全和数字安全 4 个方面，用 49 个具体的指标对全球 60 个城市进行了安全指数评分，是国际上比较公认的能够反映全球城市安全度的指标，具有较强的代表性。社会犯罪率指标来源于 Numbeo 数据库 2020 年公布的调查统计数据。

（四）生态环境优良度

生态环境优良的城市应具有新鲜的空气、良好的水质、舒适的气候、优美的绿

第八章 完善社会综合服务功能，建成国际"美好生活之都"

化环境以及适宜的开敞空间等。考虑指标的可获得性和可比性，本书选取PM2.5、气候指数两个指标来反映城市生态优良度。PM2.5数据来源于世界卫生组织全球空气污染2020年数据库，是反映城市空气质量最直观的数据，也是受社会大众关注度较高的一项指标，因此具有较强的代表性；气候指数数据来源于Numbeo数据库2020年公布的调查统计数据，该指标数据根据城市高温、严寒、干燥、湿润等天气的占比情况综合测算得来，具有一定的客观性。

表8-1 全球城市社会综合服务功能评价指标体系

一级指标	权重	二级指标	权重
公共服务完善度	25.42	教育水平	12.71
		医疗保障水平	12.71
生活舒适便利度	24.28	平均通勤时间	6.07
		每万人地铁长度	6.07
		生活成本指数	6.07
		城市娱乐消费便利度	6.07
社会安全和谐度	19.44	安全指数	19.44
生态环境优良度	30.86	PM2.5	15.43
		气候指数	15.43

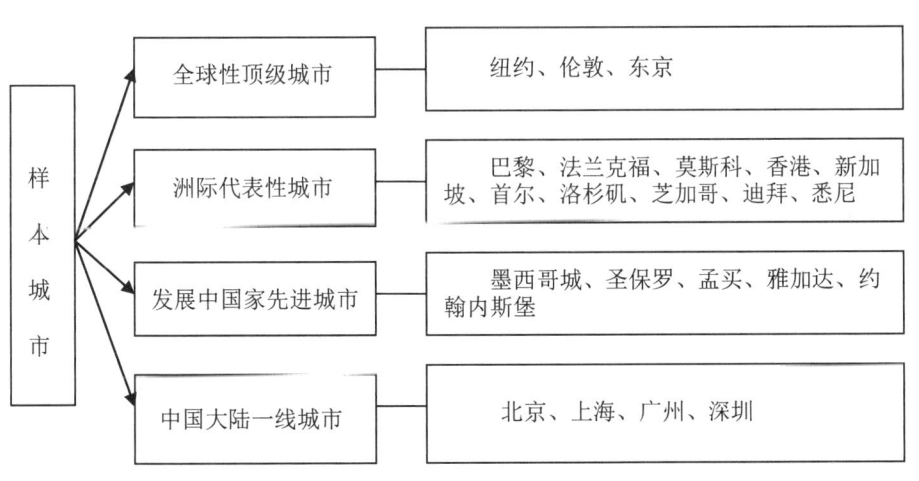

图8-1 样本城市的选择依据

二、总体比较：在全球城市体系中处于中等水平，居大陆四城之首

第一，22个样本城市总得分可以划分为四个梯队。悉尼、东京、纽约、伦敦、洛杉矶属于第一梯队，这五个城市的总得分均在60分以上。巴黎、新加坡、芝加哥、香港、首尔、法兰克福属于第二梯队，这六个城市的总得分介于50—60分之

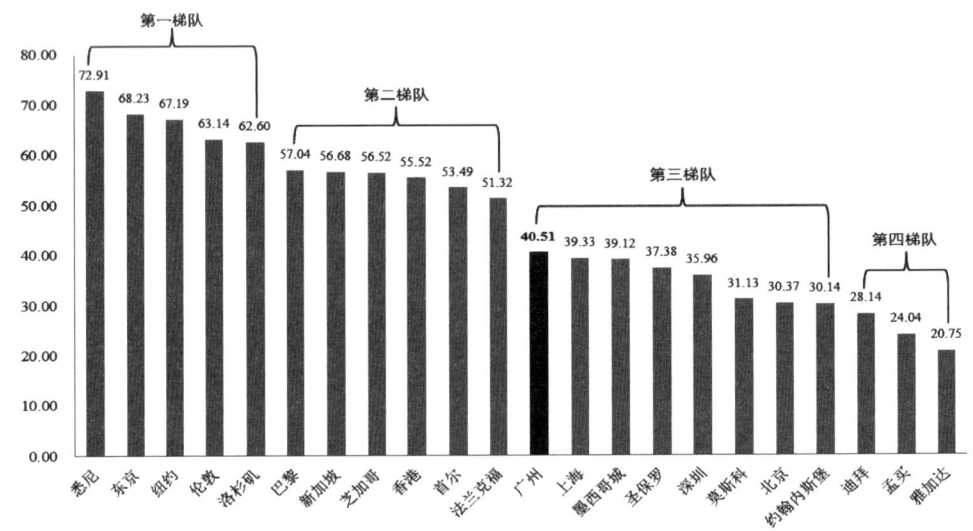

图8-2 样本城市总得分情况

间。广州、上海、墨西哥城、圣保罗、深圳、莫斯科、北京、约翰内斯堡属于第三梯队，这八个城市总得分介于30—50分之间。迪拜、孟买、雅加达属于第四梯队，这三个城市总得分低于30分。

第二，广州总排名第12位，在全球城市中属于第三梯队前列，位居大陆四城之首。从中国大陆四个一线城市的得分来看，广州总得分比上海、深圳和北京分别高出1.18分、4.55分和10.14分，位居大陆四个城市之首。总体来看，广州的城市社会综合服务功能在22个样本城市中属于中等水平，相比于悉尼、东京等公认的全球城市来说，仍有较大的提升空间，但是与上海、圣保罗、深圳、北京、迪拜等城市相比，还是具有一定领先优势。

第三，广州在生活舒适便利度方面排名首位，远高于东京、悉尼等城市，但在

第八章 完善社会综合服务功能，建成国际"美好生活之都"

生态环境、公共服务以及社会安全方面与国际先进城市之间仍存在差距。

三、多维评价之一：医疗服务保障方面优势明显，但教育综合水平与国际先进大都市有一定差距

根据评分结果，广州公共服务完善度得分为10.14分，在22个样本城市中排第15位，与一些发达国家的国际大都市相比存在一些差距（见图8-3）。从具体指标来看，广州医疗保障水平得分较为理想，为6.44分，在22个样本城市中排名第八位，不仅高于北京、上海、深圳这些国内城市，甚至高于芝加哥、洛杉矶等国际发达城市。根据复旦大学医院管理研究所发布的《2019年度中国医院排行榜（综合）》，

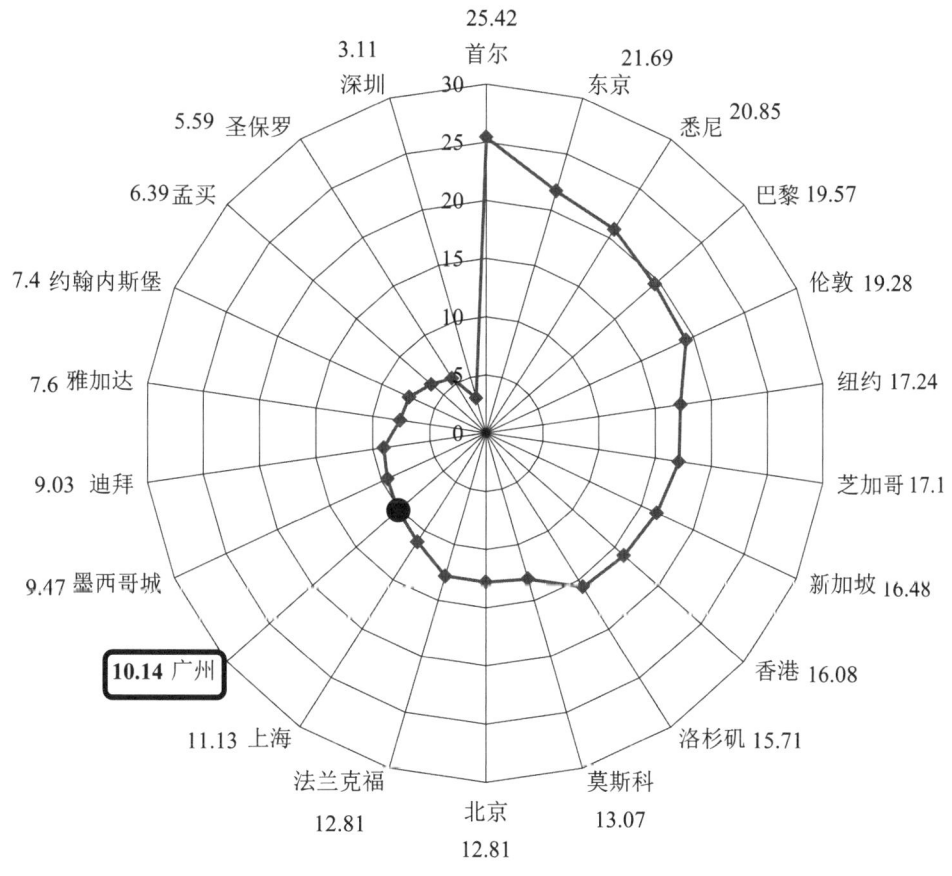

图8-3 样本城市公共服务完善度得分情况

广州有六家医院进入综合排名前 50 名，九家医院进入前 100 名。在《2019 年度中国医院专科声誉排行榜》中，广州有两个专科在全国排名第一，分别是广州医科大学附属第一医院的呼吸科以及中山大学中山眼科中心的眼科，已连续五年位居全国榜首。

广州在教育方面与国际先进城市还存在差距。如根据 U.S. News 世界大学排名，广州仅两所大学入围世界 500 强大学榜单，低于伦敦（15 所）、巴黎（12 所）、首尔（8 所）、纽约（7 所）、香港（6 所）等城市。

四、多维评价之二：生活舒适便利度排名高居首位

根据评分结果，广州的生活舒适便利度总得分为 12.99 分，在 22 个样本城市中排名第一位，具有明显的领先优势（见图 8-4）。具体来看，广州在公交出行和生活成本方面都有不错的表现。

首先，广州公共交通便利度在样本城市中排名第四位。广州市自入选国家"公交都市"创建示范城市以来，坚持落实公交优先策略，城市公共交通发展体制机制日益完善，基本建成了立体、多元的公共交通服务网络，为广州市民日常出行提供了极大的便利。根据 Numbeo 数据库的调查统计数据，广州市居民平均通勤时间为 33.6 分钟，通勤时间仅多于法兰克福（26.66 分钟）和深圳（30 分钟）两个城市，比北京和上海分别低 12.52 分钟和 14.69 分钟，通勤效率较高。另外，从能够反映城市公共交通完善度的每万人地铁长度指标来看，广州每万人地铁长度为 0.27 千米，与北京、新加坡并列第七位，处于样本城市中的中上水平。总的来说，广州在城市出行的高效性以及公共交通完善度两方面都表现较好，公交出行便利度在国际上处于领先地位。

其次，广州在生活成本方面排名第三位（生活成本越低，排名越高）。众所周知，高昂的生活成本会给城市居民带来巨大的生活压力，从而严重影响城市对人口的吸引力。从最直观的房价来看，很多数据表明，城市高昂的房价已经成为驱赶人才的重要原因。近年来，广州采取了一系列措施防止房价增长过快，例如在全国首

次提出"租购同权"的概念,为新就业无房职工提供公租房,为外来工申请公租房降低门槛等。广州作为与北京、上海、深圳地位相当的国内一线城市,相对较低的房价使其变得更加宜居和宜业。根据评分结果,广州在生活成本方面的得分为3.46分,仅次于孟买(6.07分)和墨西哥城(5.11分),较深圳、北京和上海分别高出0.31分、0.51分和1.22分。广州在一线城市中生活成本相对合理,人才吸引力很强,这是其他大城市所不具备的优势。

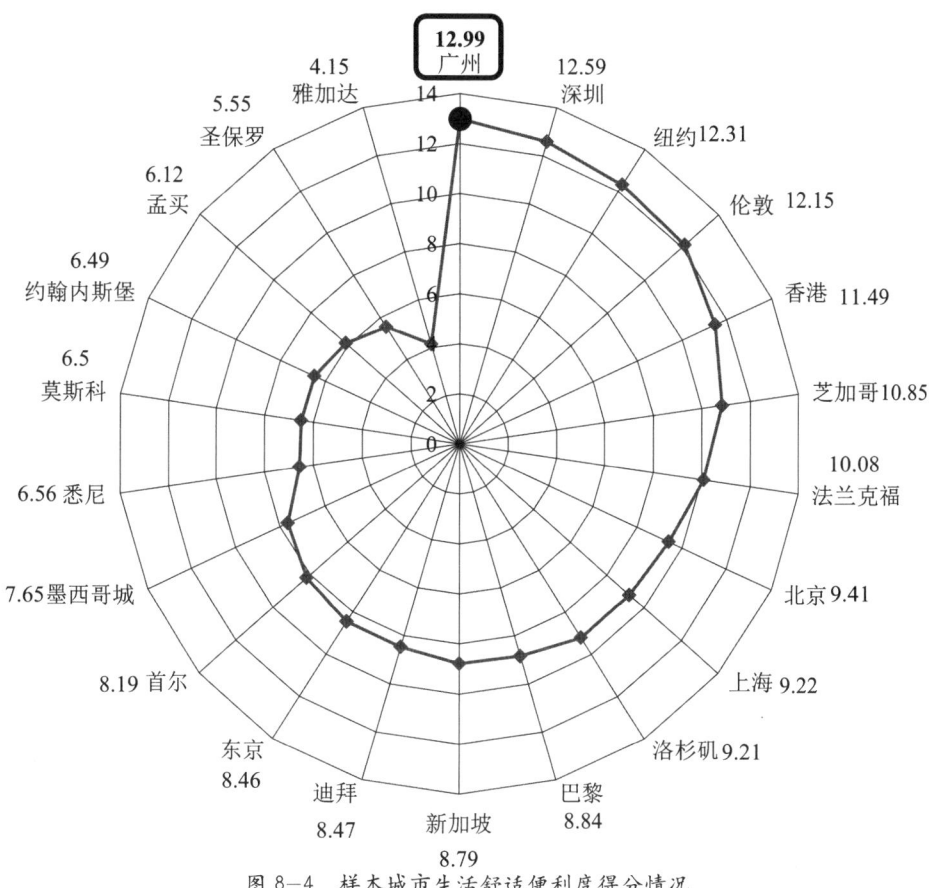

图8-4 样本城市生活舒适便利度得分情况

五、多维评价之三:群众社会安全感持续上升

近年来,广州市通过开展"平安广州"创建活动,以及深入推进"飓风2020

专项打击行动""百日攻坚大会战"等一系列措施,极大地提升了城市的安全度,全市群众社会安全感持续上升。根据中山大学城市社会研究中心 2020 年度对广州群众安全感和公安工作满意度调查数据,广州全市群众安全感高达 97.7%,治安满意度达 95.7%,群众安全感进一步上升,群众安全感、治安满意度和公安工作满意度都达到历史新高。

六、多维评价之四:生态环境保护取得明显成效

近年来,广州通过实行最严格的环境保护制度,在生态环境保护方面取得了

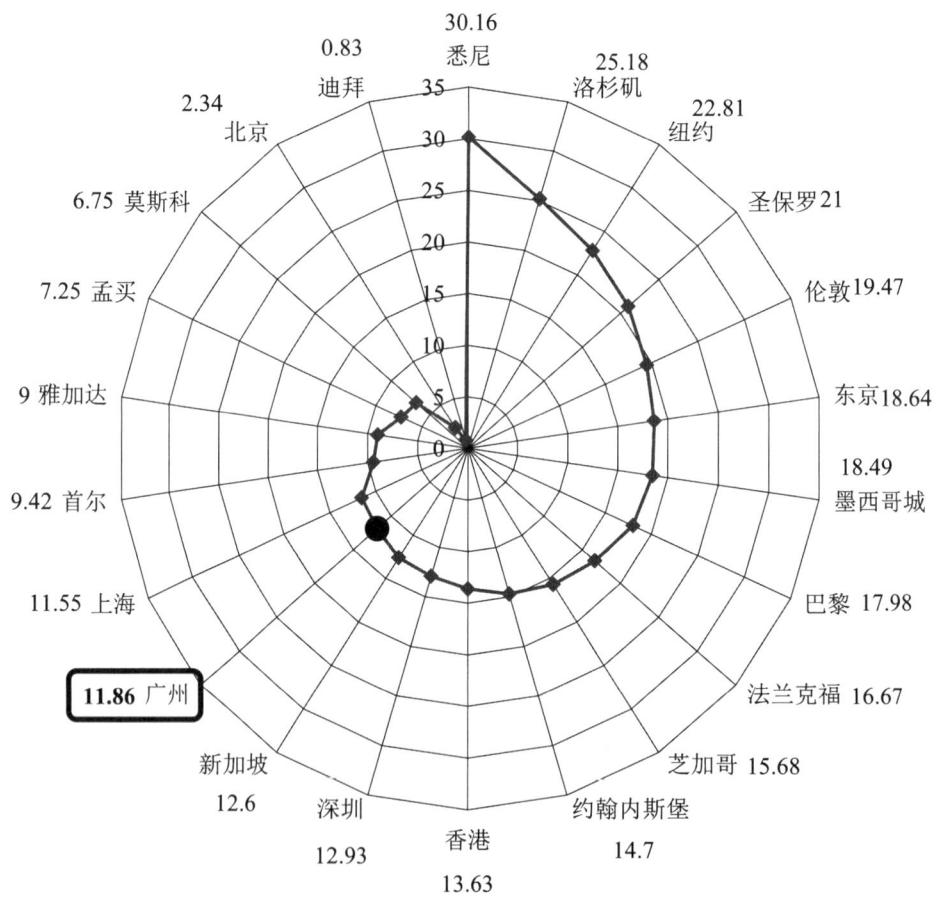

图 8-5 样本城市生态优良度得分情况

第八章 完善社会综合服务功能，建成国际"美好生活之都"

十分显著的成效。城市空气环境质量水平不断提升，水环境质量水平保持稳定，资源能源消耗强度不断降低，城市生态环境持续优化。目前，"广州蓝"已经成为广州一张亮丽的城市名片，2020年广州市空气质量达标天数大幅提升，成为国家中心城市及地区生产总值超万亿元、常住人口超千万的省会城市中，率先实现PM2.5达标的城市。根据世卫组织发布的全球空气污染数据库，广州2019年、2020年的PM2.5浓度分别仅为30μg/m³、23μg/m³，远低于国家规定的标准值（75μg/m³），在国内城市中处于较优水平。从气候条件来看，广州属于南亚热带季风气候区，气候宜人、四季如春、繁花似锦，是名副其实的"花城"。

七、综合评价

从上述维度的测评，我们得到以下结论：

第一，从城市社会综合服务功能整体水平来看，广州在样本城市中大致位于第三梯队，虽落后于悉尼、东京、纽约、伦敦、洛杉矶等国际先进城市，但与上海、圣保罗、深圳、北京、迪拜等城市相比具有一定优势。从全球城市社会综合服务功能各分项维度来看，广州在生活便利度方面排名首位，远高于东京、悉尼等城市。

第二，随着全球城市发展进入高级阶段，经济水平不断提高，城市开始更多关注居民自身的需求，把创造一个更加宜居的生活和生态环境提升到了前所未有的高度。广州若在未来全球城市竞争中增强自己的国际影响力和竞争力，就需要在未来城市中长期发展战略中增加宜居理念，更加注重自身的生态环境以及社会文化水平的提高，更多关注人自身的发展、对区域和全球环境改善的贡献等。

第三，在进入全球城市建设阶段后，城市通常对宜居性有较高的要求，生活在其中的居民也从发展初期仅仅要求满足其基本的自然属性需求，到发展中后期希望城市能实现其社会属性的需求，而提升城市社会综合服务功能也应符合这一发展规律。未来广州提升社会综合服务功能，应该从安全性、便利性、舒适性、可持续性等方面，进一步凸显对城市居民的社会属性及个人价值等高级需求的满足和实现。

第四，城市的社会综合服务功能是一个动态变化且相对的概念，社会综合服务功能不是一成不变的，而是随着时间及城市化发展的不同阶段在不断变化，因此要用发展的眼光去看待城市的社会综合服务功能。广州未来要实现打造一个"生态环境优良、社会安全性高、公共服务完善、生活舒适便利"的一线全球城市的愿景目标，既需要保持并继续提高传统社会综合服务功能内涵的指标，还需要考虑未来全球城市对社会综合服务功能的新要求，以及可能出现的新挑战。

第三节 广州提升城市社会综合服务功能的战略路径

一、战略愿景

提升城市社会综合服务功能是一项全方位的系统工程，需要从公共服务、交通便利、社会安全、生态环境等多方面着手。中共中央、国务院出台《粤港澳大湾区发展规划纲要》，提出打造"宜居宜业宜游的国际一流湾区"的战略目标，而广州在率先提升城市社会综合服务功能方面具备得天独厚的优越条件，对粤港澳大湾区建设成为环境优美、和谐共进的国际一流湾区将起到重要推动作用。

为实现"公共服务完善、生活舒适便利、社会安全性高、生态环境优良"的全球城市目标愿景，打造"公共服务完善的民生幸福之城""生活舒适便利的品质生活之城""社会安全性高的安全和谐之城""生态环境优良的生态文明之城"，下一步广州提升城市社会综合服务功能，要围绕党的十九大提出的分两步走在本世纪中叶建成富强民主文明和谐美丽的社会主义现代化强国的目标，全面贯彻落实习近平总书记系列重要讲话精神，以习近平总书记视察广州重要指示精神为统领，以新时代中国特色社会主义思想为指导，以建设国际"美好生活之都"、打造品质生活新高地为总任务、总目标，践行新发展理念，厚植传统优势，增创新的优势，增加多层次、高水平公共服务供给，合理控制城市居民生活成本，深入践行习近平总书记生态文明思想，提高城市生活便利化水平，更好满足人民群众日益增长的美好生活需要，增强群众获得感、幸福感、安全感，在建设生态安全、环境优美、社会安定、宜居宜业的美丽湾区方面走在全国前列、发挥示范引领作用，推动各项工作走在前列，再创广州城市社会综合服务功能新格局。

二、目标愿景

通过对广州与国际城市的社会综合服务功能比较，结合国内外城市提升城市社会综合服务功能的经验，提出广州到2035年提升城市社会综合服务功能的目标愿景：公共服务完善的民生幸福之城，生活舒适便利的品质生活之城，社会治理完善的和谐安全之城和生态环境优良的生态文明之城。该目标愿景具体包括四个方面的内涵：

（一）公共服务完善的民生幸福之城

到2035年，拥有国际先进的教育、医疗、文化和养老等公共设施和公共服务机构，终身学习和教育体系健全完善，建成均等化的公共服务体系和公平完善的社会保障体系，市民平均期望寿命保持世界先进水平，不断完善教育、医疗、养老、文化娱乐等公共服务的基础设施建设，为城市居民创造更多就业机会，注重提高城市公共服务水平，建设具有强大吸引力的民生幸福之城。

（二）生活舒适便利的品质生活之城

到2035年，建立完善的城市公共交通系统，物联网、云计算、大数据等新一代信息技术广泛应用，智慧交通、智慧能源、智慧政务、智慧生活实现城市生活现代化，不断提高市民出行的便利性和高效性，打造出行高效畅通的全球城市。不断提高城市居民生活质量，严格控制房价，严格控制城市生活的经济成本，提高城市生活便利性，为城市居民提供优质的生活服务。

（三）社会治理完善的和谐安全之城

到 2035 年，借助信息技术构筑起高效政府管理体系和公共服务平台，使政府服务管理效率进一步提高，建立高科技的公共安全防御系统、应急系统和救援系统，保障城市安全运行。在城市的经济、政治、社会、文化、环境等领域，建立起完备的法律法规体系和执行体系，司法公正廉明，城市实行依法管理和依法运行，建设以人为本的安全和谐之城。

（四）生态环境优良的生态文明之城

到 2035 年，绿色发展走在全国前列，生态文明建设成效显著，人与自然和谐相处，绿色空间得到立体化开发，形成随处可见、触手可及的绿色环境，城市生物多样性得到保护；生态环境质量处于世界城市体系领先位置，空气质量优良健康，PM2.5 达到世界卫生组织环境质量标准，中心城区热岛效应大大减少，清洁空气和舒适空间大大增加，城市饮用水源地得到更好保护，污水处理达到世界先进水平，滨水空间安全开放，为人们提供休闲、娱乐、放松的和谐环境。

三、提升路径

（一）高标要求：增加多层次、高水平公共服务供给，着力建设民生幸福之城

一是建设教育强市。全面深化教育领域综合改革，着力从育人方式、教育管理体制、教育评价机制、队伍培养机制、投入保障体制等五方面推进教育综合改革，争取成为全国教育改革标杆城市。率先实现教育现代化，全面普及从学前教育到高中教育的 15 年义务教育，建立现代职业教育体系，搭建整合各类教育资源的信息平台，实现"没有围墙、超越时空、人人皆学、时时能学、处处可学"的教育状态，推动终身教育体系焕发活力、创造价值。扩大学前教育和基础教育学位供给，新改扩建一批中小学，新增一批市级示范性高中，推动中心城区优质教育资源向外围城区和农村地区覆盖，深入推进集团化办学，鼓励各区探索优化学区化办学，构

第八章　完善社会综合服务功能，建成国际"美好生活之都"

建骨干教师、卓越教师、教育家型教师成长阶梯式培养体系。培育一批有国际影响力的大学，紧密对接国家"双一流"建设计划，建设若干国内一流、世界知名的高水平大学和学科，加快建设香港科技大学（广州）和华南理工大学广州国际校区，推进广州大学、广州医科大学建设高水平大学，加快中国科学院大学广州学院建设，谋划推进广州交通大学、广州幼儿师范专科学院、广州旅游职业技术学院等新型特色高校建设。规范发展民办教育，加快清华附中湾区学校、华附中新知识城校区、省实白云新校区等落地建设。推动中高职院校组团发展，支持职业教育"双高计划"建设。办好特殊教育、专门教育和老年教育。加强中小学心理健康、美育等特色教育。推进校园足球、近视防控改革试验区和全国智慧教育示范区建设。做好高层次教育人才引育工作。

二是建设健康广州。完善分级诊疗体系，全面提升基层医疗服务能力，实施强基创优三年行动和基层中医药服务能力提升工程。打造一流的疾病预防控制体系，有效应对传染病疫情。加快构建医疗卫生高地，支持市属医疗机构加强临床重点专科建设，加快推进粤港澳大湾区卫生与健康合作项目，全面提升医疗、科研综合实力。打造绿色智慧医疗，建设健康医疗大数据平台和智慧医疗健康服务平台。完善疾病预防控制和公共卫生应急体系。推进市八医院三期、市应急医院、紧急医学救援指挥中心和医学观察场所建设。建成广州呼吸中心。继续推进国家医学中心和区域医疗中心、高水平医院建设，创建一批研究型医院。做大做强大健康产业。深化社区医院建设试点，提升基层卫生服务能力。深入开展爱国卫生运动。落实促进中医药事业和产业高质量发展若干措施，推进中医治未病、重大疑难疾病中西医协同治疗工作。

三是提升社会保障水平。实施全民参保计划，确保基本社会保险覆盖率达98%以上。深化社区居家养老服务改革创新，完善"中心城区10—15分钟，外围城区20—25分钟"城乡养老助餐配餐服务网络，推进医养结合服务体系建设。完善社会救助体系，创建全国"慈善之城"。优化"关爱地图"，拓展"平安通"智慧养老服务。推动社区嵌入式和护理型养老机构建设。出台支持社会力量参与社区居家养老服务政策法规。积极落实国家和省有关在穗就业港澳人员参加社会保险的相关政策，推动港澳居民在穗参加城乡居民养老保险、医疗保险，享受与内地居民同等的待遇。支持港澳扩大在穗试点医院数量。探索与港澳跨境社会救助信息系统信息共享。开展国家级医养结合试点工作，全面放开养老服务市场，支持港澳投资者在广州设立各类养老机构，与内地民办养老机构享受同等待遇。落实省关于规范港澳居民在粤港澳大湾区内地城市购房管理的指导意见，完善港澳居民购买和转让住房的有关规定。

四是实现更加充分、更高质量的就业。提高劳动力供给质量，实施更加积极的就业政策，推动实现更加充分、更高质量的就业。健全工资正常增长机制，促进居民收入水平持续提高。借鉴港澳吸引国际高端人才的经验和做法，实施更积极、开放、有效的人才引进政策。以中国海外人才交流大会暨中国留学人员广州科技交流会为基础，设置大湾区高峰论坛，加强与港澳重点产业领域人才合作，大力引进海内外高端创新型人才，打造"国际人才港"，确保港澳人才同等享受各类人才优惠政策。抓紧推进中国广州人力资源服务产业园建设工作，共建粤港澳人力资源服务产业园联盟。穗港澳合作扩大技能人才培养规模，积极推动港澳专业人才在穗便利执业。优化提升出入境政策措施，创新外国人来穗工作服务管理模式。完善广州人才绿卡制度，促进各类人才在穗安居乐业。

（二）品质制胜：全面打造品质生活新高地，着力建设品质生活之城

一是提高城市公交出行便利度。积极加大城市轨道交通设施规划与建设力度，加快实现城市轨道交通线网全市连通、市中心与外围主要城区快速互达。大力提升城市轨道交通设施的营运水平，科学安排"大小交路、高峰短线运营、定点空车切入、不均衡运输"等运输组织方式，挖掘既有线网的运输能力，并加强地铁出入口与常规公交站点接驳衔接，增强城市居民换乘便利性。大力优化公交线网，不断新增公交线路，提升线网的整体效率，结合公交集团组建、区域客流特征以及地铁线路等逐步优化调整公交线网，提高居民出行效率。着力构建多层次立体轨道交通系统，配合省编制粤港澳大湾区城际铁路建设规划，完善广州枢纽"四面八方、四通

第八章　完善社会综合服务功能，建成国际"美好生活之都"

八达"的对外战略通道格局，强化广州枢纽在国家铁路网的功能定位和大湾区服务辐射能力，加快构建广州与周边城市一小时交通圈，推动广州地铁线网向佛山、中山、东莞等周边城市地铁线网延伸。

二是增强生活服务便利度。有序引导底商向社区聚集，不断提升基本便民商业服务功能社区覆盖率和网点连锁化率。推广社区O2O商业模式，鼓励在社区布局一站式生活体验馆，加快建设社区商业便民服务综合体，满足居民的基本生活需求。加强购物和便民服务的场所及设施供应，加强智能化生活服务设施的推广，建设社区集成化智能服务终端，为居民生活提供多层次、多种类、高品质的服务。建设广州南沙国际物流中心，围绕机场加快布局建设"低温货站"，大力发展"数字生活新服务"，推进网上超市、网上餐厅、网上菜场等数字商贸新模式新业态创新发展。推动传统零售和渠道电商整合资源，线上建设网上超市、智慧微菜场，线下发展无人超市和智能售货机、无人回收站等智慧零售终端。鼓励开展社交电商、社群电商、"小程序"电商等智能营销新业态。推动无人配送在零售、医疗、餐饮、酒店、制造等行业的应用，支持冷链物流、限时速送、夜间配送等物流配送模式。鼓励物业与快递企业建立市场化协作机制，加快社区、园区、楼宇等区域布局智能储物柜、保温外卖柜、末端配送服务站和配送自提点，推进社区储物设施共享。重点发展无人机、无人车等无人驾驶运载工具，满足城市间、城市内、社区内流通配送需求。推广全时空响应物流，发展网络货运平台和供应链综合服务平台，实现物流服务全天候、广覆盖。鼓励夜间配送、共同配送等新配送模式创新，培育入场物流、"仓储＋配送"一体化、"订单末端"配送、"区域性供应链"服务、"嵌入式电子商务"等寄递服务示范项目。

三是增强城市政务服务便利度。大力推行综合窗口运行模式，不断提高"互联网＋政务服务"水平，深入推进网上平台建设、业务流程再造、信息开放共享、服务应用创新、基层基础建设等任务，做到各级政务服务事项"应上尽上、全程在线、一网审批、一网服务"；深化"一次办好"改革，加快审批时效、简化证件证明、简化办事手续、鼓励自助办理，让群众少跑腿甚至不跑腿，让政府服务更加优质、高效，让城市居民生活更加便利。

——开展商事制度综合改革。深化"多证合一""证照分离"改革，分类分批改革涉企行政审批事项，推动"照后减证"。推行开办企业"一网通办、并行办理"服务模式，推进"人工智能+机器人"全程电子化商事登记全覆盖，打通开办企业全流程信息共享链条。加快推进外资商事服务"穗港通""穗澳通"，实现港澳企业商事登记"足不出境，离岸办理"。探索进一步放开港澳个体工商户经营范围限制。建设企业合格假定监管示范区，选取特定行业试行"无条件准入、登记式备案、免审批准营、信用制监管"的合格假定监管模式。

——加快数字政府建设。建设政务服务云平台、数据资源整合和大数据平台、一体化网上政务服务平台。优化政府信息共享使用管理机制，推动粤港澳大湾区政务服务互联互通，政务信息资源共享共用。推进审批服务便民化，推行网上"一表申请、统一受理、并联审批、统一出证"，线下"一窗综合受理、集成服务"，全面推进政务服务"一网通办"和企业群众办事"只进一扇门""最多跑一次"，建设人民满意的服务型政府。

——全面推进营商环境法治化建设。依法平等保护各种所有制经济产权，依法保护民营企业、中小企业的合法权益，营造公平竞争环境。建立健全快捷公正的多元商事争议解决机制。提高商事诉讼的审判效率，推行案件简繁分流制度。健全商事合同纠纷非诉解决、速调速裁机制，探索国际商事网上调解方式，引导商事主体选择网络仲裁，快速解决商事争议，建设商事法律服务最便捷城市。积极发挥广州互联网法院的作用。建立与境外仲裁机构的合作机制，推动国际仲裁机构在南沙自贸区开展法律服务，加快中国南沙国际仲裁中心建设。建立常态化、制度化的法律事务合作协调机制。争取国家支持，推动与港澳建立大湾区法律问题协调与合作小组。加强对港澳商业行会规则的研究和学习，实现行业内三地企业的连接与交流。

——加快信用体系建设。落实《广州市公共信用信息管理规定》，扩大公共信用信息归集范围，提升数据归集质量，推动信用信息在各领域深化共享应用。落实《广州市建立完善守信联合激励和失信联合惩戒机制实施方案》，实现信用联合奖惩

"一张单"。将信用信息查询和联合奖惩措施应用嵌入行政审批、事中事后监管、公共资源交易、招投标等业务流程，实现信用信息应用和联合奖惩实施自动化和智能化。提升市场监管水平，依托"双随机、一公开"综合监管平台，实现联合抽查常态化。推动抽查检查结果跨部门互认和应用。

四是控制生活成本快速上涨。健全多层次住房保障体系，拓展住房公积金调节保障功能，逐步解决住房困难家庭的住房问题。开展共有产权房屋建设，加大租赁住房供应，完善租购同权制度。继续保持对房地产市场的调控力度，加快建立多主体供给、多渠道保障、租购并举的住房制度，深入开展共有产权房屋建设，不断加大租赁住房供应，逐步建立租购同权享受基本公共服务的机制，努力让更多来穗就业创业的人员住有所居。严禁出现教育乱收费、医疗服务乱收费等行政事业性乱收费现象，切实减轻居民生活负担，提升居民生活轻松度。

五是提升居民生活幸福感。关注居民心理健康，营造和谐人际关系，鼓励城市居民多参与社会公共活动，拓展社会关系，增强个体对社区的归属感。关注居民个性需求，营造个性化的居住环境，尊重和理解不同社会群体的差异性需求。对儿童和老年人给予强大的人文关怀，提升其在城市生活中的亲切感和幸福感。赋予普通群众意见表达的权利和途径，提升城市居民的成就感和主人翁感。

（三）全局谋划：加强城市安全体系建设，着力建设安全和谐之城

一是建设平安广州。深化"四标四实"常态化机制建设，健全打击防范涉黑涉恶长效机制，守住城市安全稳定底线。完善社会治安防控体系，推进"雪亮工程"和"智慧警务"建设，健全突发事件预测预警预防和应急处置机制，深化数字广州基础应用平台建设，完善网络安全工作机制，防范化解社会重大风险。构建现代应急管理体系，制定广州市灾害应对地方性法规，完善防灾规划。强化能源安全保障，加强电网建设，扩大油气管道覆盖面，提高油气、煤炭储备和供应能力。落实安全生产责任，实施安全生产风险分级管控和隐患排查治理，坚决遏制重特大事故发生。完善食品药品智能监管体系，创建国家食品安全示范城市。

二是完善社会治理体制。健全新型社区治理体系，进一步厘清行政事务和社区自治事务、政府委托事务和社区自治事务边界，构建"政社互动"新模式。推进社区共治，调动社会多元主体参与社区建设，促进社群关系和谐。深化基层自治，加强业委会等自治组织规范运作，建立健全自下而上的自治议题、项目形成和回应机制，建立健全社区协商平台。实施幸福社区提升行动，推动社区服务综合体建设，加强社区内部教育、医疗、文体、养老等基础设施配备，推动社区建设和环境建设、文化建设、生态建设相结合，打造富有吸引力、适宜步行、风格多样的社区，增加居民的社区归属感，构建良好的社区邻里关系，使城市基本单元的运行充满活力。健全多元化解矛盾纠纷机制，搭建矛盾纠纷网上化解平台，建立劳动人事争议三方联合调解中心，依法分类处理信访诉求。开展城乡社区治理试点，推进街（镇）管理体制创新，制定基层政府社区治理权责清单，深化社区网格化服务管理，推动实现城乡社区议事厅全覆盖。创新来穗人员服务管理机制，开展来穗务工人员融合行动，进一步推动来穗人员全面融入社会。

三是深化依法治市实践。加强社会领域立法，全面建设法治政府，提供公平可预期的法治保障。推行行政执法公示制度、执法全过程记录制度、重大执法决定法制审核制度。深入推进司法体制综合配套改革，推行案件繁简分流机制。完善公共法律服务体系，完善全民普法机制，打造法治文化载体建设、作品传播和示范引领三大工程，努力建设最安全稳定、最公平公正、法治环境最好的城市。坚持科学立法、民主立法，加强城乡建设与管理、环境保护等领域立法。坚持依法执政，加强和改善党对依法治市工作的领导，善于运用法治思维和法治方式深化改革、推动发展、化解矛盾、维护稳定。加大执法检查力度，保证法律正确实施。深化行政执法体制改革。深化司法体制改革，认真落实司法责任制，强化审判和检察工作，着力提升办案质量和效率，切实维护司法公正。优化公共法律服务，扎实开展法治宣传教育，增强全社会尊法学法守法用法意识。

四是加强协商民主建设。坚持党的领导，充分发挥党总揽全局、协调各方的领导核心作用。充分发挥人大、政协、人民团体和基层协商等组织功能，进一步畅通公民有序政治参与的渠道，引导从普通民众到各界精英组成的政党成员都能通过自由而平等的对话、讨论、协调等方式参与公共决策和政治生活，为立法和决策赋予更大的合法性和合理性，实现社会公平和行政效率的均衡发展。健全决策咨询机制。解决城市资源分配、公共设施使用和城市安全等一系列城市规划和运行问题。加强基层民主建设。

（四）精准发力：系统推进环境综合治理，着力建设生态文明之城

一是加强生态空间管控。统筹全域要素配置，开展国土空间规划编制，科学划定广州市生态保护红线、永久基本农田、城镇开发边界等底线，严格空间用途管控。落实海洋功能区划和海洋生态红线制度，严格管控围填海，保护岸线和海岛资源。重点建设森林碳汇、生态景观林带、花景、森林进城围城、乡村绿化美化等重点生态工程和以珠江水系为骨架，串联北部山体森林、中部园林绿地、南部滨海林田的"三纵五横"生态廊道体系。着力打造美丽宜居花城，构建花城品牌体系和岭南园林景观体系。强化湿地生态系统和生物多样性保护，加强滨河（湖）带水源涵养林等生态建设。积极配合省推进湾区滨海湿地跨境联合保护和湾区水鸟生态廊道建设。

二是加强环境保护和治理。深入实施大气污染防治行动计划，开展以细颗粒物和臭氧污染防治为重点的城市大气防控。深入实施水污染防治行动计划，加快城镇污水收集处理设施建设改造，全面推行河长制，加大水环境综合整治力度，消除黑臭水体，确保优良水体水质和城乡居民饮用水安全，建设清洁的滨水环境。深入实施土壤污染防治行动计划，优先保护耕地土壤环境，积极防治农业面源污染，推进土壤污染场地治理修复。强化垃圾综合治理，深化垃圾分类投放、分类收集、分类运输和分类处理，推进垃圾处理和资源化利用设施建设，全面提高垃圾处理减量化、资源化、无害化水平。加大环境督察工作力度，建设开放式环境监测平台，加强环境安全监管，确保空气质量持续向好、水环境质量持续向好、土壤质量持续向好。

——统筹陆海水环境综合整治。实施重要江河水质提升工程，消除城市建成区黑臭水体。严格落实"河长制"和"湖长制"，建立河涌管养长效机制。优化城乡污水处理设施布局，完善污水收集处理系统，补齐污水收集转输管网缺口，推进城中村截污纳管和农村生活污水治理。提升城市排水管理水平，深入开展河涌问题排水口整治，逐步推进全市排水管网隐患治理。开展入海河流综合整治，强化近岸海域污染防治，实施污染物入海总量控制，建立健全跨境海漂垃圾信息通报和联合执法机制。

——强化大气污染防治。优化产业结构，严格控制高耗能、高污染项目建设及污染物新增排放量。强化火电机组超低排放改造及监管，推进燃气机组加装低氮燃烧及尾气脱硝装置措施。强化机动车船等移动源污染控制，大力推进公交车和出租车电动化，提高机动车尾气排放标准，严格执行珠三角水域船舶排放控制区管理要求，推广船舶应用低硫燃油，加快岸电设施建设。全面完成重点行业、重点企业VOCs（挥发性有机物）综合整治工作，严格控制VOCs排放总量，提高VOCs污染企业环境准入门槛。

——加强固体废弃物和土壤污染防治。加强污染源头防控，完成在产企业、工业园区和关闭搬迁企业用地基础信息调查和风险筛查核实工作。防范建设用地新增污染，将建设用地土壤环境管理要求纳入城市规划和供地管理。开展受污染土壤治理与修复示范。推进生活垃圾分类处理和生活垃圾资源化无害化处理。加大固体废弃物监管力度，严厉打击非法转移倾倒固体废弃物行为，加强一般工业固体废弃物资源化利用，推进危险废弃物规范化管理。

——完善与周边城市环境保护合作机制。联合开展粤港澳大湾区生态环境监测评价与研究，建立区域环境空气污染预警、应急和决策响应机制，探索推动大湾区城市同步开展大气污染治理和联防联控。严格环境准入，严把环评审批关，开展跨区域环保交叉执法专项行动。

三是创新绿色低碳发展模式。研究建立资源环境承载能力监测预警机制和广州绿色发展指标体系，积极推动建立大湾区绿色产品标准和标识、碳标签互通互认机

第八章 完善社会综合服务功能，建成国际"美好生活之都"

制。深化国家低碳城市试点建设。积极参与全国碳排放权交易市场建设，开展碳普惠制试点工作，探索公众参与低碳城市建设的新模式。严格环保和产业准入标准，加快落后产能退出，全面完成"散乱污"工业企业（场所）综合整治。落实最严格的水资源管理制度，全面提升能源使用效率。落实土地节约集约利用制度，建立土地管理长效机制。全面开展省级以上园区循环化改造升级。加大环境领域科技投入，建设生态环境领域科技创新平台。加强大湾区城市绿色低碳、环境治理等技术交流和合作，加快环保产业与新一代信息技术、先进制造技术深度融合。

——积极发展循环经济。开展复合型循环发展示范区建设，形成企业循环式生产、行业循环式链接、产业循环式组合的大循环体系。深入开展园区循环化改造，促进园区废物交换利用、能源资源梯级利用、污染集中处理，推动所有开发区建成生态工业园区。加快构建覆盖全社会的资源循环利用体系，加强再生资源和垃圾分类回收体系衔接，推进生产和生活系统循环链接。提高固体废弃物综合利用水平，推进建筑垃圾资源化利用，以"城市矿产"资源的循环利用为重点，打造一批城市静脉产业园，建设一批工业废弃物综合利用基地。培育一批规模较大的再制造企业，促进再生资源规模化利用、产业化发展。

——大力发展低碳经济。建成与国际国内碳交易市场良性对接的碳排放权交易市场。促进钢铁、建材、化工、有色金属等行业实现碳排放零增长，实施一批低碳产业化试点示范项目。推进碳捕集利用等低碳技术的研发应用，推动低碳产品认证和广泛使用，促进低碳技术产业化。积极发展碳资产、碳基金等新兴业务，鼓励发展绿色金融。

——节约集约利用资源能源。开展能源和水资源消耗、建设用地等总量和强度双控行动，促进资源集约高效利用。实行最严格的水资源管理制度，建设节水型城市。坚持依法用地，盘活存量土地，加强地下空间的规划和开发，深入开展农村土地综合整治，提高土地利用率和产出率。增加清洁能源消费比重，发展可再生能源技术和新能源交通，建设智能电网。推广绿色建筑和绿色施工。

——倡导绿色低碳生活方式。加强生态文明建设，推动资源生态国情、省情、市情和绿色生态价值观教育，培育公民环境意识，推广绿色消费，推动绿色企业、绿色社区、绿色学校、绿色家庭建设。在生产、流通、仓储、消费等各环节积极推行全面节约，推动形成绿色消费自觉和勤俭节约的生活方式、社会风尚。推进绿色循环低碳交通运输业发展，实行公共交通优先，鼓励低碳出行。

（五）携手港澳：共建富有活力和国际竞争力的一流湾区，争当高质量发展的示范标杆

一是积极构建休闲湾区。联合港澳打造具有国际竞争力的广式旅游服务品牌，推动旅游服务质量与国际通行旅游标准全面接轨。培育广府文化、粤菜美食、乡村旅游、南沙邮轮旅游、广州长隆、珠江游和花都文化旅游城等世界级旅游品牌。支持黄埔将长洲岛建设成为具有国际影响力的珠江国际慢岛。建设南沙邮轮母港综合体，加快创建中国邮轮旅游发展试验区，探索建设国际游艇旅游自由港。支持番禺建设国家级全域旅游示范区。依托王子山及周边旅游资源打造粤港澳大湾区（穗港清）旅游生态圈。积极推动在南沙国际邮轮码头和白云机场实施争取144小时个人过境免签和外国旅游团乘坐邮轮在南沙入境15天免签政策。牵头建立大湾区旅游协会联盟，深化大湾区城市旅游合作。加强从化无规定马属动物疫病区与香港在进出境检验检疫通关等领域合作，加快构建穗港马匹运动及相关产业经济圈。加强体育交流，积极开展大湾区体育大赛和青少年竞赛活动。弘扬特色饮食文化，与佛山、中山共建世界美食之都，打造富有湾区文化元素的广州国际美食节。依托黄埔军校、南海神庙、黄埔古港打造历史文化旅游区。

二是打造大湾区健康医疗中心。积极争取中央、省的大湾区医疗卫生政策在广州率先落地。大力推进高水平医院建设，加强与港澳高校和医疗机构的全方位合作，打造立足大湾区辐射东南亚的健康医疗中心。与港澳合作建设国际化医疗技术人员和管理人员培训基地，鼓励港澳医师在穗执业注册并长期执业。启动香港联合医务集团广州医疗服务机构建设，提供跨境医疗服务。深化与港澳有关中药质量研究和中药检测机构合作，共同探索研究制定国际认可的中医药产品质量标准。加强

第八章 完善社会综合服务功能，建成国际"美好生活之都"

传染性疾病防控、突发公共卫生事件应对以及重大突发事件紧急医疗救治等卫生应急联动合作，健全大湾区联合救援和病人转送机制。推动大湾区健康产业和医疗资源深度融合发展。建立与大湾区城市间食品安全追溯体系及食品安全信息通报、案件查处、应急联动等机制。建立完善大湾区进出口食品和食用农产品合作制度，建成一批制度成果示范点。对接港澳农产品质量安全标准，促进大湾区"菜篮子"产品质量安全认证标准互认，培育建设一批供港澳农产品生产基地。

三是拓展港澳居民来穗就业创业空间。积极落实国家和省有关港澳居民来穗就业及同等享受各类就业创业补贴等政策。加快建设广州南沙粤港澳（国际）青年创新工场、科学城粤港澳大湾区青年创新创业基地、增城"侨梦苑"华侨华人创新产业聚集区、"创汇谷"粤港澳青年文创社区等港澳青年创业就业基地。加强穗港澳公共就业服务合作，推动在服务项目、内容、流程、标准等方面业务协同。争取实施港澳居民和境外人才个人所得税税负差额补贴政策，对在广州工作、符合一定条件的港澳居民和境外高端紧缺人才，分别按内地与港澳和境外个人所得税税负差额给予补贴，补贴免征个人所得税。办好"赢在广州"大学生创业大赛、"创客中国"国际创新创业大赛等创新创业大赛，挖掘一批港澳地区优秀大学生创业项目，筹办大湾区青年人才广州高峰论坛、中科院 SELF 论坛等系列活动，吸引港澳青年来穗创业。研究出台一批试点项目与开放措施，支持南沙建设港澳创业就业试验区。出台面向港澳青年来穗实习就业、创新创业的扶持政策。以构建粤港澳大湾区"青年文化、知识、创新创业、生活"四个共同体为目标，与香港广东青年总会、中华教育文化交流基金会等社团加强合作，积极开展粤港澳暑期青年实习计划。支持建设粤港澳青少年交流总部基地，优化粤港澳青少年交流活动基地布局，为港澳青年来穗实习就业、创新创业、生活发展提供"一站式"综合服务。持续开展穗港澳青少年文化交流季活动，打造"穗港姊妹学校""穗港同宗同盟学校"等品牌交流项目，组织穗港澳三地师生旅游研学活动，探索建立穗港澳青少年国防教育体验营。

四是深入推进社会保障和社会治理合作。积极落实国家和省有关在穗就业港澳人员参加社会保险的相关政策，推动港澳居民在穗参加城乡居民养老保险、医疗保险，享受与内地居民同等的待遇。支持港澳扩大在穗试点医院数量。探索与港澳跨境社会救助信息系统信息共享。开展国家级医养结合试点工作，全面放开养老服务市场，支持港澳投资者在广州设立各类养老机构，与内地民办养老机构享受同等待遇。落实广东省关于规范港澳居民在粤港澳大湾区内地城市购房管理的指导意见，完善港澳居民购买和转让住房的有关规定。支持各区与港澳片区、堂区建立结对交流合作机制。指导在穗港澳居民参与社区协商。支持南沙新区与港澳合作构建社会管理服务领域合作平台。探索建立违法企业、个人信息穗港澳三地互认共享、联合惩戒的有效机制。建立健全大湾区社会治安治理、突发事件应急处置等区域协作与联动机制，提升联合打击和立体管控工作效能，联合打击跨境犯罪活动。

参考文献

［1］周振华、陶纪明等:《战略研究:理论、方法与实践》,上海人民出版社2014年版。

［2］门洪华:《中国:软实力方略》,浙江人民出版社2007年版。

［3］屠启宇、张剑涛:《全球视野下的科技创新中心城市建设》,上海社会科学院出版社2015年版。

［4］沈奎:《创新引擎——第二代开发区的新图景》,广东人民出版社2011年版。

［5］高维和:《全球科技创新中心——现状、经验与挑战》,上海人民出版社2015年版。

［6］徐井宏、张红敏:《转型——国际创新型城市案例研究》,清华大学出版社2011年版。

［7］范柏乃:《城市技术创新透视——区域技术创新研究的一个新视角》,机械工业出版社2004年版。

［8］朱克力:《趋势——高质量发展的关键路径》,机械工业出版社2019年版。

［9］张振刚、余传鹏:《国际前沿技术发展研究》,华南理工大学出版社2021年版。

［10］郭爱军、王贻志、王汉栋:《2030年的城市发展——全球趋势与战略规划》,格致出版社2012年版。

［11］肖林、周国平:《卓越的全球城市——不确定未来的战略与治理》,格致出版社、上海人民出版社2017年版。

［12］周振华、陶纪明:《上海战略研究——历史传承 时代方位》,格致出版社2014年版。

［13］周振华、陶纪明:《上海建设全球科技创新中心——战略前瞻与行动策略》,格致出版社2015年版。

［14］刘江华、张强、杨代友、陈剑:《国家中心城市功能比较与广州发展转型之路》,中国经济出版社2016年版。

［15］张强:《广州建设全球城市的评价体系与战略研判》,中国社会科学出版社2019年版。

［16］屠启宇:《谋划中国的世界城市——面向21世纪中叶的上海发展战略研究》,上海三联书店2008年版。

［17］王战、王振:《上海2050年发展愿景》,上海社会科学院出版社2016年版。

［18］付磊:《转型中的大都市空间结构及其演化——上海城市空间结构演变的研究》,中国建筑工业出版社2012年版。

［19］周振华:《上海迈向全球城市——战略与行动》,上海人民出版社2012年版。

［20］左学金:《世界城市空间转型与产业转型比较研究》,社会科学文献出版社2011年版。

［21］马莉莉:《世界城市——全球分工视角的发展与香港的选择》,商务印书馆2014年版。

［22］段霞:《世界城市发展战略研究——以北京为例》,中国经济出版社2013年版。

［23］张工、卢映川、张远:《北京 2030——世界城市战略研究》,社会科学文献出版社 2011 年版。

［24］肖林:《上海 2050：崛起中的全球城市》,格致出版社、上海人民出版社 2015 年版。

［25］丁成日:《世界巨（特）大城市发展——规律、挑战、增长控制及其评价》,中国建筑工业出版社 2015 年版。

［26］郭爱军、王贻志、王汉栋:《2030 年的城市发展——全球趋势与战略规划》,格致出版社 2012 年版。

［27］中国发展和改革委员会发展规划司、云河都市研究院:《中国城市综合发展指标 2016——大城市群发展战略》,人民出版社 2016 年版。

［28］蔡来兴:《上海：创建新的国际经济中心城市》,上海人民出版社 1995 年版。

［29］蔡来兴:《国际经济中心城市崛起》,上海人民出版社 1995 年版。

［30］王志平:《上海：迈向国际经济中心城市》,上海人民出版社 2007 年版。

［31］程焕文、肖鹏、宋佳:《广州建设独具特色文化鲜明的国际一流城市研究》,《城市观察》2020 年第 4 期。

［32］冯郑凭:《机遇与挑战：基于粤港澳大湾区的广州旅游战略定位与对策》,《经济论坛》2019 年第 5 期。

［33］陈博谦:《海外中国文化中心发展历程综述》,《对外传播》2019 年第 10 期。

［34］李晓智:《广州国际灯光节对城市文化的影响》,《中国文艺家》2019 年第 1 期。

［35］魏颖:《城市宜居商业发展思考——以广州为例》,《决策咨询》2016 年第 5 期。

［36］李雪铭等:《城市人居环境宜居性评价——以辽宁省为例》,《西部人居环境学刊》2019 年第 6 期。

［37］蓝定香:《城市高质量发展之宜居、宜业、宜商关系研究——以四川省为例》,《决策咨询》2019年第6期。

［38］王建国:《包容共享、显隐互鉴、宜居可期——城市活力的历史图景和当代营造》,《城市规划》2019年第12期。

［39］于庆丰等:《迈向生态文明引领的绿色创新宜居城市典范——〈怀柔分区规划（国土空间规划）(2017年—2035年)〉的探索与实践》,《北京规划建设》2019年第6期。

［40］张欢等:《长三角城市群生态宜居宜业水平的时空差异与分布特征》,《中国人口·资源与环境》2018年第11期。

［41］李雪敏:《巴黎左岸与故宫以东:文商旅深度融合的打开方式》,《北京城市学院学报》2019年第5期。

［42］中共武侯区委党校课题组:《文商旅体融合发展路径研究——以成都武侯区实践为例》,《中共成都市委党校学报》2019年第5期。

［43］李进军:《成都文商旅体融合发展模式推进研究》,《四川文理学院学报》2018年第5期。

［44］龚维玲、刘娴:《南宁市文商旅深度融合发展的思考》,《南宁职业技术学院学报》2018年第3期。

［45］宋歌:《数字经济时代加快传统制造业转型升级研究》,《产业创新研究》2019年第12期。

［46］何建华:《价值链视角下中小微企业与数字经济融合策略》,《科技创业月刊》2019年第12期。

［47］荆文君、孙宝文:《数字经济促进经济高质量发展:一个理论分析框架》,《经济学家》2019年第2期。

［48］王伟玲、王晶:《我国数字经济发展的趋势与推动政策研究》,《经济纵横》

王婷婷:《基于数字经济背景下的数字资产经营与管理战略研

究——以商业银行为例》,《西南金融》2019 年第 11 期。

[50] 刘淑春:《中国数字经济高质量发展的靶向路径与政策供给》,《经济学家》2019 年第 6 期。

[51] 余沛、王晓梅、程嘉等:《城市群交通系统协调发展的理论与实证研究》,中国经济出版社 2017 年版。

[52] 胡鞍钢等:《2050 中国:全面实现社会主义现代化》,浙江人民出版社 2019 年版。

[53] 王鸿刚:《世界趋势 2050》,中信出版社 2018 年版。

[54] 王德荣:《中国交通运输中长期发展战略研究 2017》,中国计划出版社 2017 年版。

[55] 姚汤伟:《中国交通建设与发展实践》,辽宁教育出版社 2014 年版。

[56] 魏达志、张显未、裴茜:《未来之路:粤港澳大湾区发展研究》,中国社会科学出版社 2018 年版。

[57] 王学东:《国际空港城市:在大空间中构建未来》,社会科学文献出版社 2014 年版。

[58] 裴新生、钱慧、王颖、刘振宇:《转型期城市发展战略规划研究与实践》,上海同济大学出版社 2019 年版。

[59] 王珺、袁俊主编:《粤港澳大湾区建设报告(2018)》,社会科学文献出版社 2018 年版。

[60] 陈前虎:《多中心城市区域空间协调发展研究:以长三角为例》,浙江大学出版社 2010 年版。

[61] 李辉:《中国区域城市化模式与生态安全研究》,社会科学文献出版社 2017 年版。

[62] 曹广忠、王茂军、刘涛等:《区域城镇化与工业化的空间协同:演化、机理与效应》,北京大学出版社 2015 年版。

[63] 李琳:《区域经济协同发展:动态评估、驱动机制及模式选择》,社会科学

文献出版社 2016 年版。

　　[64] 黎雨：《大格局：变动中的中国区域发展战略布局》，国家行政学院出版社 2013 年版。

　　[65] 张思平：《粤港澳大湾区：中国改革开放的新篇章》，中信出版社 2019 年版。

　　[66] 王德培：《中国经济 2021：开启复式时代》，中国友谊出版社 2021 年版。

　　[67] 宋华：《中国供应链：前沿与趋势》，中国人民大学出版社 2015 年版。

　　[68] 樊纲、郑宇劼、曹钟雄：《双循环：构建"十四五"新发展格局》，中信出版社 2021 年版。

　　[69] 苑春林：《航空运输管理》，中国经济出版社 2018 年版。

　　[70] 孙韬：《跨境电商与国际物流：机遇、模式及运作》，电子工业出版社 2017 年版。

　　[71] 林晓言：《高速铁路与经济社会发展新格局》，社会科学文献出版社 2017 年版。

　　[72] 张自然、张平、刘霞辉等：《中国城市化模式、演进机制和可持续发展研究：转向效率导向的城市化理论和政策研究》，中国社会科学出版社 2016 年版。

后 记

2018年10月，习近平总书记对广东进行了视察，对广州市寄予了厚望与重托，郑重提出了实现老城市新活力和"四个出新出彩"的指示要求。其后不久，广东省委即出台了相应的行动方案。经过三年的实践和探索，广州在践行"四个出新出彩"上取得了阶段性成果，也积累了不少有益经验、亮点。在这一背景下，为更好地总结过去，展望未来，广州市委宣传部及市智库办决定推出"广州新型智库丛书"（第1辑），并联合多方精心设计了这一研究项目。作为广州市确定的主要新型智库之一，广州市社科院城市战略研究院有幸受邀承接了这一研究项目，重点编写其中关于推动广州综合城市功能出新出彩的研究专著。

在项目推进和书稿编写过程中，正值新冠疫情全球蔓延之际，作为我国对外开放的前沿城市，广州在这一全球性疫情中也未能幸免，深受其影响。此次疫情的发生，在一定程度上影响了项目的外出调研和多方交流，但也给作者带来了更多深度思考的机会。

这本书稿是在作者前期研究积累基础上再创作的产物，重点对如何在新时代下塑造与提升广州综合城市功能进行深入研究。全书分为两大板块：第一板块属总论，包括第一、第二章，重点阐释综合城市功能的理论内涵和演化趋势以及广州综合城市功能的历史演变逻辑与未来总体思路；第二板块为分论，包括第三至第八章，分别就广州的全球资源配置、现代产业引领、综合门户枢纽、科技创新策源、国际文化交往、社会综合服务等六大主要战略性功能做了专章分述，重点研究六大功能的理论界定、基础条件分析、战略重点、提升路径等，侧重于实证分析和政策思路研究，力争在战略思路、路径和举措上凸显广州模式，突出"新"与"彩"。

在项目研究及书稿编写过程中，我们得到了中共广州市委宣传部常务副部长、广州市社科联党组书记、主席曾伟玉和广州市社科联副主席郭德焱以及中共广州市委宣传部理论处同志的持续关心和指导，也衷心感谢广州市社会科学院原党组副书记刘江华研究员、华南理工大学原党委副书记张振刚教授和华南理工大学丁焕峰教授对本成果所提出的许多建设性意见和建议。当然，课题组也为此付出了艰辛努力，在项目实施过程中，我本人负责总体框架设计、全部章节的撰写与修改、出版相关的书稿审校以及宣传工作，在此过程中得到了广州市社科院陈旭佳研究员、陈彦博经济师、陈翠兰助理研究员等诸位同事的大力协助，特别是陈彦博经济师在部分数据的搜集处理及第五章的编写上承担了重要工作，在此一并表示感谢！由于时间和资源所限，书稿中难免有疏漏和偏差，希望读者谅解并批评指正。

张 强
2021 年 9 月